《豫股百家——中部崛起中的产业力量》编写组◎编

# 豫股百家

## 中部崛起中的产业力量

### （2023）

新华出版社

**图书在版编目（CIP）数据**

豫股百家：中部崛起中的产业力量 . 2023 /《豫股
百家——中部崛起中的产业力量》编写组编 . -- 北京：
新华出版社，2023.11
ISBN 978-7-5166-7125-2

Ⅰ．①豫…　Ⅱ．①豫…　Ⅲ．①上市公司—企业管理—
研究—河南　Ⅳ．① F279.246

中国国家版本馆 CIP 数据核字（2023）第 200256 号

**豫股百家——中部崛起中的产业力量（2023）**

编　　者：《豫股百家—— 中部崛起中的产业力量》编写组

出 版 人：匡乐成　　　　　　　　责任编辑：田丽丽　张　丹

出版发行：新华出版社
地　　址：北京市石景山区京原路 8 号　　邮　　编：100040
网　　址：http://www.xinhuapub.com
经　　销：新华书店、新华出版社天猫旗舰店、京东旗舰店及各大网店
购书热线：010-63077122　　　　中国新闻书店购书热线：010-63072012
照　　排：华兴嘉誉
印　　刷：河北鑫兆源印刷有限公司

成品尺寸：170mm×240mm
印　　张：19.5　　　　　　　　　字　　数：271 千字
版　　次：2023 年 11 月第一版　　印　　次：2023 年 11 月第一次印刷

书　　号：ISBN 978-7-5166-7125-2
定　　价：88.00 元

# 《豫股百家——中部崛起中的产业力量》（2023）

# 编 委 会

主　任：唐卫彬　匡乐成

编　委：林　嵬　杨明杰

　　　　孙新峰　李　鹏

　　　　王　磊

# 百舸争流　稳中求进

## ——提高上市公司质量，推动中国经济高质量发展

关山万千重，山高人为峰。

今年是全面贯彻落实党的二十大精神的开局之年，开局关乎全局，起步决定后程。

时间的刻度，标注历史坐标，昭示前进方向。2023 年，河南 A 股上市公司行稳致远。历史长河奔腾不息，有风平浪静，也有波涛汹涌。"十四五"时期，高质量发展是经济社会发展的主题，也是上市公司发展的主线。"稳"中有"进"，方可推动上市公司高质量发展。上市公司是实体经济的"基本盘"、完善现代企业制度的"先锋队"。只有不断提高上市公司质量，才能持续增强市场经济的活力和创造力，为高质量发展提供有力支撑。

面向未来，我们有底气、有实力。党的十八大以来，习近平总书记五次亲临河南考察，发表重要讲话、作出重要指示批示，寄予河南"在中部地区崛起中奋勇争先，谱写新时代中原更加出彩的绚丽篇章"的殷切期望，为现代化河南建设提供了总纲领、总遵循、总指引。河南正在开展的"万人助万企"活动有效释放存量潜力，正在建设的"三个一批"重大项目有力创造增量活力，正推动河南上市公司高质量发展。

百尺竿头，尚需更进一步。既要看到河南 A 股上市公司数量超百家的喜人成绩，也要清醒地认识到，与 GDP 超过 5 万亿的其他省份相比，河南上市公司，无论在数量还是质量方面，都还有较大差距。我们要增强机遇意识和风险意识，勇于顶风开船，在新时代伟大征程上披荆斩棘、奋勇前进。提升上市公司质量，不仅需要有形

之手，还需要企业勇于担当，勇于作为，发挥好"头雁效应"。

今天，我们比历史上任何时期都更接近、更有信心和能力实现中华民族伟大复兴的目标。沧海横流显砥柱，万山磅礴看主峰。抓住注册制改革机遇，才能有效提高上市公司质量。注册制改革是这一轮全面深化资本市场改革的"牛鼻子"工程。各方要以注册制改革为抓手，主动推动提高河南辖区上市公司质量。上交所、深交所、北交所为河南企业上市搭建了平台、提供了发展机遇。自 2020 年《国务院关于进一步提高上市公司质量的意见》出台以来，河南企业把握政策机遇，利用资本市场实现较快发展。据统计，截至 2023 年 9 月 1 日，河南上市公司数量达到 110 家；公司结构更加优化，高新技术企业占 70%、战略性新兴行业占 33.64%、专精特新企业占 23.64%；经营业绩整体向好，今年上半年实现收入 4685 亿元，归母净利润 273 亿元，超八成公司盈利，超两成公司利润增幅超 50%；创新引领突出，研发投入连续三年增幅 8% 以上；规范运作水平持续提升，公司治理不断完善，47 家次公司信息披露获交易所 A 类评价，风险公司大幅压降，高质量发展基础不断巩固。前进道路上，科学分析形势、把握发展大势，一定能赢得优势、赢得主动、赢得未来。

奋斗创造奇迹。苏轼有句话"犯其至难而图其至远"，意思是说"向最难之处攻坚，追求最远大的目标"。宇通、双汇之于河南，恰似华为、比亚迪之于粤港澳大湾区。发挥上市公司带动作用是实现产业转型升级的关键步骤。河南在发展地区特色产业的同时，培育出符合地区特色的上市公司，从而提升相关产业的附加值，扩大品牌效应，提升城市产业层次，为区域经济发展赢得长期优势。路虽远，行则将至；事虽难，做则必成。只要有愚公移山的志气、滴水穿石的毅力，脚踏实地，埋头苦干，积跬步以至千里，就一定能够把宏伟目标变为美好现实。

中国证监会原主席

2023 年 11 月

# 序二

# 着力提升"五种能力"
# 探索上市公司高质量发展路径

习近平总书记强调，要"加快建设一批产品卓越、品牌卓著、创新领先、治理现代的世界一流企业"。作为我国4800多万户企业中的优秀代表，上市公司应做好表率，努力实现更高质量的发展。中国证监会易会满主席强调，作为公众公司，必须牢记"上市"初心，充分认识到，上市不仅仅是为了融资，更重要的是通过上市来完善治理、提升竞争能力，更好地回报股东和社会；上市绝不是"终点"，而是实现更高质量发展的"起点"。

30多年来，中国上市公司积极服务实体经济，服务国家重大战略，在金融体系中的地位和作用日益凸显，为我国经济社会全面发展作出了重要贡献。当前，我国经济进入高质量发展的新阶段，国际经济格局的调整和产业链的重构，带来了机遇和挑战，迫切需要资本市场发挥积极作用。数据显示，截至今年10月，我国上市公司数量已超过5300家，总市值超过80亿元，约占GDP的66%，稳居全球第二位。我国资本市场为上市公司提供了经济发展所需资金，切实服务了上市公司的发展壮大。作为产业发展的领头羊，上市公司在转型升级过程中会对其所在行业和产业产生良好引领示范作用，带动产业链上下游企业效仿、竞争，更好地推动整个产业的结构调整和经济转型升级。

截至今年上半年，A股全市场战略性新兴产业上市公司已达2872家，数字产业上市公司达1266家，我国资本市场日益成为产业转型升级的"助推器"。资本市场通过市场化运作方式，为高科技产品的发展提供了筛选机制、激励机制和规范机制，对于促进"科技—产业—金融"的高水平循环具有重要作用。资本市场不仅及时发现和培育了"种子"选手，为创新企业提供发展所需要的要素资源，还可以提供公司治理、企业管理及金融服务，弥补科技人员的不足，使企业逐步走上战略清晰、治理规范、管理精细、运作顺畅的良性发展之路。

今天的中国，是一个改革开放动力强劲、制度优势不断释放的经济大国。提高上市公司质量是推动资本市场健康发展的内在要求，也是新时代加快完善社会主义市场经济体制的重要内容。2020年3月，新《证券法》正式施行，标志着资本市场发展进入新的历史阶段，对于上市公司而言也是一件大事；同年10月，国务院《关于进一步提高上市公司质量的意见》（以下简称《意见》）正式印发，对提高上市公司质量作出了系统性、有针对性的部署安排。其中，《意见》明确提出"要充分发挥上市公司协会自律管理作用"。作为证监会领导下的上市公司全国性自律组织，协会始终坚守"服务、自律、规范、提高"指导方针，把大力推动提高上市公司质量放在更加突出的位置，切实担负起上市公司董监高培训的重要职责，引导会员规范运作，提高公司治理水平，努力实现培训和服务全覆盖。

当前，上市公司发展的外部环境正在发生复杂深刻的变化。在清醒认识各种风险挑战的同时，我们更应看到上市公司高质量发展的诸多有利因素。易会满主席在2022年中国上市公司协会第三届会员代表大会上对上市公司高质量发展提出"五种能力"的新要求。作为资本市场的基石与支柱，上市公司应以提升"五种能力"为牵引，积极承担起自我规范、自我提高、自我完善的直接责任和第一责任。一是抓基础，巩固治理能力。通过构建有效的治理机制和内控制度，形成健全的激励约束机制，为企业价值创造提供保障。二是强主业，增强竞争能力。上市公司应聚焦主业、稳健发展，着力提升发展的效率和效益。三是育长板，提升创新能力。不断强化创新主体地位，利用好资本市场支持创新的各类工具，坚持守正创新，切实增强科技"含量"。四是增韧性，提高抗风险能力。要把勇于创新、敢于创新的企业家精神和防范风险的机制建设结合起来，不断增强公司韧性。五是重效益，提升回报能力。要继续通过现金分红、股份回购等方式增强对股东的回报，加强对其他利益相关者诉求的关注，在与社会的良性互动中实现更高质量的发展。

目光回到河南。2022年河南A股上市公司实现历史性突破和跨越式发展，代表着河南经济发展达到了一个标志性的节点。当下，创新发展已成为河南全省上下的广泛共识、实际行动，成为现代化河南建设的主旋律、最强音：16家省实验室、40家省产业研究院、36家省中试基地相继落成，16家国家重点实验室、50家国家级工程研究中心、98家国家企业技术中心、12家省创新联合体高效运行；规上工业企业研发活动覆盖率超过52%，高新技术企业突破1万家，科技型中小企业突破2万家，全社会研发经费投入突破1100亿元，技术合同成交额首次突破1000亿元，创新活动活跃度、创新落地转化率实现快速提升……希望河南省上市公司再接再厉，在高质量发展的征程上再创佳绩。

提高上市公司质量，将有利于推动中国经济稳中有进、稳中有为。相信在我们大家的共同努力下，中国上市公司一定会迎来更高质量的发展。协会将始终与上市公司同行，持续深耕会员服务，创新服务方式与路径，不忘初心、砥砺前行，为上市公司健康、高质量发展而努力工作。让我们大家共同努力，以实际行动贯彻落实党的二十大精神！

中国上市公司协会会长

2023年11月

# A 目录

CONTENTS

# 全力以赴拼经济，奋勇争先挑大梁

楼阳生（河南省委书记、省人大常委会主任 ）

在 2023 年全国两会参加审议时，习近平总书记强调要牢牢把握高质量发展这个首要任务，提出了"四个必须"的重大要求。中央经济工作会议指出，各地各部门要全力以赴、集中精力推动高质量发展，优势区域要走在前，经济大省要挑大梁，各地区都要多作贡献。河南经济总量居全国第五，在推动高质量发展上如何奋勇争先、更加出彩，我们深感责任重大。

楼阳生

2022 年，我们坚定以习近平总书记视察河南重要讲话重要指示为总纲领、总遵循、总指引，落实"疫情要防住、经济要稳住、发展要安全"的重大要求，扛稳"经济大省要挑大梁"的政治责任，有效应对超预期因素冲击，全省主要经济指标增速全面领先、排名大幅前移，生产总值突破 6 万亿元，工业投资增速是全国的 2 倍多，高技术制造业、战略性新兴产业增加值分别增长 12.3%、8%，规上工业企业研发活动覆盖率达 52%，全社会研发经费突破 1100 亿元，技术合同成交额突破 1000 亿元、增长 68%，粮食总产达 1358 亿斤、增产占全国增量的 66.3%，交出了真金白银的答卷。

今年是全面贯彻党的二十大精神的开局之年，我们将落实习近平总书记提出的"在守住根基、稳住阵脚的基础上积极进取，不停步、能快则快，争取最好结果"的重大要求，落实全国两会部署，以"开局就是决战、起步就要冲刺"的竞进姿态，以敢拼的勇气、爱拼的担当、善拼的举措，奋力跑出高质量发展加速度，在开局之年展现开局之力、开局之势、开局之为。

一是纲举目张抓工作。坚定"只要战略对，通过努力一定胜"的信心、决心，紧抓构建新发展格局战略机遇，深入实施"十大战略"，不断加固"稳"的基础，加速集聚"进"的动能。特别是坚持把创新驱动、科教兴省、人才强省战略作为"一号战略"，深入实施创新发展综合配套改革，以推进省科学院重建重振为牵引，以产学研贯通、推进规上工业企业研发活动全覆盖为抓手，统一布局、统一配置创新资源，加快构建有利于提升嫁接能力、裂变能力、辐射能力、带动能力的创新生态圈，努力建设国家区域科技创新中心。守好"三农"基本盘，保障粮食和重要农产品稳定安全供给，在全面推进乡村振兴中加快建设农业强省。

二是项目为王抓投资。持续开展"三个一批"项目建设，坚持以产业项目为重点，拓展有效投资空间，严控"两高一低"项目，鼓励和吸引更多民间资本参与重大工程、重点产业链供应链项目建设，激发民间投资活力，确保固定资产投资超过3万亿元，以高质量项目为高质量发展增势赋能。

三是千方百计促消费。把恢复和扩大消费摆在优先位置，稳定大宗消费，提升传统消费，培育新型消费，开展系列促消费活动，打造内容丰富、品质精良、结构合理的高质量消费供给体系。大力发展枢纽经济、平台经济，打造线上线下消费新高地。建立健全扩大居民消费的长效机制，使居民有稳定收入能消费、没有后顾之忧敢消费、消费环境优获得感强愿消费。

四是打造集群强产业。实施产业基础再造工程、产业链供应链贯通工程、重大技术装备攻关工程，推动短板产业补链、优势产业延链，传统产业升链、新兴产业建链，加快打造10个重大先进制造业集群、30个千亿级现代化产业链和300个特色产业集群。深化"万人助万企"等活动，确保新增规上工业企业2500家，力争新培育头雁企业100家、省级专精特新中小企业1000家。

五是改革开放激活力。用好改革关键一招，谋划推进我省新一轮全面深化改革。按照党中央部署，有组织、有步骤、有纪律推进机构改革。突出抓好营造市场化、法治化、国际化一流营商环境综合配套改革，推进要素市场化配置改革，依法保护产权和知识产权。谋划新一轮深化国企改革行动方案，引导民营经济健康发展、高质量发展，推进地方金融改革，稳慎推进房地产业改革。深化制度型开放，高水平打造自贸试验区2.0版，高质量建设实施RCEP示范区，提升"空中、陆上、网上、海上"四条丝绸之路的影响力、辐射力、带动力。

（《新华每日电讯》2023年3月27日）

豫陕交界附近拍摄的黄河景色（2020 年 9 月 7 日摄，无人机照片）。（新华社记者 郝源 摄）

# 大河奔流，惠此中原

览百川之宏壮，莫尚美于黄河。

黄河之水天上来，至豫陕交界处切开山体喷薄而下，携带的泥沙造就沃野千里的华北平原，位于腹心地带的河南更是膏腴之地。大河奔流，惠此中原，从史书记载的第一个世袭制王朝夏开始，河南就是中华文明的重要载体。

习近平总书记在文化传承发展座谈会上，以贯通古今的文化自觉，鲜明提出中华文明五个突出特性——连续性、创新性、统一性、包容性和平性。作为中华文明诞生和发展、中华文明多元一体格局形成的关键地区，中原腹地深刻而集中地体现了这五个突出特性。

## 华夏根脉，赓续在兹

秋风微凉，豫西黄河南岸的仰韶村游人如织。这里出土的古朴绚丽的彩陶，持续吸引着世人的目光。

1921年，瑞典地质学家安特生与中国学者一道，在这里启动科学发掘，一种新的史前文化被发现并以"仰韶"命名，中国现代考古学也由此发轫。

"百年考古，发现了从旧石器时代到青铜时代一系列重要遗址，理清了发展谱系，证明从古至今中国文化的发展是一脉相承、不曾间断的。"夏商周断代工程首席科学家、北京大学教授李伯谦说。

## 文明肇始，从"河"而来

中国社会科学院学部委员、中国考古学会理事长王巍说："在漫长的中国历史中，从史前发展到各个王朝的更迭，绝大部分是以黄河流域为舞台。"而中原地区，更是保留着中华文明起源、形成、发展最关键的历史链条与文化谱系。

分布于黄河沿线的郑州、开封、洛阳三座古都，书写了中国古代文明恢宏灿烂的篇章。

赓续历史文脉，三地纷纷深挖各自特色，打造沉浸式文化地标。走近郑州商都文化中心，借助 AR、VR 和 MR 等数字技术，游客们得以穿越回"商都"，站上"牛车"，体验一把在商代街道上行进的乐趣；在隋唐洛阳城国家考古遗址公园，远望古风古韵的天堂、明堂景区，一秒梦回盛唐；开封清明上河园实景演绎传世名画，华灯初上时，东京梦华盛景再现。古都

隋唐洛阳城国家考古遗址公园内的天堂（左）、明堂（2015 年 4 月 11 日摄）。（新华社记者 李安 摄）

气象与现代生活共振，重焕生机。

作为中华文明的标志和载体，古老的汉字同样是首先发现于中原。

一个多世纪前，"一片甲骨惊天下"。安阳殷墟甲骨文的发现，使中国有文字记载的历史往前推进了约一千年。

从甲骨文、金文到大篆、小篆，再到隶书、楷书，汉字的结构数千年来没有改变。汉字，不仅是记录中华文明的载体，更是追溯中华文明源流的根脉和纽带。

"汉字系统以其稳定性和传承性，使得中华历史文化能够持续发展并保存着完好的形态，中华文化精神才得以一以贯之，连绵不绝。"中国文字博物馆馆长黄德宽说。

"中华文明的连续性，使生生不息的中华民族保持着深厚的文化底蕴，秉持着深沉的文化基因，在不断变化的社会环境中始终坚持自身的文化传统不迷失、不动摇。"王巍说。

河南安阳殷墟博物馆观展出的卜甲（2018 年 10 月 12 日摄）。（新华社记者李安摄）

## 文化百川，汇聚在兹

沿着街道信步郑州老城区，会邂逅奇妙的场景。历史文化街区北顺城街，店铺林立，小吃云集，秋风中送来牛羊肉的香气。与浓郁的烟火气一路之隔，就是郑州商城遗址，街巷的流光溢彩不时映照在古老的城墙上。

3600年前选定的城址，如今仍是郑州的核心城区。古老与现代，人间烟火与历史文脉，在这里和谐共生。

上溯至5000多年前，位于河南巩义的双槐树遗址出土器物就包含大汶口文化、屈家岭文化等许多周边地区文化因子。

王巍认为，当时的中原先民对周边地区文化采取主动吸收而非排斥的态度，这是中华文明的底色，也是文明得以延续的重要因素。

参观者在"只有河南·戏剧幻城"内观看、拍摄演出（2021年5月13日摄）。（新华社记者 李安 摄）

近两年，洛阳的汉服潮频频出圈。无论景区街巷，随处可见身着华服的游客沉浸式打卡体验。

"在唐代时，东都洛阳就是个包容性、开放性很强的大都会，设有'三市'用于商贸交易。大量胡客云集，胡风盛行，并与汉风相融合。"河南省社科院二级研究员张新斌说。

滔滔黄河在中原滋养出强大的文明。多元融为一体，恰如万川汇于一流，浩浩荡荡，生机勃勃。

"中原犹如一个大的熔炉，南下的游牧民族在中原大熔炉中华夏化，然后又向南方迁移。"张新斌认为，中原所特有的贯通南北、融汇东西的地理优势，不断包容着从东南西北汇向中原的各种族群，在形成文化的共同取向之后，成为民族扩容新的张力。

美国人霍利定居洛阳多年了，他不仅结识了志趣相投的音乐爱好者，还学会用地道的洛阳话砍价。霍利最喜欢走街串巷，感受多元文化，他说："洛阳有古老的文化传统，又充满青春活力。"

身穿汉服的游客在洛阳洛邑古城内拍照（2023 年 2 月 22 日摄）。（新华社记者李安摄）

近年来，随着"一带一路"建设大力推进，地处内陆腹地的河南迎来开放机遇，开通了郑州－卢森堡空中丝绸之路，成为对接欧洲的开放前沿。

早晨，荷兰郁金香抵达郑州北郊的双桥花卉市场。经由"空中丝路"，从亚欧大陆西端的地头收割，到相距近万公里的中国中部的鲜花店，仅需不到24小时。

## 守正创新，履践在兹

参观者在河南博物院文创商店内挑选"考古盲盒"（2022年5月17日摄）。（新华社记者 李安 摄）

从古至今，中原大地上产生了许多影响深远的创新创造。

21世纪以来，特别是新时代以来，河南已由传统农业大省转变为现代经济大省，站上新的起点。

不久前，茶饮蜜雪冰城走红东南亚。从2018年正式"出海"，到如今在全球的连锁店超过3万家，除了产品定位符合海外市场需求外，文化创新和共振也是助力之一。该企业创新性地设计推出《蜜雪冰城主题曲》和"雪王"品牌形象走红网络。主题曲被翻译成20多种语言，"雪王"形象作为茶饮文化符号，衍生出百余种周边产品。

这是河南创新实践的一个缩影。

把创新摆在发展的逻辑起点、现代化建设的核心位置，河南努力打造全国创新高地。

秋高气爽，郑州龙子湖晴空如洗，水鸟翩跹。在这里，一个集聚13家科研机构、入驻1300余家企业、聚拢30000名员工的龙子湖智慧岛已蔚然成型。

近年来，河南先后出台了《河南省创新驱动高质量发展条例》《创新发展综合配套改革方案》等一系列法规和政策性文件，加速构建科技创新体系。

在河南省商水县南陵村一处高标准农田里，直升机在进行植保作业（2021年4月15日摄）。（新华社记者 李安 摄）

一列中欧班列（郑州）驶出郑州铁路集装箱中心站（2017年8月2日摄）。（新华社记者 李安 摄）

工作人员在宇通新能源厂区高端及海外承装车间里作业（2023年3月8日摄）。（新华社记者 李嘉南 摄）

放眼中原大地，河南省科学院龙头带动，省实验室异军突起，中试基地加速布局，高新企业势头强劲，创新驱动潮涌中原。

郑州安图生物工程股份有限公司作为国内第一家在上交所主板上市的体外诊断研发和制造型企业就尝到了创新的"甜"。"公司成立至今，几乎每年都拿出超10%的营收资金搞研发。"安图生物副总经理吴学炜说。

数据显示，河南规模以上工业企业研发活动覆盖率达52%。今年上半年，河南地区生产总值31326亿元，同比增长3.8%。

以创新驱动发展，大河之南的河南正奋楫扬帆，不断开创高质量发展新局面。

（新华社郑州2023年10月13日电　新华社记者唐卫彬、双瑞、袁月明）

# A

第一章

## 神州豪崛起
## 豫股展雄风

# 神州豪崛起　豫股展雄风

## 一、豫股逾百家

河南位于我国中东部、黄河中下游，因大部分地区位于黄河以南，故称河南。远古时期，黄河中下游地区河流纵横、森林茂密、野象众多，河南又被形象地描述为"人牵象之地"，这就是象形字"豫"的由来。《尚书·禹贡》将天下分为"九州"，豫州位居九州之中，现今河南大部分地区属于九州中的豫州，故有"中原""中州"之称。

河南历史文化悠久，是世界华人宗祖之根、华夏历史文明之源；文化灿烂、人杰地灵、名人辈出，是中国姓氏的重要发源地；资源丰富，是全国农产品主产区和重要的矿产资源大省；人口众多，是全国人口大省，劳动力资源丰富，消费市场巨大；区位优越，位居天下之中，素有"九州腹地、十省通衢"之称，是全国重要的综合交通枢纽和人流、物流、信息流中心；农业领先，是全国农业大省和粮食转化加工大省；发展较快，经济总量稳居全国第5位、中西部省份首位；潜力很大，正处于蓄势崛起、攻坚转型的关键阶段，发展活力和后劲不断增强；产业升级，众多优质上市公司脱颖而出，孕育A股"河南板块"。

2022年，河南上下以习近平新时代中国特色社会主义思想为指导，认真贯彻落实党中央国务院各项决策部署，坚决扛稳"经济大省勇挑大梁"的政治责任，紧抓构建新发展格局战略机遇、新时代推动中部地区高质量发展政策机遇、黄河流域生态保护和高质量发展历史机遇，围绕"两个确保"和实施"十大战略"，高质量推动全省资本市场建设，河南A股上市企业数量实现了历史性突破和跨越式发展。从此，A股"河南板块"迈入百家时代。

截至 2022 年 12 月 31 日，河南共有 A 股上市公司 107 家，H 股 29 家，A+H 股上市公司 6 家。深交所主板上市公司 36 家，创业板上市公司 27 家；上交所主板上市公司 30 家，科创板上市公司 5 家；北交所上市公司 9 家。其中，2022 年新增 14 家（11 家首发上市、1 家港股、1 家为外地迁入、1 家澳洲上市），总数位列全国第 12 位，中部六省第 4 位。

在板块分布上，主要集中在上交所和深交所主板，但北交所正成为河南企业上市的重要选择。其中，北交所数量居全国第 5 位，中部六省第 1 位。

| 上市公司数量 | A 股 | A 股板块分布 | | | | | H 股 | A+H 股 |
|---|---|---|---|---|---|---|---|---|
| | | 上交所 | 深交所 | 科创板 | 创业板 | 北交所 | | |
| 130 | 107 | 30 | 36 | 5 | 27 | 9 | 29 | 6 |

在区域分布上，呈现"一超多强"局面，郑州以 37 家上市公司领跑全省，洛阳以 14 家上市公司位列次席，许昌以 9 家位列第三，南阳、焦作以 7 家并列第四，新乡以 6 家位列第五。

| 地市 | 郑州 | 洛阳 | 许昌 | 南阳 | 焦作 | 新乡 | 周口 | 安阳 | 商丘 | 平顶山 | 济源 | 信阳 | 漯河 | 濮阳 | 三门峡 | 驻马店 | 开封 | 鹤壁 |
|---|---|---|---|---|---|---|---|---|---|---|---|---|---|---|---|---|---|---|
| 数量 | 37 | 14 | 9 | 7 | 7 | 6 | 4 | 4 | 3 | 3 | 3 | 2 | 2 | 2 | 1 | 1 | 1 | 1 |

在行业分布上，制造业上市公司占比较大。全省 107 家 A 股上市公司在证监会 19 个门类中涉及 11 个，分别为制造业 81 家，占比 75.70%；电力、热力、燃气及水生产和供应业 4 家，占比 3.74%；采矿业 4 家，占比 3.74%；信息传输、软件和信息技术服务业 4 家，占比 3.74%；金融业 3 家，占比 2.80%；农、林、牧、渔业 3 家，占比 2.80%；交通运输、仓储和邮政业 3 家，占比 2.80%；科学研究和技术服务业 2 家，占比 1.87%；文化、体育和娱乐业 1 家，占比 0.93%；水利、环境和公共设施管理业 1 家，占比 0.93%；建筑业 1 家，占比 0.93%。

按照制造业细分类别来看，上市公司数占比靠前的是：非金属矿物制品业，计算机、通信和其他电子设备制造业，化学原料和化学制品制造业，医药制造业均为 7 家，占比均为 8.64%；专用设备制造业、食品制造业、汽车制造业、纺织业均为 6 家，占比均为 7.40%。

| 行业 | 制造业 | 电力、热力、燃气及水生产和供应业 | 采矿业 | 信息传输、软件和信息技术服务业 | 金融业 | 农业、林业、牧业、渔业 | 交通运输、仓储和邮政业 | 科学研究和技术服务业 | 文化、体育和娱乐业 | 水利、环境和公共实施管理业 | 建筑业 |
|---|---|---|---|---|---|---|---|---|---|---|---|
| 数量 | 81 | 4 | 4 | 4 | 3 | 3 | 3 | 2 | 1 | 1 | 1 |
| 占比 | 75.70% | 3.74% | 3.74% | 3.74% | 2.80% | 2.80% | 2.80% | 1.87% | 0.93% | 0.93% | 0.93% |

在企业性质分布上，民营企业成为河南 A 股上市公司的重要力量。107 家河南 A 股上市公司当中，民营企业数量达到 67 家，占比 62.61%；地方国有企业 23 家，占比 21.49%；中央国资控股企业 11 家，占比 10.28%；公众企业 5 家，占比 4.67%；另有外资企业 1 家，占比 0.93%。

| 企业性质 | 民营企业 | 地方国有企业 | 中央国资控股 | 公众企业 | 外资企业 |
|---|---|---|---|---|---|
| 数量 | 67 | 23 | 11 | 5 | 1 |
| 占比 | 62.61% | 21.49% | 10.28% | 4.67% | 0.93% |

河南国有控股上市公司占比排名第二，且经营规模较大，多集中在主板，起到了有效引领河南上市公司发展的作用。各城市中，安阳、开封、平顶山、济源、洛阳、新乡、信阳、南阳国有上市公司占比高出全省水平。其中，开封、平顶山上市公司均为国有企业。与民营企业中化学原料和化学制品制造业与医药制造业占比较高不同，国有上市公司中，煤炭开采和洗选业与专用设备制造业占比最高。

## 二、质量居前列

总体看，在稳经济一揽子政策及接续措施的有力支持下，河南上市公司积极应对多重复杂因素影响，生产经营展现较强韧性，营业收入、净利润等主要指标均优于全国平均水平，稳中向好局面已基本形成；创新发展动能持续增强，研发投入连续两年保持在 10% 以上增长水平，研发人才不断聚集，生产模式向数字、智能转型升级取得显著成效；注册制改革释放活力，IPO 再次提速，市场化运作促进风险有效出清；上市公司高质量发展"头雁"效应凸显，为河南省经济结构调整和布局优化贡献力量；反哺经济社会更加积极，践行"稳就业""保民生"责任更加主动。

### （一）主要指标优于全国水平，为河南省经济稳增长大局发挥"压舱石"作用

1.营业收入连续三年高水平增长，国民经济基本盘的地位更加扎实稳固。2022 年，河南上市公司努力克服新冠疫情跌宕反复的困难，整体业绩韧性增长，全年实现营业收入 9611.64 亿元，同比增加 10.09%，并自 2020 年以来连续三年增长，增幅均高于全国平均水平，为河南省经济顶住压力整体复苏打下坚实基础。整体看，74 家上市公司收入同比增长，洛阳钼业、牧原股份两家公司收入超过千亿，分别为 1729.91 亿元、1248.26 亿元，双汇发展、神火股份等 20 家公司收入超过百亿，超百亿公司数量比 2021 年同期增长 1 倍，其中国有企业占比超过五成，用业绩证明在国民经济中的中流砥柱作用。

2.超九成上市公司实现盈利，上市公司经济增长"动力源"作用持续强化。河南上市公司全年实现净利润 716.68 亿元，同比增长 21.14%，远高于全国 0.8% 的增长水平。96 家公司实现盈利，盈利面较 2021 年持续扩大。102 家工业企业上市公司全年实现利润总额 650.62 亿元，占全省规模以上工业企业利润总额 25.68%，在全省规上工业企业利润总额同比下降的情况下，逆势增长 8.13%，为河南省经济整体好转作出贡献。

从排名看，牧原股份净利润149.33亿元，稳居榜首，神火股份、洛阳钼业、平煤股份、双汇发展4家公司净利润均超50亿元，2021年13家亏损企业中7家扭亏为盈。从增幅看，13家上市公司超100%，25家超50%，56家盈利水平高于2021年同期，上市公司整体复苏态势已基本形成。

3.现金流明显好转，上市公司坚持自我积累、持续发展。2022年底，河南上市企业现金流净额为2046.08亿元，比2021年同期增加14.90%，其中经营活动产生的现金流净额为901.80亿元，同比增加44.80%，高于净利润21.14%的增速，且远远高于全国5.2%的增长水平。牧原股份、洛阳钼业、神火股份、平煤股份4家公司经营活动现金净流入超百亿，同比增长的公司家数超过五成，辖区上市公司造血功能显著改善，为长远发展提供强大的资金支撑。充盈资金带动投资增长，2022年辖区上市公司固定资产4306.14亿元，增幅为9.34%，高于全省固定资产投资6.7%的增长水平。

## （二）上市公司高质量发展，行业引领作用充分彰显

1.头部公司表现抢眼，围绕高质量发展当好"排头兵"。作为优秀企业代表，上市公司不辱使命，处处体现模范先锋。"2022年中国新经济企业500强"中，河南省6家上榜单位中全部为上市公司。8家"省长质量荣誉称号"获奖名单中，上市公司占据6个名额，另有瑞贝卡等4家上市公司获"省长质量奖"提名，上市公司高质量发展的昂扬态势得到充分体现。

头部企业牧原股份、双汇发展持续发力，经营业绩稳中有升，尤其是牧原股份，2022年出栏生猪6120.1万头，占前十大养猪企业出栏总量的43.12%，为疫情期间肉食品供应提供保障。公司将发展方向向绿色环保倾斜，为全市场生猪养殖做出表率。其他公司亦凸显龙头优势，带头创新发展，如多氟多围绕"氟"打造完整产业链，主产品锂电池新材料获批河南省首批战略性新兴产业，销售收入三年实现3倍增长；郑煤机智能煤机和汽车板块双轮驱动；龙佰集团钛白粉产能由"亚洲第一"跃居"全球第一"，且变废为宝，将钛白粉生产过程中的废料变为锂电材料的重要原料，在快速发展中融入绿色因素，为"双碳"目标落地提供支持；中航光电，作为

全球知名连接器企业，军民融合协调发展，军用产品的高可靠性为公司产品质量及销路奠定技术基础，净利润增长连续三年保持在 30% 以上；洛阳钼业矿业实力全球领先，利用"矿山＋贸易"全产业链模式，收入占辖区上市公司总收入比重接近两成，稳居辖区第一。

2. 践行"头雁"使命，突出行业引领。上市公司在坚持自我规范发展的前提下，主动带领行业聚集发展，在河南省确认的首批 8 家产业创新中心中，宇通客车等 7 家上市公司主动担起龙头企业责任，勇做新能源商用车、智能矿山装备等 6 个产业创新中心的领路人，带领行业锚定关键技术和"卡脖子"难题，通过"创新链＋产业链"深度融合，推动产业集聚发展，不断扩大河南品牌效应。

## （三）加快转型升级，夯实"制造强省"发展基石

1. 补链、延链、强链持续提高抗风险能力。河南上市公司通过并购整合、成立产业基金等积极完善产业链，如仕佳光子出资 1.6 亿元参与光电子产业基金，新强联投资 13.58 亿元，向上下游产业链不断延展；凯盛新能通过深度整合并购，实现主营业务由传统玻璃制造向新能源材料领域的全面转型；神马股份拟出资 2.99 亿元参与设立产业基金投资尼龙新材料；豫能控股通过子公司出资 2.96 亿元，打通煤炭"产运储配销用"全产业链，不断提高公司竞争力和韧性。

2. 数字赋能推动传统制造换道，先进"智"造持续领跑。郑煤机依托 5G 通信系统和物联网，建设河南省第一家数字化"灯塔工厂"，以数字化支撑为全省乃至全球煤矿智能绿色开采贡献力量。矿山装备领跑者中信重工，坚持技术领先优势的同时，推出增值服务，"卖产品"和"卖服务"齐头并进，为厄瓜多尔规模最大露天铜矿的绿色高效智能开发利用持续贡献"中国方案"。一拖股份通过推进数字化工厂、智能制造等项目，持续保持中国第一、世界一流的行业优势。全球最大的粘胶长丝企业、国内头部氨纶公司新乡化纤，通过装备的智能化升级，带动产业升级，大大节省人力成本。在工业和信息化部、国家发展和改革委员会、财政部、国家市场监督管理

总局四部门公布的 2022 年度智能制造示范工厂揭榜单位中，河南明泰铝业、羚锐制药、瑞泰科技赫然在列，双汇发展的"面向生猪屠宰业生产数字化应用的解决方案"等 3 个案例亦入选"2022 年全国工业互联网 APP 优秀解决方案名单"，辖区公司借助数字化转型取得良好开端。

3. 创新助力涉农公司迈上新台阶。作为传统农业大省，除牧原股份、双汇发展两家龙头企业外，其他涉农公司也积极创新、表现不俗。三全食品、千味央厨在保持传统产品优势的前提下，聚焦预制菜，拓展新的利润增长点，全年利润分别增长 24.98% 和 15.20%；金丹科技依托玉米主产区的区位优势，带动农产品向精深加工更高质量发展；仲景食品、莲花健康作为小众食品调味品的翘楚，净利润分别实现 6.27% 和 4.06% 的增长，不断宣传河南"国人厨房""世人餐桌"的美名。

## （四）创新投入不断加码，为经济快速发展蓄势赋能

1. 研发投入持续加强，创新驱动发展特色更加鲜明。河南上市公司全年研发投入 230.75 亿元，同比增长 10.82%，连续两年高于全国平均增长水平，宇通客车、中航光电、郑煤机、安阳钢铁、龙佰集团 5 家公司研发投入均超 10 亿元，天迈科技等 11 家公司研发支出占营业收入 10% 以上，研发费用率处于行业较高水平。创新驱动的实质是人才驱动，上市公司人才聚集效果显著，研发人员总数超过 50 万人，为创新发展做好人才储备。上市公司科技成果转化和产业化水平不断提高，累计专利数量 24517 个，自立自强的科技水平持续提升。

2. 创新驱动激发活力，为长远发展提供科技支撑。33 家"专精特新"上市公司，深耕特定细分市场，以持续创新、不断提高盈利水平，2022 年合计实现收入 1317.37 亿元，同比增长 22.48%，净利润 135.90 亿元，同比增长 21%。5 家科创板公司仅去年一年资产规模扩张近 3 成。河南作为国内超硬材料最大聚集地，4 家行业上市公司收入和利润实现双增长，增幅分别达 12.54% 和 66.87%。力量钻石异军突起，收入和利润接近翻倍，惠丰钻石营收增幅亦达 96.71%，有效巩固了河南省超硬材料的龙头地位。

## （五）注册制改革释放活力，资本市场和实体经济融合再上新台阶

河南抢抓注册制改革红利，IPO 新增数量创历史新高。立足省情，持续开展系列对接北交所活动，设立北交所上市专项引导基金，督导公司精准板块定位，全年新增北交所上市及过会企业 9 家，新增数量居全国第 5 位、中部六省第 1 位。全年合计上市及过会企业 16 家，居全国第 10 位、中部六省第 3 位，新增数量创历史最好水平。积极发挥资本市场直接融资优势，全年首发融资 84.29 亿元，定向增发 167.24 亿元，可转债 12.10 亿元，合计直接融资 266.63 亿元，为公司发展注入活水资金。

## （六）主动扛起社会责任，反哺经济社会更加积极主动

2021 年以来，河南上市公司顶着经营压力，坚决践行"稳就业"要求，提供就业岗位超过 67 万个，累计支付职工薪酬 889.86 亿元，比 2021 年同期支出增加 34.99 亿元；累计现金分红 312.47 亿元，缴纳税费 202.47 亿元，用实际行动回馈社会和广大股东。100 多家上市公司召开业绩说明会，全年接待政府、媒体、机构等各类调研 400 多家次，对投资者关系管理更加重视。主动回馈社会更加积极，如安图生物向省内外捐赠新冠抗疫应急物资，为疫情防控作出贡献；双汇发展作为疫情防控期间食品保供单位，紧急启用全球采购，为省内外肉食品供应提供有力保障；郑州银行对接全省"三个一批"、灾后重建等项目，贷款余额较 2021 年末增长 24 亿元，审批项目 64 亿元，全力支持"保交楼"专项行动。

# 三、政策促上市

## （一）"政策＋机制"，强力推动优质企业上市

1. 落实"绿色通道"制度。2019 年，河南省政府办公厅出台《河南省

建立企业上市挂牌"绿色通道"办法（试行）》（豫政办〔2019〕23号），对重点上市后备企业涉及的项目审批、土地房产变更、国有资产转让、税费缴纳不规范、国有及集体产权确认等历史遗留问题，过筛子、列清单、开药方、促发展，倒排时间，扫清障碍。建龙微纳、拓新药业、金冠电气、新天地药业等企业上市难题，均通过"绿色通道"解决。

2. 建立上市后备企业资源库。2019年，河南省地方金融监督管理局出台《河南省省定重点上市后备企业资源库管理办法》，2023年进行了修改完善，更名为《河南省省定重点上市后备企业资源库管理服务办法》，更加突出"服务"，建立"培育、改制、辅导、申报、上市、做强"全周期服务机制，定期挖掘、遴选高科技、高成长性、高附加值企业纳入上市后备企业资源库，重点挖掘行业单项冠军、专精特新"小巨人"企业等优质上市资源，为企业上市持续提供优质后备资源。在中原股权交易中心设立上市后备板，省定重点上市后备企业同时在上市后备板挂牌展示。截至目前，省定重点上市后备企业已达773家。

3. 建立资本市场服务专家库。2019年，河南省地方金融监督管理局出台《资本市场服务专家库管理办法》，按照规定的流程遴选了一批执业经验丰富的专家入库。截至目前，入库专家65人（其中，证券专家12人、会计师事务所专家34人、律师事务所专家16人，学者及高管3人），协助各有关单位为企业上市融资提供咨询、培训、辅导等"一条龙"专业服务。

4. 支持后备企业上市挂牌。2020年，河南省政府办公厅出台《关于加快推进企业上市挂牌工作的意见》（豫政办〔2020〕22号），提出11条具体措施，加大了上市培育力度，明确奖补范围和额度，强化金融服务，营造良好环境，为企业上市保驾护航，促进河南省更多优质企业通过资本市场上市融资、健康发展。

5. 实施企业上市五年倍增行动。2022年，河南省政府办公厅出台《河南省推进企业上市五年倍增行动实施方案》，提出工作目标，列出11项工作任务和4项保障措施，力争从2022年起五年内，每年新增境内外上市公司20家，实现河南省上市公司总数突破200家。

6. 推动企业赴北交所上市。2022 年，河南省地方金融监督管理局下发《关于推动企业赴北京证券交易所上市的通知》，从推动企业股改、加大金融支持入手，按北交所、创新层、基础层，明确上市路径和时间节点，采取不同的服务措施，引导和推动河南省企业特别是"专精特新"企业赴北交所上市，实现创新跨越发展。

7. 加大对后备企业奖补。2018 年，河南省地方金融监督管理局联合河南省财政厅出台《河南省省级金融业发展专项奖补资金管理办法》，2023 年进行了修改完善，更名为《河南省金融业发展专项奖补资金管理办法》，对省内企业在上海、深圳、北京证券交易所首次公开发行股票并上市的，或在境外主流资本市场上市并实现融资的，或在省外并购上市并将注册地迁回河南省的，给予奖励；对在中原股权交易中心挂牌并实现股权融资的，给予补助。

8. 借力"万人助万企"活动。2021 年，河南省地方金融监督管理局印发《关于做好"万人助万企"活动金融服务工作的通知》，要求各地金融局、金融机构进一步提升思想认识，坚持服务为先，突出问题导向、结果导向，切实强化资金要素保障，真正解决企业融资面临的痛点、堵点、难点问题，打通金融服务"最后一公里"；建立健全工作制度，细化工作流程，确保各项工作有章可循、有据可依。同时，建立四项工作机制：省市县工作组协同机制、与企业深度对接机制、研判会商机制、快速解决问题机制，打开金融服务、企业上市问题解决通道，对企业最盼望、最急于解决的问题，提供专业化方案；深入宣讲上市政策，帮助企业规划发展路径、选择上市路径，做实做细各项上市准备工作。

## （二）"线上＋线下"，多举措加快企业上市培育

1. 开展实地调研。河南省地方金融监督管理局、河南证监局联合沪深北证券交易所深入各地进行调研，上市后备企业进行现场一对一辅导，为企业上市"把脉问诊""靶向开方"，现场协调解决企业上市遇到的困难和问题。

2. 举办系列上市培育活动。近年来，依托沪深北证券交易所河南服务基

地，按照"以点带面、积累经验、核心带动、形成示范"的基本要求，结合河南省发展战略，加大对农业、新能源、耐火材料、超硬材料等优势产业拟上市公司的培育力度，围绕拟上市资源培育、上市公司质量提升、组织专业培训、联合研究等方面开展工作，持续推动产业结构调整优化，为河南省优质企业对接资本市场提供专业、高质、高效的服务。通过一系列培训活动，宣传政策、交流经验、提高认识、起到了协同加速作用，已成为企业上市的"助推器"。

3. 发挥中介机构"看门人"作用。2022 年，河南省地方金融监督管理局、河南证监局下发《关于进一步促进证券服务机构提高资本市场执业质量的通知》，建立证券服务机构执业质量动态跟踪评价体系，提高地方政府、企业等主体对证券服务机构执业情况的了解程度，积极引导和督促各类证券服务机构提高执业质量，高质高效服务河南省优质企业上市发展，共同促进河南资本市场发展走上新台阶。同时，对企业上市中介机构服务情况进行通报，帮助企业选择优质中介，督促中介机构归位尽责，发挥"看门人"作用。

### （三）"严管＋化险"，着力提高上市公司质量

1. 强化制度保障。2022 年，河南省政府出台《关于进一步提高上市公司质量的实施意见》，从提高治理水平、推动做优做强、落实退市制度、解决突出问题、提高违法成本、形成工作合力等六个方面提出了十五项具体举措，推动河南省上市数量和影响力明显增长，可持续发展和整体质量显著提高，运作规范性明显改善，突出问题得到有效解决，龙头带动作用不断增强。

2. 建立预警机制。2022 年，河南省政府办公厅出台《河南省上市公司异常经营监测预警机制》，明确组织架构、主要职责、工作分工、工作规则、工作要求等；制订了上市公司异常经营预警指标及预警等级监测体系，规定预警对象、预警范围、预警指标、预警等级、信息共享、保密要求等，推动实现全省上市公司异常经营监测预警规范化、常态化、制度化。坚持

每季度召开一次预警机制工作协调会，通报机制运行情况及预警体系监测情况，研究机制运行工作。

3. 防范化解风险。按照"稳定大局、统筹协调、分类施策、精准拆弹"方针和市场化、法治化原则，坚持向风险上市公司属地政府发送风险提示函，紧盯"关键少数"，促进企业稳生产、聚主业，开展自救，提质增效。对风险上市公司，按照积极稳妥、一企一策的原则，落实属地责任，夯实主体责任，采取有效措施，加大化解力度。

# 四、行业龙抬头

河南上市公司中，分布着数量众多的行业龙头企业和细分行业隐形冠军，不仅代表了自身发展实力，也折射了河南在全国的产业优势。

## （一）牧原股份——国内生猪养殖龙头企业

牧原股份成立于 2000 年，2014 年登陆深交所，是集饲料加工、生猪育种、种猪扩繁、商品猪饲养、屠宰加工为一体的农业产业化国家重点龙头企业。主营业务为种猪和商品猪的养殖与销售，拥有一条集饲料加工、生猪育种、种猪扩繁、商品猪饲养等多个环节于一体的完整生猪产业链。

2022 年，牧原股份共出栏生猪 6120.1 万头，销售生猪 6120.1 万头，生猪销售业务累计实现销售收入 1197.6 亿元。

## （二）郑煤机——立足中国、面向全球的高端装备制造集团

郑煤机是 A+H 股上市公司，目前已发展成全球重要的煤矿综采技术和装备供应商、具有国际影响力的跨国企业零部件企业集团。公司拥有煤矿机械、汽车零部件、投资三个业务板块，在全球 18 个国家和地区拥有 28 个分支机构，员工 1.7 万余人。

2022 年，郑煤机实现营业总收入 320.43 亿元，同比增长 9.39%，净利润 25.38 亿元，同比增长 30.31%。

## （三）双汇发展——中国最大的肉类供应商

双汇发展成立于 1998 年 10 月，并于同年 12 月在深交所上市。公司以屠宰业和肉类加工业为核心，向上游发展饲料业和养殖业，向下游发展包装业、商业，配套发展外贸业、调味料业等。产品通过经销商代理在各个渠道销售，是目前中国规模最大的肉类供应商。

目前，双汇发展在全国 18 个省（市）建有 30 多个现代化肉类加工基地和配套产业，拥有年加工肉制品 200 多万吨、年屠宰生猪 2500 多万头的生产产能。

## （四）宇通客车——全球规模最大的客车企业

宇通客车成立于 1993 年，1997 年 5 月登陆上交所。公司集客车产品研发、制造与销售为一体，产品主要服务于公交、客运、旅游、团体、校车及专用出行等细分市场，是全球规模最大的客车企业。

截至 2022 年底，宇通客车累计出口超 8.7 万辆，累计销售新能源客车超 17.2 万辆，大中型客车连续多年畅销全球。2022 年，公司大中型客车总体市场占有率 28.19%。

## （五）轴研科技——国内航天特种轴承行业龙头

轴研科技成立于 2001 年 12 月，隶属于中国机械工业集团，2005 年登陆深交所。主导产品为精密及特种轴承、超硬材料及制品、行业装备和检测试验仪器等，其中航天领域特种轴承处于国内垄断地位、高端复合超硬材料制品为世界三大供应商之一。产品广泛应用于航空航天、舰船兵器、汽车与轨道交通、电子、新能源、机床工具、石油化工、医疗器械、制冷等领域，市场遍布全球 80 多个国家和地区。

### （六）洛阳钼业——全球领先的钼、钨、钴、铌、铜生产商

洛阳钼业成立于1999年，2012年10月登陆上交所。公司的钼铁、氧化钼生产能力遥遥领先，全资拥有并运营的三道庄钼钨矿是中国已探明钼储量最大的钼矿以及已探明钨储量第二大的钨矿，钼钨生产成本低，极具竞争力。通过全球收购，公司成为全球前五大钼生产商及最大钨生产商，全球第二大钴、铌生产商和全球领先的铜生产商，同时也是巴西境内第二大磷肥生产商。

### （七）豫光金铅——有色金属行业能效标杆企业

豫光金铅成立于2000年，2002年7月登陆上交所，是中国大型电解铅、白银、黄金等有色金属及贵金属产品的冶炼及进出口贸易公司。公司铅锭、白银、再生铅等多种主要产品生产规模位居行业领先地位。

豫光金铅各项指标明显优于行业平均水平，被工业和信息化部列为有色金属行业能效标杆企业，公司铅、锌冶炼综合能耗指标是有色金属行业能效标杆指标。公司坚持做大做强外贸进出口业务，累计进出口额达120亿美元。

### （八）华兰生物——国内血液制品行业龙头

华兰生物成立于1992年，2004年6月登陆深交所。公司是从事血液制品研发和生产的重点高新技术企业，并首家通过血液制品行业的GMP认证。

在疫苗领域，华兰生物建有国内规模较大的疫苗产业化平台及应急研发体系，目前已上市的疫苗产品有6种，是我国首家获批生产四价流感疫苗的企业。在重组蛋白领域，目前华兰多个单克隆抗体药物已进入临床试验阶段。

### （九）安图生物——国内第一家在主板上市的体外诊断生产企业

安图生物创立于1998年，专注于体外诊断试剂和仪器的研发、制造、整合及服务，产品涵盖免疫、微生物、生化等检测领域，同时也在分子检测等领域积极布局，能够为医学实验室提供全面的产品解决方案和整体服

务。公司于 2016 年 9 月 1 日登陆上交所，是国内第一家在主板上市的体外诊断生产企业。

安图生物建有国家认定企业技术中心、免疫检测自动化国家地方联合工程实验室、河南省免疫诊断试剂工程技术研究中心等，承担了多项国家、省、市级重大技术项目，其中包括"863 计划"两个项目。

### （十）濮耐股份——国内耐火材料制品龙头企业

濮耐股份成立于 1988 年，2008 年 4 月登陆深交所。公司是目前国内主要的功能耐火材料、不定形耐火材料生产企业之一，是国内主要的钢铁行业用耐火材料制品供应商。

### （十一）远东传动——国内最大的非等速传动轴生产企业

远东传动成立于 2007 年 11 月，2010 年 5 月登陆深交所。公司是国内知名的非等速传动轴研发、生产和销售企业，是国家高新技术企业，被授予"中国汽车零部件传动轴行业龙头企业""中国机械 500 强——汽车零部件 50 强"等。公司轻卡市场占有率达 46%，重卡系列产品市场占有率达 45%，工程机械系列产品市场占有率高达 60% 以上，在行业竞争中占据优势。

### （十二）中原内配——亚洲最大气缸套生产商

中原内配成立于 1996 年 2 月，2010 年 7 月登陆深交所。公司目前已发展成为全球气缸套行业产销量、市场占有率最大的企业，全球领先的动力活塞组件系统供应商，世界级的"端对端"供应链管理服务商。

### （十三）三全食品——速冻食品行业龙头、开创中国速冻产业

三全食品始创于 1992 年，2008 年 2 月登陆深交所。公司主要从事速冻汤圆、速冻水饺、速冻面点等速冻米面食品和常温方便食品的生产和销售。公司是国内首家速冻米面食品企业，亦是中国生产速冻食品最早、规

模最大、市场网络最广的企业之一，致力于成为"餐桌美食供应商的领导者"，先后承接了"十三五"国家重点研发计划子课题任务"应急救灾面制食品工程化技术研究与产业化示范"项目、河南省重大科技专项——"速冻面米食品高效节能与品质提升关键技术研究"。三全食品拥有"三全"和"龙凤"两大知名品牌，在郑州、广州、成都、天津、苏州、武汉等地建有基地公司，生产能力和装备水平均处于国内领导地位，市场占有率常年在30%以上。

### （十四）普莱柯——兽药主要产品在细分市场位居行业第一

普莱柯成立于2002年，2015年5月登陆上交所。公司是一家以研发、生产、经营兽用生物制品及药品为主业的国家级高新技术企业，新支流三联灭活疫苗、新支减流四联灭活疫苗、鸡法氏囊病精制蛋黄抗体、鸭病毒性肝炎精制蛋黄抗体4种主要产品的市场份额在细分市场位居行业第一。

### （十五）龙蟒佰利——亚洲最大、世界第三的钛白粉生产企业

龙蟒佰利成立于1998年，2011年7月登陆深交所。该公司是一家致力于钛产业链深度整合及新材料研发与制造的大型化工企业集团，钛白粉产量位居亚洲第一、世界第三。

### （十六）好想你——红枣第一股、国内红枣行业龙头

好想你成立于1992年，2014年5月登陆深交所。作为国内红枣行业第一股，好想你主要从事红枣、冻干产品、坚果、果干等健康食品的研发、采购、生产和销售，是红枣行业龙头上市企业。

### （十七）建龙微纳——国内分子筛龙头企业

建龙微纳成立于1998年，于2019年12月4日登陆上交所科创板，是国内吸附类分子筛产品研发、生产、销售、技术服务为一体的综合型企业。公司产品广泛应用于气体分离与净化、污水处理、富氧燃烧、钢铁和有色

金属冶炼、石油、煤化工、制冷干燥剂、建筑材料等行业和领域，远销美国、法国、德国、非洲、东南亚等 35 个国家和地区，是国内品种齐全、质量优良、技术服务能力强、业内认可的名牌产品之一。

### （十八）金丹科技——国内乳酸及其衍生品生产龙头

金丹科技成立于 2006 年，是国内乳酸及其衍生品生产的龙头企业，其主要产品包括各种级别的乳酸和乳酸钙、乳酸钠及乳酸脂类等，乳酸以及乳酸盐的产能排在世界第二位。公司拥有完整的、自主研发的高效工程菌种的选育、乳酸及衍生产品的制备、提纯等多项核心技术和关键工艺，并通过技术引进与合作研发，掌握了以乳酸为原料，采用有机胍催化剂生产可降解环保新材料丙交酯及聚乳酸（PLA）的关键技术与工艺。

### （十九）汉威科技——气体传感器和安全仪表龙头

汉威科技成立于 1998 年，2009 年登陆深交所创业板，主营业务围绕传感器及其延伸应用开展，生产并销售传感器及安全仪表等硬件产品，并提供"传感器 + 监测终端 + 数据采集 + 空间信息技术 + 云应用"的物联网综合解决方案。

作为公司的核心业务，2022 年汉威科技传感器及智能仪表业务规模合计达到 12.25 亿元，其中智能仪表业务同比增长 69.82%。

### （二十）仕佳光子——全球最大 PLC 分路器芯片制造商

仕佳光子成立于 2010 年，主要业务为光芯片及器件（主要产品包括 PLC 分路器芯片系列产品、AWG 芯片系列产品、DFB 激光器芯片系列产品、光纤连接器及其他器件）、室内光缆和线缆材料三大板块，产品主要应用于光纤入户、数据中心、4G/5G 基站及骨干网和城域网等。其中，光芯片及器件是公司核心优势业务。公司是全球最大 PLC 分路器芯片制造商，全球市场占有率全球第一，达到 53.92%，具备全系列 20 余种芯片量产能力，量产良率 98%。

## （二十一）仲景食品——农业产业化国家重点龙头企业

仲景食品成立于 2002 年，起初主要以花椒油等调味配料业务为主，后于 2008 年率先推出仲景香菇酱，成为国内香菇酱品类的首创者。

随着企业的发展，仲景食品不断创新品类，目前已经拥有多种风味的仲景香菇酱、筋道牛肉酱、北极蓝野生蓝莓果酱等调味酱和花椒油、麻椒油等调味油产品。2019 年，仲景食品被评定为国家绿色工厂、农业产业化国家重点龙头企业。

## （二十二）瑞丰新材——国内润滑油添加剂隐形冠军

瑞丰新材成立于 1996 年，主要从事油品添加剂、无碳纸显色剂等精细化工系列产品的研发、生产和销售。公司拥有完善的生产设备和生产技术工艺，凭借技术优势和产品优势，已发展成为国内领先的润滑油添加剂供应商和全球主要的无碳纸显色剂供应商。

瑞丰新材掌握多项业界领先的核心技术，目前已获得国内授权发明专利 27 项、国外授权发明专利 3 项、实用新型专利 3 项，并有多项国内外发明专利正在申请中。

## （二十三）千味央厨——A 股"餐饮供应链第一股"

千味央厨成立于 2012 年，致力于为餐饮、酒店、团体食堂提供全面供应解决方案，拥有独立的运营机制和优秀的商业模式。经过多年发展，千味央厨已在餐饮供应链行业拥有较强的市场份额和品牌影响力。

千味央厨先后取得了无铝安心油条的工业化生产、芝麻球的工业化生产等多项具有自主知识产权的科研成果和核心技术，开发上市的各类速冻面米产品 360 余个，产品开发及创新推动了企业规模快速成长及转型。

## （二十四）金冠电气——特高压避雷器领先者

金冠电气在国家电网、南方电网直流及 1000KV 特高压交流市场累计中标台数位居行业第一，在国家电网集中规模招标中 35KV—750KV 电压等级市场的累计中标台数位居前列。2019 年 11 月，公司的金属氧化物避雷器产品被工业和信息化部认定为制造业单项冠军产品。公司紧跟智能配电网的发展趋势，自主研制了以智能高压开关柜、一二次融合环网柜、一二次融合柱上开关为代表的智能配电网产品，具备较强的市场竞争力。

### （二十五）羚锐制药——中药贴膏剂龙头

羚锐制药成立于 1999 年，2000 年 10 月在上交所上市，是全国橡胶膏剂业中的首家上市企业，拥有橡胶膏剂、片剂、胶囊剂、注射剂等十余种剂型、百余种产品。公司主打风湿骨科伤药"两只老虎"系列产品，2022年，据中康数据显示，"两只老虎"系列 4 个产品在同类产品中的市场占有率均为单产品第一，壮骨麝香止痛膏、伤湿止痛膏、关节止痛膏、麝香壮骨膏的市场占有率分别为 92.59%、48.36%、39.28%、30.68%，"两只老虎"系列产品销量处于市场领先地位。

目前，羚锐制药控股参股十余家企业，拥有多个科研、生产基地，其中羚锐制药百亿贴膏剂生产基地领先国内，羚锐信阳健康产业园为国内先进的大型口服药生产基地。

### （二十六）硅烷科技——国内硅烷业务龙头企业

硅烷科技成立于 2012 年 5 月，2022 年 9 月在北交所上市，主要从事电子级硅烷气的研发、生产和销售。目前，硅烷科技的电子级硅烷气生产线是国内领先的百吨规模以上、拥有自主知识产权、设备国产化率达到 90%的工业化生产装置。公司硅烷业务在国内处于龙头地位，在国内市场占有率约为 32.56%。

2022 年，硅烷科技实现营业收入 9.53 亿元，同比增长 32.16%，实现净利润 1.89 亿元，同比增长 149.64%。

### （二十七）天马新材——电子陶瓷、电子玻璃、研磨抛光等领域处于国内领先地位

天马新材成立于 2000 年 9 月，2022 年 9 月在北交所上市，是国内少数专注于从事高性能精细氧化铝粉体的研发、生产和销售的高新技术企业。公司已成为我国精细氧化铝领域的先进企业，在电子陶瓷、电子玻璃、研磨抛光等细分领域处于国内领先地位，是电子陶瓷、平板显示、高压电器、新能源等领域国内头部企业的精细氧化铝粉体主要供应商。

### （二十八）天力锂能——小型动力锂电池龙头

天力锂能成立于 2009 年，2022 年 8 月在深交所上市，是国内较早从事三元材料研发与生产的企业之一。目前，天力锂能形成以三元材料及其前驱体为主的产品结构，主要战略定位于小型动力锂电池领域，尤其在电动自行车、电动工具等锂电池材料领域处于全国领先地位。在小动力锂电池领域中，天力锂能 2019 年—2020 年的三元材料出货量均处于行业首位，市场占有率分别达 48%、41%。

2022 年，天力锂能实现营业收入 26.68 亿元，同比增长 60.47%；净利润 1.32 亿元，同比增长 56.16%。

### （二十九）惠丰钻石——中国最大的金刚石微粉专业制造商

惠丰钻石成立于 2011 年，2022 年 7 月在北交所上市，是一家专业从事人造单晶金刚石粉体的研发、生产和销售的高新技术企业，主要产品包括金刚石微粉和金刚石破碎整形料两大系列。公司金刚石微粉月生产量 4000 万克拉，金刚石破碎料月生产量 1000 万克拉，是中国最大的金刚石微粉专业制造商。公司生产的各品牌产品畅销国内外市场，60% 以上的产品出口到欧、美、日、韩、印度和东南亚市场，出口量逐年增加。

惠丰钻石 2022 年营业收入 4.31 亿元，同比增长 96.71%；净利润 0.74 亿元，同比增长 31.24%。

### （三十）中钢洛耐——耐火材料龙头企业

中钢洛耐成立于 2006 年，于 2022 年 6 月登陆上交所科创板。作为国内耐火材料的龙头企业，中钢洛耐核心业务是中高端耐火材料的研发、制造、销售和服务，现有硅质系列制品、镁质系列制品、高铝系列制品等 8 个系列、200 多个品种的耐火产品，广泛应用于钢铁、有色金属、建材、煤化工、电力、环保和国防军工等多个高温领域，是高温工业发展不可或缺的支撑材料。

中钢洛耐的硅质耐火材料产品，解决了大型焦炉及热风炉安全稳定、节能高效和绿色长寿命运行的"卡脖子"技术难题，有效减少了焦炉、热风炉相关污染物的排放，节能、减排效果明显。

### （三十一）华兰疫苗——流感疫苗领域的龙头企业

华兰疫苗成立于 2005 年，2022 年 2 月在深交所创业板上市。公司在流感疫苗的研发、生产和销售领域占据领先地位。目前拥有 6 个流感疫苗原液生产车间，具有年产 1 亿剂四价流感疫苗的生产能力。

2018 年至 2020 年，华兰疫苗流感疫苗年批签发数量分别为 852.3 万剂、1293.4 万剂和 2315.3 万剂，其中四价流感疫苗批签数量分别为 512.2 万剂、836.1 万剂和 2062.4 万剂，均居国内首位。2022 年，公司流感疫苗取得批签发 103 个批次，批签发批次数量继续保持国内首位。

2022 年 2 月，华兰疫苗成为国内首家获得四价流感疫苗（儿童剂型）的《药品注册证书》的企业，填补了国内市场空白，进一步巩固了公司在流感疫苗行业中的优势地位。

## 五、出海领风骚

作为河南经济发展的领头羊，河南上市公司积极拓展"一带一路"共建国家的市场。

（一）一拖股份。在国际上的品牌认可度逐年增加，出口贸易业务范围涵盖 90 多个国家、地区，逐步建立起覆盖"一带一路"共建国家近百个销售和服务网络。为积极融入国家"一带一路"建设，通过改造提升铁路枢纽存量资源，发展公铁海多式联运，规划建设东方红（洛阳）国际陆港。截至目前，东方红（洛阳）国际陆港已累计开行集装箱货运班列 1137 列，完成集装箱吞吐量 12.9 万标箱，成为河南省、洛阳市以及中国一拖所属的中国机械工业集团有限公司融入"一带一路"建设的标志性成果。

（二）宇通客车。自"一带一路"倡议提出以来，宇通客车厚积薄发，在全球市场"开疆扩土"。截至目前，在宇通客车的海外目标销售国家中，超过 80% 分布在"一带一路"共建国家，累计销售客车超 72000 辆。在卡塔尔、沙特、哈萨克斯坦等多个国家，宇通客车或为唯一的新能源客车供应商或为最大的新能源客车供应商。

宇通客车还积极与"一带一路"共建国家开展产能及技术合作，在多国实现了客车 KD 组装和产能及技术的合作：一方面，实现了优势产能走出去，完成了由产品出口到技术出口、标准输出，提升中国优势产业国际竞争力；另一方面，带动了部分国家提升当地工业化水平，实现了"一带一路"共商共建、合作共赢的倡导目标。

（三）致欧科技。作为跨境电商"独角兽"企业，产品销往罗马尼亚、土耳其、波兰等"一带一路"共建国家。

（四）濮阳濮耐高温材料（集团）股份有限公司、河南省交通规划设计研究院股份有限公司、河南瑞贝卡发制品股份有限公司以及中原内配集团股份有限公司等河南"老中青"上市公司，和"一带一路"共建国家都有不同程度的合作。

2022 年，河南 A 股上市公司实现历史性突破和跨越式发展，经过近三十年的历程，迈进百家时代。透过百家豫股这扇窗，展示了更加精彩的河南，这百家 A 股上市公司，恰是红色火炬，照亮河南经济未来之路。面向未来，河南上市公司必将在攻坚克难中脱胎换骨，在风雨洗礼中稳健前行，在高质量发展的征程上再创佳绩。

（河南省地方金融监督管理局供稿）

# A

第二章

# 创新驱动潮涌中原

# 创新驱动潮涌中原

◆ 2019 年 9 月，中共中央总书记、国家主席、中央军委主席习近平在河南考察时指出，"要推动经济高质量发展，抓住促进中部地区崛起战略机遇，立足省情实际、扬长避短，把制造业高质量发展作为主攻方向，把创新摆在发展全局的突出位置。"

◆ 把创新摆在发展的逻辑起点、现代化建设的核心位置，河南完善科创体系，引育一流人才，完善转化链条，努力打造全国创新高地。

◆ 河南整合省内外创新资源，神农种业、黄河、龙门、中原关键金属、龙湖现代免疫、龙子湖新能源、中原食品等 10 家省实验室相继揭牌成立，均由"两院"院士担任实验室主任。同时，集聚 130 多位院士担任实验室学术委员会或战略咨询委员会委员。

◆ 河南出台《加快推进智慧岛建设实施方案》等政策，复制推广中原龙子湖智慧岛标准化模式，在全省规划建设 30 个智慧岛。为郑州大学、河南大学量身定制"双一流"建设方案，遴选河南理工大学等 7 所高校的 11 个学科作为"双一流"创建第二梯队，加快培育人才后备军。

◆ 通过建设中试基地打通科技成果转化的堵点，填补"从 0 到 1"的断档，形成科技创新从研到产的全链条闭环。目前，河南已挂牌 36 家中试基地，到 2025 年将打造 50 家，实现重点产业集群全覆盖。

◆ 2022 年，河南战略性新兴产业增加值占工业增加值比重由 2016 年的 11.9% 提升至 25.9%。河南正着力培育新一代信息技术、生物技术、新材料、节能环保四个主导战略性新兴产业，创新驱动发展、转换发展动能势头强劲。

# 这些科技创新
## 来自河南

### 1

▶ 我国第一个拥有完全自主知识产权的新冠口服药阿兹夫定成功研制，2022年7月获批上市，已在河南投产。

### 2

"高产优质小麦新品种郑麦7698的选育与应用"项目：

▶ 亩产超过700公斤，解决了我国优质强筋小麦产量普遍低于普通高产品种的难题，实现了既优质又高产。

▶ 有人说，用郑麦7698种出的小麦磨成面粉，做出来的面食都好吃，可称得上面包、面条、馒头领域的"三好学生"。

### 3

"钎料无害化与高效钎焊技术及应用"项目：

▶ 解决了传统钎焊制造中长期存在的能耗高、效率低及可靠性差等技术难题，服务保障了载人航天、西电东送等国家重大工程。

### 4

"平板显示用高性能ITO靶材关键技术及工程化"项目：

▶ ITO靶材应用广泛，如日常生活中的手机屏幕、电脑显示器等都离不开它。

▶ 该项目突破性解决了"卡脖子"技术难题。

### 5

"光网络用光分路器芯片及阵列波导光栅芯片关键技术及产业化"项目：

▶ 打破了国外对该类芯片的技术垄断，实现了我国光无源芯片自主可控，为"宽带中国"建设作出了重要贡献。

### 6

"异形全断面隧道掘进机设计制造关键技术及应用"项目：

▶ 盾构机是现代隧道施工的高端装备，主要用于铁路、水利等基建工程的隧道环节，有"地下蛟龙"的美誉。

▶ 该项目研制出世界首台马蹄形盾构机，掘进效率提高了5倍。

### 7

"面向互联网开放环境的重要信息系统安全保障关键技术研究及应用"项目：

▶ 攻克了系统间高可信数据交换等重大技术难题，建立了开放环境条件下信息系统安全防护技术体系。

### 8

"自修复纳米润滑抗磨损材料"项目：

▶ 开发了纳米润滑油脂配伍技术，实现了高端润滑产品的进口替代和在航空航天领域的广泛应用。

### 9

"冶金功能耐火材料关键服役性能协同提升技术及在精炼连铸中的应用"项目：

▶ 构建了我国高端冶金功能耐火材料技术体系，研制出四类新型冶金功能耐火材料，处于国际领先水平。

### 10

"地方鸡保护利用技术体系创建与应用"项目：

▶ 构建了国际首个鸡泛基因组；

▶ 授权32项发明专利，解决了地方鸡直接利用性能低、逐一选育配套困难多等技术难题；

▶ 育成2个国审新品种，推动了地方鸡品种自主创新、标准化生产和产业化开发。

资料来源：中共河南省委"中国这十年·河南"主题新闻发布会、河南省2023年政府工作报告、河南日报《十大科技创新成果追踪探访》

仲春时节，天气渐暖，郑州龙子湖晴空如洗，水鸟翻跹。不经意间，一个集聚 13 家科研机构、汇聚 32 家孵化载体、入驻 1300 余家企业、聚拢 30000 名员工的龙子湖智慧岛已蔚然成型。

中国腹地，一处崭新的创新地标揭开面纱，努力成为全国知名的"双创"地标。

2019 年 9 月，中共中央总书记、国家主席、中央军委主席习近平在河南考察时指出，"要推动经济高质量发展，抓住促进中部地区崛起战略机遇，立足省情实际、扬长避短，把制造业高质量发展作为主攻方向，把创新摆在发展全局的突出位置。"

党的二十大报告指出，加快实施创新驱动发展战略。坚持面向世界科技前沿、面向经济主战场、面向国家重大需求、面向人民生命健康，加快实现高水平科技自立自强。以国家战略需求为导向，集聚力量进行原创性、引领性科技攻关，坚决打赢关键核心技术攻坚战。

河南省委主要负责同志说，深入贯彻习近平总书记"把创新摆在发展全局的突出位置"重要指示，必须要有世界眼光、战略思维，加强顶层设计，突出工作重点，下非常之功，用恒久之力，依靠科技进步，依靠创新驱动高质量发展。这是"华山一条路"，舍此别无他途。

创新是河南的短板，更是河南的期盼。根据科技部发布的《中国区域科技创新评价报告 2020》，河南省综合科技创新水平指数居第 17 位，科技活动投入强度、科技活动产出、促进经济社会发展等指标均低于全国平均水平。

为解决创新资源与经济规模严重不匹配、产业升级与创新支撑矛盾较突出的问题，近年来，河南先后出台了《河南省创新驱动高质量发展条例》《关于加快构建一流创新生态、建设国家创新高地的意见》《创新发展综合配套改革方案》等一系列法规和政策性文件，加速构建以政府作引导、企业为主体、市场为导向、产学研相结合的科技创新体系。

2021 年，河南省第十一次党代会将创新驱动、科教兴省、人才强省置于"十大发展战略"之首。把创新摆在发展的逻辑起点、现代化建设的核心位置，河南完善科创体系，引育一流人才，完善转化链条，努力打造全国创新高地。

放眼中原大地，河南省科学院龙头带动，省实验室异军突起，中试基地加速布局，高新企业势头强劲，创新驱动潮涌中原。

## 完善科创体系 转换发展动能

一个地方、一个企业要突破发展瓶颈、解决深层次矛盾和问题，根本出路在于创新，关键要靠科技力量。

重建重振省科学院，塑造科创新体系。2021年12月，建院六十余载的河南省科学院举行了重建重振揭牌仪式。

河南将重建重振省科学院作为实施创新驱动、科教兴省、人才强省战略的"一号工程"，专门制定《河南省科学院发展促进条例》，在国内首次以立法的形式支持省科学院发展。

河南省委组织部部长牵头，邀请知名科学家进行为期一周的闭门研讨，最终制定了《河南省科学院章程》，取消原来政府所属的正厅级事业单位架构，打造新型科创平台。

在配套支持措施上，河南通过压缩腾挪，将省科学院编制由400多个增至3000个；2022年先期给予9亿元专项经费，主要用于高端人才引育、重大项目实施等，之后稳定连续支持；赋予机构人员管理自主权，优化知识成果转化体系，建立激励创新容错机制。

一年多来，河南省科学院引进20余名国家杰青等一流人才作为首席科学家，招引博士学历人才150多名，重新搭建起骨干人才"四梁八柱"，成为开展基础研究、应用研究、成果转化、人才培养的综合性研发机构。

整合重组实验室体系，培育战略科技力量。2021年7月，河南首家省实验室——嵩山实验室正式揭牌运行，在重塑实验室体系、搭建一流创新平台方面迈出实质性步伐。而此前，全国已有和在建的大科学装置、中科院100多家直属研究所、国家实验室等战略科技力量，河南均为空白。

　　"优秀实验室是探索科技未知领域的最前沿。"河南省科技厅副厅长徐彬说，高端科研平台不会从天上掉下来，只能按照国家战略科技力量体系来谋划建设自身创新体系，整合原有创新平台，重塑实验室体系，在服务国家科技战略力量建设和提升河南产业核心竞争力上同步发力。

　　以扬优势、补短板、强能力为方向，河南整合省内外创新资源，神农种业、黄河、龙门、中原关键金属、龙湖现代免疫、龙子湖新能源、中原食品等10家省实验室相继揭牌成立，均由"两院"院士担任实验室主任。同时，集聚130多位院士担任实验室学术委员会或战略咨询委员会委员。

　　各家省实验室在科研方向上坚持问题导向，聚焦产业需求，整合高校、科研机构和骨干企业科研力量，谋划实施了一批一流课题。挂牌不久，部分省实验室已推出科研成果。

　　嵩山实验室联合豫信电科，在鹤壁市打造的内生安全普惠金融平台正式上线运营，并将逐步扩展到鹤壁市电子政务系统。龙门实验室攻克了电子级多晶硅提纯关键核心技术，关键指标达到国际先进水平。

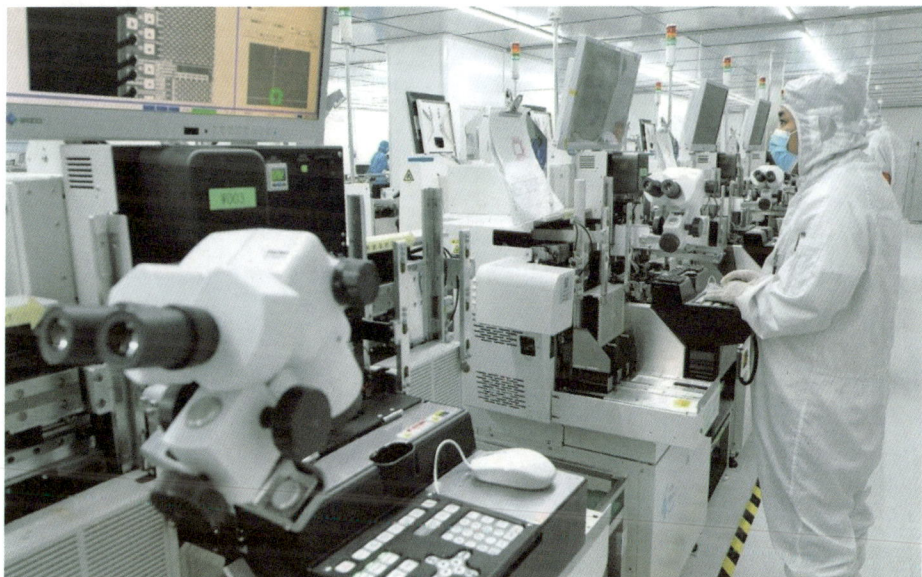

位于新郑市的郑州电子信息产业园，SIP 芯片研制及高端封测生产基地内的生产车间（2022 年 9 月 20 日摄）。（唐强 摄）

打造技术转移体系，激发企业创新活力。作为国内第一家在上交所主板上市的体外诊断研发和制造型企业，郑州安图生物工程股份有限公司吃尽了创新的"苦"，也尝到了创新的"甜"。

"1998年成立至今，公司几乎每年都拿出超10%的营收资金来搞研发。"安图生物创始人之一、副总经理吴学炜对企业发展有着坚定信条——一定要拿出真金白银做研发。

从仅有80万元资本的创业团队，到拥有1600余名研发人员、坐拥1139件授权专利、年营收数十亿元的领军企业，安图生物用一项项技术创新和产品创新叩开1900余家三级医院的大门。

企业是创新主体，实现规上工业企业研发活动全覆盖，是河南提升科技创新实力的关键一招。2022年，河南高新技术企业总数突破1万家，国家科技型中小企业达到2.2万家，规上工业企业研发活动覆盖率达到52%，创新主体规模不断壮大，企业创新活力加速释放。

研发活动的规模和强度，体现着一个地区对科技创新的支持力度。技术合同成交额，则反映着一个地区的科技创新活跃度。

郑州技术交易市场（2022年9月21日摄）。（李新华 摄）

自 2021 年 12 月揭牌以来，郑州技术交易市场在体制机制、交易模式、人才培养、推广方式等方面着力创新，打造以服务主导产业需求、提升区域创新水平为核心目标的技术转移生态体系，在科技创新中发挥桥梁纽带作用。

"2022 年，河南技术合同成交额达到 1025 亿元，同比增长 68%。"河南省科技厅科技成果转化与区域创新处处长程艳说，技术合同成交额突破千亿元大关只是"果"，增加科技创新源头供给、促进研发成果供需对接才是"因"。

## 引育一流人才　营造创新生态

全球科技史证明，谁拥有了一流创新人才和一流科学家，谁就能在科技创新中占据优势。河南想方设法吸引一流人才，营造良好创新生态。

"引育用服"，汇聚一流创新人才。当被问到"吸引人才的核心要素是什么"，河南省科学院碳基复合材料研究院特聘研究员任宣儒说，有活力的研发团队，有空间的科研平台。

招才纳贤，必须将体制机制改革向纵深推进。尊重科研工作规律，重大创新项目经费拨付实现"直通车"，改变以往按行政层级分级拨付的模式，拨付周期由以往的 4 个月以上缩短至 21 天；50 万元以下的省级科技项目开展科研经费"包干制"，取消预算编制，实行项目负责人签字报销制；改进科技人才评价方式，构建以创新价值、能力、贡献为导向的科技人才评价体系，全面落实单位用人自主权……河南围绕引才、育才、用才、服务，推动创新体制机制重塑性改革，为科技创新注入新动能。

2022 年底，任宣儒来到河南后，郑州市为其所在团队解决研究院用地，由省科学院提供 5000 万元的设备采购资金，并给予 80 个编制。

"我真切感受到河南的创新力度、招才诚意。科技创新已不是某一个院所的任务，而是汇聚全省之力集中突破的战略目标。"目前，任宣儒所在团队已聚集 10 名高层次人才，他的家人也已在郑州安居。

　　"院""城"融合，打造互利共赢创新生态。郑东新区，龙湖北岸——一片坐拥和杭州西湖同样水域面积的"风水宝地"，无疑是房地产开发商眼中的"香饽饽"。房产开发需要用地，科研建设也需要用地，黄金地块究竟给谁？

　　"宁谋千秋之功，不贪一时之利。尽管科研用地的出让价格仅为商业用地价格的1/10，郑州仍选择力挺科技创新。"中原科技城人才工作局局长邬蒙说，最好的地块拿来做科技城，郑州损失了超千亿元土地出让预期收入，布局研究所集群、新兴产业集群、科技创新中心，郑州建成了中原科技城核心片区。河南省科学院及其他科研机构，就落地于这里。

　　"一个'顶天'，一个'立地'。科技城因科学院有了灵魂，科学院因科技城有了载体。"中原科技城党工委书记孙建功说，"院"重在科研攻关、技术创新，"城"重在平台载体、应用转化，上接国家战略、科技前沿，下连产业发展、市场需求。"院""城"深度融合，充分释放优势，实现"化学裂变"，形成共建共享、优势互补、互利共赢的创新体系。

　　2022年，中原科技城引进各类高层次人才1316人，培育市级以上研发平台297个，招引京东科技中原总部等277个重点项目，新增高新技术企业150家。

　　从初次商谈到签约落地，用时不足3个月。2021年，超聚变数字技术有限公司招募2000人团队落户中原科技城，是河南打造创新生态初显成效的生动注脚。目前，该公司已拥有上万家客户，2022年营收超230亿元，致力于成为全球领先的算力基础设施和算力服务提供者。

　　种好梧桐树，引得凤凰来。距离中原科技城40余公里处，开封金明池智慧岛春色正浓，用当地人的话来说，"这里是开封环境最好的地方"。

　　在营造创新生态上，开封力度很大——用最好地段、最美环境、最优资源，打造创新创业策源地、创新发展新引擎。目前，金明池智慧岛已形成了以新能源汽车、智能网联汽车、未来产业等为主的战略性新兴产业，2022年全年产值达150亿元，科技创新、关联在孵上下游企业63家。

　　此外，河南大学与开封智慧岛公司联合成立河南大学科创中心管理办公室。截至 2022 年底，在金明池智慧岛内，新增由河南大学主导的科研项目共 94 项，涉及化学、纳米材料研究、人工智能、医药、材料、物理与电子等 6 个专项领域。

搭建载体，做大做强育才平台。中原科技城所属的中原龙子湖智慧岛肩负着探索建设高标准"双创"载体的重任，重中之重是建立一支具有国际视野、丰富科创运营经验、一流资本市场运筹能力的专业团队。

上海张江跨国企业联合孵化平台实力雄厚、资源广泛，两者一拍即合，龙子湖智慧岛成为其在中部地区运营的第一个"双创"载体。

宇通智能巴士在郑州龙子湖智慧岛的公交站内充电（2021 年 10 月 19 日摄）。（李嘉南 摄）

"国资平台负责重资产整合，我们负责轻资产运营，不仅负责招商、物业等传统运营业务，也作为政府助手提供延伸服务，弥补工作短板，共同建设创新生态。"张江智慧岛（河南）科技集团有限公司负责人宋非介绍，团队深度参与智慧岛规划提升、科技项目申报、金融机构招引、基金政策制定等 60 余项工作，为"双创"主体提供"空间＋孵化＋基金＋服务＋生态"的全链条服务，被戏称为"不管部"——"别人不管的事情，我们都要管"。

对于初创团队和创新项目而言，人才和资金往往是两大难题。中原龙子湖智慧岛不断优化引才聚才对接服务机制，过去一年间先后引进了 200 余名高层次人才，新增私募基金类企业 35 家。目前，该智慧岛已集聚 235

郑州飞龙汽车部件有限公司的自动化车间（2022年9月23日摄）。（李新华 摄）

家私募基金类企业，助推中原动力、第三维度、猎鹰消防等一批科创企业。

河南出台《加快推进智慧岛建设实施方案》等政策，复制推广中原龙子湖智慧岛标准化模式，在全省规划建设 30 个智慧岛。为郑州大学、河南大学量身定制"双一流"建设方案，遴选河南理工大学等 7 所高校的 11 个学科作为"双一流"创建第二梯队，加快培育人才后备军。

## 聚焦产业发展 完善转化链条

创新驱动发展，转换新旧动能。河南加快构建以企业为主体、市场为导向、产学研相结合的技术创新体系，让"科研之花"结出"产业之果"。

加快布局中试基地，打通成果转化堵点。中试基地是进行中间性试验的专业试验基地。如果说，实验室是球场上的精锐前锋，中试基地就是中场队员，发挥着承上启下、攻守转换的重要作用。据估算，科技成果不经过中试，产业化成功率只有三成；经过中试后，成功率可达八成。

6 年前，郑州航空港区谋划建设生物医药产业园。"河南生物医药基础薄弱，仅凭基础性的免补优惠政策，很难吸引药企。"郑州创泰生物技术服务有限公司首席科学家陈刚说，一款新药从开发到上市，平均需要花费 12 年时间，耗费巨大。药物设计不容易，中试生产更是瓶颈和难点。

陈刚算了一笔账，如果药企自己建厂，仅基础建设和各类设备投资就超过 2 亿元，每年物料、维保等也要上亿元。拿到中试基地的平台上去做，只需花费五六千万元，从经济成本到时间成本上都是最优解。

于是，搭建独特的一体化服务平台，为药企和科研机构提供从研发、中试至产业化的全产业链条支撑服务体系，成为郑州临空生物医药园的发力点。

2021年，郑州临空生物医药园成为首批河南省中试基地，汇聚了鸿运华宁、泰基鸿诺等多家生物医药创新企业。2022年，该园区提供中试服务40余次，实现中试服务收入超1.3亿元。

"中试基地是打通实验室和产业化之间的重要通道。"河南省科技厅厅长陈向平说，通过建设中试基地打通科技成果转化的堵点，填补"从0到1"的断档，形成科技创新从研到产的全链条闭环。目前，河南已挂牌36家中试基地，到2025年将打造50家，实现重点产业集群全覆盖。

打造创新联合体，完善成果转化机制。科技创新的实践表明，关键核心技术往往都是复杂综合性技术，组建由行业龙头企业牵头带领，联合产业链上下游企业、高校以及科研院所组合而成的创新联合体，是提升企业创新能力、突破关键核心技术的有效组织形式。

聚焦动力电池续航里程缩水、电池衰减等问题，中航锂电（洛阳）有限公司牵头参与了科技部组织的国家重点研发计划项目，与国内高校、企业密切合作，开发出了各项指标均处于国内领先水平的高镍三元电池。

该公司负责人感慨地说："只有打通产业链创新链，我们的很多技术发明、科研成果才会

工人在位于郑州的中国电子科技集团公司第二十七研究所生产线上作业（2023年2月20日摄）。（李新华 摄）

'活'起来。"

在试剂开发领域钻研 20 多年的吴学炜说："大的项目攻关基本上都要依靠创新联合体。靠一个企业单打独斗远远不够，让各种力量协同分工、各展所长，才能快速实现突破。"

2022 年 9 月，河南省首批 12 家创新联合体集中揭牌，安图生物成为河南省体外诊断创新联合体的牵头企业。从单兵作战到抱团突围，创新联合体已成为河南构建一流创新链条的一块重要"拼图"。

产业出题科研答题，协力突破创新瓶颈。许昌市襄城县煤炭资源丰富，当地工业长期以煤炭开采、洗煤、炼焦为主，处于产业链、价值链、供应链的最低端。

"走出资源依赖的死胡同，必须推动企业换道超车。"襄城县委书记孙毅说，针对燃料变材料难题，襄城着力以原始创新带动应用创新，通过引进人才，加强与中科院等高校院所合作，强化对硅碳新材料等上下游产业的关键技术攻关，实现由"黑"变"绿"的转型升级。

目前，襄城县生产的超高功率石墨电极被认定为国家重点新产品；针状焦、高纯硅烷打破了国外技术垄断，填补了国内市场空白；单晶硅太阳能电池片光电转换效率 6 次刷新世界纪录，达到 23.7% 的全球量产顶尖水平；近年来，襄城在二氧化硅气凝胶等 5 个领域研发出国内首批次材料，闯出了一条把硅碳新材料、光伏新能源产业作为迭代产业的可持续发展之路。

"产业方出题，科研界答题"，是河南本轮创新变革中的制度设计之一。河南紧跟世界科技发展前沿，聚焦"卡脖子"技术，围绕传统产业"迭代"、新兴产业"抢滩"、未来产业"破冰"，凝练一批重大课题，实施一批重大项目，力争取得重大创新成果和群体性技术突破，为产业发展闯出新路。

2022 年，河南战略性新兴产业增加值占工业增加值比重由 2016 年的 11.9% 提升至 25.9%。河南正着力培育新一代信息技术、生物技术、新材料、节能环保四个主导战略性新兴产业，创新驱动发展、转换发展动能势头强劲。

　　河南省政府主要负责同志在今年河南省政府工作报告中提出，2023年河南要新增国家级创新平台5家、省级创新平台400家以上。推动高校与规模以上工业企业共建1500家研发中心，建设15个省级高校科技成果转化和技术转移基地，新培育高新技术企业2000家。

　　带着"不成创新高地，必成发展洼地"的紧迫感，河南抓住创新这个"关键变量"，正不断变革机制、完善政策、优化服务，给足"阳光雨露"，让"天下之中"成为英才向往之地、创新奔涌之地、企业发展之地。

　　（《瞭望》2023年第9期　新华社记者唐卫彬、林嵬、双瑞、韩朝阳）

# 河南焦作："百年煤城"的创新"涅槃"

2023年6月，多氟多新材料股份有限公司牵手清华大学成立的氟基新材料联合研究中心正式揭牌。这家从豫北小城走出的氟化工龙头企业科研"朋友圈"不断扩容，成为"百年煤城"焦作市创新"突围"的最新见证。

河南焦作是全国首批资源枯竭型城市。近年来，面对资源枯竭难题，焦作市选择创新"突围"，破除机制障碍，搭建创新平台，协同要素投入，优化产业布局，推动创新链、产业链、供应链、要素链、制度链"五链"耦合，在创新逆袭中走出一条高质量发展之路。

龙佰集团部分厂区（2023年6月13日摄）。（本文组图均由新华社记者张浩然拍摄）

## 破创新梗阻 促要素耦合

在焦作市产业技术科学院大楼四层 1700 平方米的共享实验室内，科研人员紧张忙碌，楼下就是处于孵化期的创新企业。"楼上科学家，楼下企业家，大大缩短了科技成果在企业一线应用的距离和时间。"院长雷一鸣说，目前该院已有 7 个产业研究院和 1 个省级中试基地，对接企业创新提出的各种需求。

政府搭台，企业出题，院校解题。这是焦作市搭建创新平台、助力创新突破的一处缩影。

创新的根本在人才。作为偏居豫北的中小城市，焦作市长期面临着人才尤其是高端人才引不进、招不来、留不住的尴尬处境。为打破人才等创新要素匮乏的樊篱，焦作市瞄准建立开放创新平台，一举拿出 300 个事业编制，成立河南省首家地市产业技术科学院。

这个集政、产、学、研、金、服、用为一体的创新平台，打破阻碍创新的观念围墙、校园围墙、机制围墙，重塑资源共享、平台共建、人才共

2023 年 6 月 13 日拍摄的焦作市产业技术科学院。

用的创新体系。围绕企业人才需求，该院成立科研人才服务中心，服务产业创新。"科学院成立后，利用人才专项事业编制，常态化组织开展高层次和紧缺人才引进工作。"雷一鸣说，引进人才既可进入事业编制池，又能拿企业薪酬，目前通过编制池已为企事业单位引进高层次人才231人。

围绕企业科研需求，该院成立科技成果转化服务中心。河南理工大学的环保材料研究专家潘启东，通过焦作市产业技术科学院平台，被招引到河南强耐新材股份有限公司挂职副总，有了专家科研团队的帮助，公司一批绿色新材料核心技术取得突破。

融资是创新型企业的共性难题。中小制造业企业信贷环节中由于存在信息、信用"两缺"的突出问题，长期以来融资困难。为了解决这一难题，该院专门设立了创新创业融资服务中心。

该服务中心利用自身在大数据、云计算、人工智能等方面的数据和技术优势，向银行批量提供优质企业"白名单"；通过优化多维数据为企业"画像"，联合银行开发具有授信基础的产品，有效帮助银行精准放贷。焦作市智慧金融服务有限公司副总经理元蔚峰介绍，通过创新平台对接，目前已累计为企业融资超3000亿元。"我们还在全国率先推出'专精特新企

2023年6月13日拍摄的焦作市智慧金融服务中心。

业综合保险'，有效降低了企业研发投入风险。"

在焦作市创新"突围"引领下，一批创新平台如雨后春笋一般涌现。走进由焦作市、沁阳市与河南省科学院携手打造的河南省科学院（沁阳）科创园，"科创园+中试基地+科技企业孵化器"的创新平台已孵化科技型企业 30 余家。

焦作市科技局局长胡新江说，创新平台是创新要素耦合的催化剂，目前，焦作市已有国家级创新载体 6 个，省级创新载体平台 283 个，逐步形成以企业为主体、产学研相结合、多层次良性发展的创新生态体系。

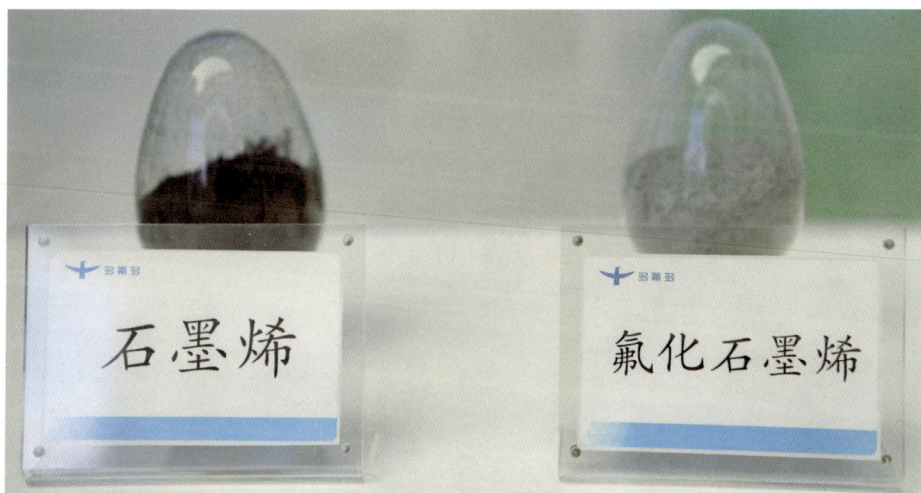

2023 年 6 月 13 日在位于焦作市中站区的多氟多新材料股份有限公司拍摄的氟基新材料展品。

## 强战略"链主"　育产业集群

在焦作市中站区多氟多新材料股份有限公司的数字化管理大屏前，每条生产线都是"透明"的，从地下管网到生产设备的实时状况和状态参数都被清晰标注。

"目前，公司六氟磷酸锂产能已达 5.5 万吨，电子级氢氟酸、电子级硅烷进入全球知名半导体企业供应链，公司正向数字化转型，力争 2030 年迈入千亿级规模。"多氟多新材料股份有限公司副总经理张小霞说。

从冰晶石、氟化铝等传统产品起家，多氟多新材料股份有限公司历经上千次实验攻关，依靠不断创新，打破国外技术垄断，锂离子电池核心材料之一的六氟磷酸锂产销量稳居全球第一，成为全球无机氟材料行业引领者。

产业高质量发展是检验创新的试金石。焦作市通过强龙头、补短板、优布局，跟进调整产业链，抢抓新能源新材料产业风口，在多氟多、龙佰集团等"链主"企业带动下，创新企业集群发展，创新成果不断涌现。锂离子电池新材料产业集群获批河南省首批战略性新兴产业集群，动力电池产业链入选河南重点培育的特色优势产业链。

2023年6月13日，新开源（焦作）高分子材料有限公司工作人员在对设备运行状态进行监测。

创新领跑下，一批填补焦作市产业空白的专精特新"小巨人"也百花齐放。新开源（焦作）高分子材料有限公司是焦作市打造"中部新能源材料城"战略布局的新设企业。"项目投产后，PVP（聚乙烯吡咯烷酮）产能将跃居全球第一。"公司副总经理杨卫说，焦作市对创新型企业提供全方位服务，"一期项目从开工到安装调试结束具备试生产条件仅用时 8 个月，为下一步企业延伸 PVP 产业链打下了坚实基础。"

填补焦作市半导体产业空白的伯恩半导体（河南）有限公司，是掌握半导体过压保护器件和保护集成电路核心技术的供应商之一。"焦作创新氛围浓厚，我们把封装和测试环节放在武陟县，未来将继续增建一条晶圆生产线。"公司封装测试项目负责人郑国昌说。

聚木成林。如今，通过培育龙头、补齐产业短板，中站区的化工新材料、马村区的生物医药、示范区的电子信息、沁阳市的新能源电池材料、孟州市的生物化工、修武县的铝基新材料……一批特色鲜明的专精特新产业集群逐渐形成。

焦作市发改委副主任苗强介绍，通过创新带动，目前，焦作市正全力打造高端装备、绿色食品、新材料 3 个千亿级产业集群，汽车及零部件、现代化工等 5 个五百亿级产业集群，智能装备、生物医药等 6 个百亿级产业集群，加快构建现代化产业体系。

2023 年 6 月 14 日在位于孟州市的中原内配集团展厅拍摄的氢燃料电池发动机。

## 换赛道超车　塑科创名城

作为全球最大的发动机气缸套生产企业，在孟州市中原内配集团的产品展厅内，除了内燃机气缸套、合金刀具、汽车电子等传统产品，具有自主知识产权的氢燃料电池发动机、氢燃料电池空压机、氢燃料电池增湿器等新能源产品也已上架。

2023年6月14日在孟州市拍摄的中原内配集团生产车间。

"为加快新能源转型，目前，中原内配加快氢能产业战略布局，牵头成立焦作市氢能产业联盟，全面启动氢能源动力核心零部件的产业化进程，预计到2030年，将形成年产氢燃料电池发动机15万台（套）、空压机30万台、增湿器20万台、双极板2000万组及其他相关核心零部件的生产能力。"总经理党增军说。

新兴产业集群方兴未艾，创新"突围"也让焦作市曾经的传统产业在高端化、智能化、绿色化的换道转型之路上越走越稳。焦作市是"中国制动器之乡"，依靠煤机制动器起家的焦作市制动器有限公司一度受困于焦作煤炭资源枯竭。

2023 年 6 月 15 日在武陟县拍摄的焦作市制动器有限公司生产车间。

在开放创新平台加持下，这家国内制动器行业的龙头企业转战港口和风电设备制动器，目前占据风力发电发动机偏航系统制动器全球市场的 60%。"创新永无止境"是公司负责人闫火军的最大心得。2022 年，尝到创新甜头的该公司实现产值 4 亿多元，投入技改资金 1.3 亿元。

焦作市工信局局长付希强介绍，通过创新引领，目前全市已成功培育 13 家智能工厂、35 家智能车间，获评国家级绿色工厂 9 家、绿色园区 1 个，获评河南省智能制造先进市。

2020 年，焦作市出台《关于加快建设新兴科创名城的意见》，明确了 5 大项 19 个分项重点任务，吹响了"百年煤城"向"科创名城"进军的号角。焦作市委书记葛巧红说："近两年来，我们坚定依靠创新驱动转型、依靠人才支撑强市，全市规上工业企业研发活动覆盖率等名列河南省前茅，正在走出一条资源枯竭型中小型城市创新驱动发展之路。"

（《新华每日电讯》2023 年 7 月 13 日　新华社记者王圣志、李鹏、张浩然）

# 多氟多：借"时"抓"势"，于转型升级中持续创新

创新是民族进步的灵魂，是国家兴旺发达的不竭动力。抓住了创新，就抓住了牵动经济社会发展全局的"牛鼻子"。在新时代的伟大征程上，总有一些重要的时间节点，犹如高高耸立的灯塔，标注着历史坐标，昭示着前进方向。

多氟多新材料股份有限公司（以下简称"多氟多"，股票代码：002407）的发展史就是一部创新史，一部创新认知不断升华的发展史。

坐落于河南省焦作市的多氟多，是一家当地土生土长的公司，公司围绕"氟、锂、硅"三个元素，走出了一条技术专利化、专利标准化、标准国际化的创新发展之路。经过30多年的艰苦奋斗，多氟多已经成为全球生产

多氟多办公大楼。

规模大、技术创新领先的无机氟化工领军企业。深挖多氟多成功背后的密码，其动力之源就是已经深入多氟多"基因"的创新理念。公司董事长李世江信奉"企业发展不进则退、慢进亦退、不创新必退"的理念，用创新思维解决创新企业发展中的问题。

2021 年河南省相关领导先后多次莅临多氟多调研，听取公司的创新发展历程。创新与资本市场良性互动，企业市值大幅增加。同年 7 月 20 日，多氟多召开 2021 年投资者交流大会，暴雨如注，也无法阻挡众多投资者的热情。他们慕名而来，通过生产现场参观、会议交流互动，对多氟多科技创新突破新材料取得的成就深感震撼，投资热情持续高涨。资本市场的反应同样令人热血沸腾，资本市场溢价，给投资者带来了充分的信心。2021 年通过资本市场募集的资金 11.5 亿元快速到位，转型发展的"弹药"更加充足。募投资金主要用于年产 3 万吨超净高纯电子级氢氟酸项目、年产 3 万吨超净高纯湿电子化学品项目和年产 3 万吨高性能无水氟化铝技术改造项目。2022 年公司再次启动非公开发行工作，募投项目为年产 10 万吨锂离子电池电解液关键材料，产品为 8 万吨六氟磷酸锂、1 万吨双氟磺酰亚胺锂及 1 万吨二氟磷酸锂，全是新能源行业必备而又急需的产品，市场前景广阔。2023 年 8 月 18 日，多氟多披露了《向特定对象发行股票发行情况报告书》，完成向特定对象发行 1.22 多亿股 A 股股票工作，募集资金总额 20 亿元，是公司历次再融资募集资金规模最大的一次。该项目的实施，能够显著增强公司六氟磷酸锂等锂盐产品的保供能力，提高市场份额，强化市场竞争力，提升品牌知名度，进一步稳固公司在行业内的领先地位，提高公司可持续发展能力。公司所有项目都是围绕新材料、新能源进行布局谋篇，符合行业发展规划与国家战略方向。

多氟多到底有何"绝招"既受到政府层面持续关注，又让资本市场趋之若鹜？

企业的发展要融入家国情怀，与国家发展同频共振，与强国战略之轮同向而行，把企业与国家的命运联系在一起，借助国家的"时"，抓紧政策的"势"才能行稳致远。政治家治国理政需要"审天下之时，度天下之势"，企业家治理企业也需要"行之力则知愈进，知之深则行愈达"。踏准"时"的节拍，借助"势"的方向，科学决策、凝心聚力，坚信创新力就是生产力，持续不断提升创新力，并依靠和资本市场的良性互动，才能快速转型升级实现高质量发展。

## 准确识变："氟硅巧分家"助多氟多实现首次腾飞

"天行健，君子以自强不息。"这句话用在初创期的多氟多再合适不过。一直以来，氟化工被视为经济发展中的黄金产业，尤其是无机氟化工产品冰晶石、氟化铝是冶金和电解铝等行业不可缺少的原料和辅料，更被认为产业前景无限。

20 世纪 90 年代，氟化工在国内的创新发展几乎是空白地带。我国绝大多数无机氟化物产品都是以萤石作为原料来生产制造，而萤石作为一种十分重要的战略资源，国家控制开采。中国无机氟未来的发展道路不能一直走单纯开采地下萤石矿资源的老路，而应该走资源综合利用的新路。经过 1000 多个日日夜夜艰苦卓绝的技术攻关之后，氟硅酸钠法制取冰晶石联产优质白炭黑生产技术，在多氟多呱呱落地。

这一国内首创工艺路线，把氟硅酸转化成氟硅酸钠，再进一步反应转化为氟铝酸钠，即高分子比冰晶石；把废弃的硅渣，进而转化为二氧化硅，成功地开发出氟硅酸钠法制冰晶石联产优质白炭黑生产技术，打破了行业内"氟硅不分家"思维定式，开创了"氟硅巧分家"新天地。

这个一举两得的优质技术，被评为"国家高技术产业化示范工程"，为多氟多的长远发展奠定了基础，也就此拉开了多氟多不断创新的序幕。"氟通四海"的企业愿景初现蓝图。

## 科学应变："氟锂妙结合"让多氟多挺起民族脊梁

在无机氟化工领域，多氟多已经做到了全球最大，但全球的冰晶石、氟化盐市场每年就上百吨，中国也就是几十万吨的需求量。企业持续发展达到了阶段性天花板，要想百尺竿头更进一步，就必须转型升级，走科学的、可持续的新路子。

多氟多董事长李世江每次讲到公司六氟磷酸锂产品从研发到诞生的过程，都激情满满。六氟磷酸锂被称为氟化工领域"皇冠上的明珠"，当时全球仅日本具备批量生产的能力，中国锂电池生产企业使用的这种原料全部依赖进口。多氟多曾数次拜访日本厂家寻求合作，但对方既不接受参观学习，也不出卖技术专利，并傲慢地表示，六氟磷酸锂的生产制造是科学技术长期积累的结果，要求特别高，不仅需要严格的生产环境和制造设备，还需要很高的人员素质，中国尚无企业达到这样的生产条件。

多氟多寻求合作未果后，李世江意识到：企业没有别的选择，非走自主创新道路不可。多氟多立刻成立六氟磷酸锂研制小组。当时，六氟磷酸锂合成技术在国内一片空白，没有任何经验可以借鉴。没有试验装置就自己设计，一次次设计、改进、试验，再设计、再改进、再试验，科研小组全天24小时轮流试验，800多个日日夜夜，上千次反复试验，先后突破原料提纯、机械密封、强腐蚀、无水无尘等一道道难关，最终首创了以工业无水氢氟酸、工业碳酸锂制备晶体六氟磷酸锂的新型原料路径，成功制造

多氟多生产车间。

出六氟磷酸锂。由 2 克起步，10 个月后产出 2 吨。第二年，年产 200 吨六氟磷酸锂生产线建成投产，实现了从产品工艺到设备全面"自造"，产品开始推向市场。

经过 8 年多的摸索，由失败到成功，再失败到再成功，从最初的 2 克、2 千克、200 千克到量产 2 吨、200 吨，再到目前实现年产 2 万吨，产品品质和产销量均达到世界先进水准。锂电池用关键材料高纯晶体六氟磷酸锂，成功在中国实现了产业化，打破了国际垄断，并出口到日本、韩国等海外市场。多氟多以坚定执着和科学创新的精神，用新材料高纯晶体六氟磷酸锂迈进了世界新能源产业的大门。目前，全球每三到四块电池就有一块用的是多氟多生产的六氟磷酸锂，让中国的普通老百姓用得起锂电池，让世界的老百姓开得起新能源汽车，这是多氟多坚持不懈的追求。现阶段公司正在制定六氟磷酸锂的国际标准，五代技术迭代，大大增强了多氟多在新能源新材料行业的核心竞争力。

多氟多凭借独创的高纯晶体六氟磷酸锂生产制备工艺，荣获 2017 年度国家科技进步奖，被科技部和国家发改委分别列入国家"863"计划和国家战略性新兴产业目录，在世界上挺起了中国民族工业的脊梁！

## 主动求变："氟硅再牵手"，多氟多全力进军"中国芯"

2018 年，美国对中兴实施了制裁，当时美国禁止向中国的中兴通讯出售芯片，此消息一出，国内一片哗然。"芯太软"的问题，严峻地摆在国人面前，彼时，我国应对世界贸易战显得格外"芯痛"。2019 年，日韩两国围绕半导体展开的贸易战，让中国更加清醒地认识到核心技术必须要自己掌握，核心技术是有钱都买不到的，科技技术是国家经济的根本。

"在关键时刻，中国企业要有民族担当，要在短时间内打破国外套在我们脖子上的枷锁、实现'中国芯'扬眉吐气的愿望。"这是董事长李世江带领下多氟多人的奋斗目标。

多氟多在六氟磷酸锂产品上的大获成功，让企业尝到了在企业经营中

"主动求变"带来的甜头。其实，早在 2011 年多氟多就已提前布局，超净高纯电子级氢氟酸通过了立项审批，项目采用当时全球最高端的除杂提纯工艺。2013 年，多氟多建立起了万级清洗、千级灌装、百级分析室、电子级自动灌装线，制程设计为全球最高端纯化工艺 UPSSS 级（半导体级），从 PPM 级到 PPB 级再到 PPT 级，多氟多实现了世界级中国造，成为国内第一家具备超净高纯电子级氢氟酸生产能力的企业，产品性能经测试完全达到业界先进水平。

凭借持续研究氟硅资源的高效综合利用，通过新技术、全流程、低碳绿色环保，制备电子级硅烷和电子级氢氟酸，实现氟硅两种元素在半导体产业领域的重新组合——"氟硅再牵手"，多氟多真正跨入半导体产业。目前，多氟多已成功切入台积电、韩国等高端半导体供应链且实现持续稳定批量供应，出口产量和产品质量位居国内前列，与日本及欧美半导体企业合作也在积极接洽中。

如今，多氟多已具备年产 2 万吨超净高纯电子级氢氟酸（半导体级）的生产制造能力，光伏级电子级氢氟酸产品月销量也位居全国前列；同时还自主研究开发了电子级硫酸、电子级氟化铵、电子级双氧水等系列产品。

2018 年，多氟多站在国家和产业规划的战略高度，向濒临破产的中宁硅业抛出了"橄榄枝"，"氟硅再牵手"在"硅达五洲"的战略布局上迈出了关键一步，助力中宁硅业跑出半导体新时代加速度。氟硅五年的牵手同行，五年的融合创新，多氟多已把中宁硅业打造成了国内唯一一家，电子特气产品可同时应用于半导体、液晶、光伏、镀膜玻璃四个行业的企业，成为一家集电子特气、新能源材料及第三代半导体材料于一体的国家级"专精特新"小巨人企业。

至此，多氟多拥有了"中国芯"，为民族工业发展提供了有力支持，为强国战略贡献力量。

## 数字化，给创新插上翅膀

在席卷全球的数字化浪潮中，企业智能化改造和数字化转型已成为当前制造业竞争的主战场，公司的数字化转型不是选择题，而是生存题，以自动化、精益化思维进行智能化改造，这是多氟多拥抱数字化的内在动力，也是公司转型发展的主旋律。

搭建协同一体化数字平台，多氟多围绕"一眼看全、一眼看穿、一眼看透、一目了然、一竿子到底"的"五个一"目标，搭建了"5+1"朵云的智能制造框架，涵盖从研发设计、智能采购、智能生产、智能销售，最终到智能物流，向内打通业务流程，向外延伸服务广度和深度，与社会进行交互，形成"工业互联网+"新模式，达到过程自动化、管理精益化、指挥平台化。融入全球化思维下的新智能制造生态链，将原料和产品、生产流程与技术工艺带上信息，实现全生命周期追溯，变卖产品为卖服务再到卖技术，实现企业生产经营模式创新。开创了"上游企业的原料带上信息走进多氟多，多氟多的产品带着信息直接进入下游企业的生产线"的新模式，实现上下游产品信息和物流的无缝对接，减少中间操作环节，最终达到"供应链买得好，智能制造链造得好，需求链服务得好"的效果。

2022年，"数据驱动产品设计优化"入选工信部年度智能制造优秀示范场景，"氟化工5G+工业互联网"项目荣获"第一届全国博士后创新创业大赛优胜奖"。自2016年开启数字化转型之路，2020年获得河南省智能制造标杆企业，2021年获得河南省数字化转型促进中心，2022年获得工信部智能制造优秀场景，借着"数智"东风的多氟多正在数字化转型路上奋勇前行。

## 察势者智，驭势者赢；锚定新材料，踏上新征程

我国虽然已经步入世界化工大国行列，但总体竞争力不强，大宗基础性化工产品产能过剩，高端化学品和材料严重依赖进口。而发达国家早已完成产业转型，以发展技术含量高、产品附加值大的高端化工新材料产品为主，并通过技术壁垒对我国产业发展空间进行挤压。

正所谓一代材料、一代装置、一代产业，新材料是所有高新技术产业

发展的先导和基础。进入 21 世纪后，新材料行业已经在全球范围内步入前所未有的历史发展新阶段，也已经成为各国企业竞争的焦点。在这一领域，"卡脖子"技术已经严重影响了我国相关产业的发展。中美贸易摩擦让我们更加深刻地意识到，科技是国家强盛之基，创新是民族进步之魂，关键材料的核心技术只有牢牢掌握在自己手中，才能真正掌握竞争和发展的主动权。

2021 年 6 月，多氟多化工股份有限公司正式更名为多氟多新材料股份有限公司，公司的关键产品在国民经济行业分类中从"无机盐制造"调整到"电子专用材料制造"，成为名副其实的新材料企业。

乘势而上，鹏程万"锂"。多氟多 30 多年的发展历程，是围绕氟、锂、硅三个元素，以"氟通四海、锂行天下、硅达五洲、智创未来"为企业使命，把"创新"刻入价值观。通过"原始自主创新""吸收消化创新"最后到"协同联合创新"，在氟硅新材料、新能源材料、电子信息材料和半导体材料等方面取得了颠覆性突破，从创新到产业化道路上开花结果，实现了科技成果转化为新的生产力，为国家、为民族争了光。

新材料是大势所趋，多氟多乘势而为。多氟多站在政治经济学的思想高度，原子经济学的产业高度和数字经济学的时代高度，通过实施"12345"发展战略（1 个基础：以氟元素为基础，延伸和融合氢锂硅钠磷等多种元素；2 轮驱动：低碳和数字双轮驱动，推动公司跨越式发展；3 高发展：高科技、高效率、高市占率；4 类业务：氟基新材料、新能源材料、电子信息材料、新能源电池；5 项原则：客户中心，市场导向；拥抱变化，持续创新；以人为本，绿色发展；警惕脆弱，提高韧性；产业报国，社会责任），围绕"新材料支撑新能源，新能源牵引新材料"的产业发展思路，形成"以氟为基、制能依氢、行之有锂、坐地为钠"的新能源产业体系，走出了一条从化学到电化学、从智慧元素到智慧能源的创新发展道路。牵头组建氟基新材料产业研究院，联合中科院、郑州大学等 9 家单位共同组建了氟基新材料产业创新中心，这是河南省首批产业创新中心之一。分别与郑州大学、河南理工大学合作，成立智慧元素研究院和新材料产业学院。2023 年 6 月 29 日，多氟多与清华大学合作成立"清华大学 – 多氟多氟基新材料联合研究中心"，致力于开发新产品、新装备、新技术、新工艺及新应用，推动氟基新材料产学研用深度融合方面迈上新台阶。

站在数字化和低碳化"双重革命"的时代交汇点上，在"十四五"战略规划中，多氟多坚持立足氟元素这个基础，把握数字革命和低碳革命给新能源汽车、半导体等国家战略性新兴产业带来的发展机遇，打造智能制造、智才集聚的智慧企业和循环利用、低碳减排的绿色企业。推进高科技、高效率、高市占率，实现高质量发展。

## 树高千丈必念根，江流万里总思源

借助国家新能源政策的东风，多氟多抢抓发展机遇，业绩实现了飞速增长。公司不忘回馈坚定支持公司发展的广大投资者，高度重视对投资者的回报。多氟多秉承股东价值最大化的经营目标，不断提升投资者回报水平，多次通过派发现金、股票的形式持续回报股东。现金分红是投资者实现投资回报的重要方式，也是引导资本市场投资方向、增强资本市场活力与吸引力的重要路径。

多氟多通过公司章程明确利润分配政策尤其是现金分红政策的决策程序、机制和具体内容等相关事项，强化对股东持续、健康、稳定、科学的回报机制。自 2010 年上市以来，多氟多股权融资 7 次（IPO、4 次非公开发行、2 次限制性股票激励计划），募集资金总额 54.97 亿元。坚持每年实施现金分红，累计派发现金红利总额 14.51 亿元。2022 年，向全体股东每 10 股派发现金红利 6 元（含税），这是公司上市以来累计第 14 次派现，分红金额创历史新高，共计分配现金红利 4.58 亿。在保证广大投资者充分分享公司成长带来收益的基础上，通过两次对公司核心员工成功实施的限制性股票计划（员工覆盖率超过 20%，单次收益均超过 2 倍），极大提高了管理团队的稳定性和凝聚力，让公司以人为本的理念深入人心。

多氟多能够被资本市场认可，也与公司在资本市场高频次的交流互动密不可分。公司历来重视和投资机构及中小投资者的深入交流，在资本市场的关注度一直维持在较高水平，公司股票在二级市场表现活跃，流动性高，股东总数常年超过 15 万人。2022 年度，共参加各类投资者交流会 100 余场，收到深交所互动易平台问题 552 条，回复 545 条，回复率达到 98.73%，极大提升了公司在资本市场的认知度和美誉度，增强了投资者信心。

多氟多持续加强信息披露事务管理，坚持及时、真实、准确、完整地进行信息披露，并保证不存在虚假记载、误导性陈述或者重大遗漏，确保公司所有投资者能够公平、公正、公开地获得公司相关信息；注重保障公司所有股东利益，尤其是中小股东平等享有法律、法规、规章所规定的各项合法权益。每年定期报告后，公司高管积极组织线上、线下的业绩说明会，深度解读定期报告的内容，更好地向市场传递公司价值；同时由董秘牵头，赴北上广深等一、二线城市参加各大券商、研究所等机构组织的策略会及投资者交流会，充分保持和资本市场的高效沟通，传递公司业务的最新进展。多氟多除了要求主要领导"走出去"——向市场汇报公司的业绩和战略，更会"请进来"——让投资者来公司实地考察调研，坚定投资的信心。

## 潮平岸阔催人进，风正扬帆正当时

"向前走，莫回头！"深圳蛇口改革开放博物馆墙上书写着这六个大字。那是第一代改革先行者历史的足音，更是向未来进军的冲锋号。作为在深圳证券交易所上市的无机氟化工行业龙头，同样"痴迷"于创新的多氟多，正在把曾经的梦想变成现实。

乘风破浪会有时，直挂云帆济沧海。未来，多氟多以"全球氟材料行业引领者"为愿景，秉承"感恩、求真、向善、创新"的价值观，锚定新材料，借助资本市场的春风，在创新道路上永不止步。

（彭超）

# 牧原集团：创新引领铸就三重价值

牧原集团位于河南省南阳市，始创于1992年，历经31年发展，现已形成集饲料加工、生猪育种、商品猪饲养、屠宰加工于一体的猪肉产业链，总资产2150亿元，子公司300余家，2022年出栏生猪6120万头，实现营收1260亿元。目前，产业遍布全国24省103市217县（区），员工15万人，其中大学毕业生4万人。始终秉承"让人们吃上放心猪肉"的美好愿景，科技赋能养猪产业，致力于打造安全、美味、健康、环保的高品质猪肉，让人们享受丰盛人生。

在牧原的企业理念里，企业有三重价值：内部价值、客户价值和社会价值，而创新则不断引领并铸就这三重价值。创新，打牢了企业生存基础；创新，是企业持续盈利灵魂；创新，也构筑了企业基业长青的核心。

## 内部价值源于技术创新的持续驱动

牧原的发展史就是一部创新史。自1992年创建以来，牧原秉持"一米宽，一万米深"的专注精神，始终深耕主业，以科技创新引领发展，构建自身核心技术，探索出种、料、康、养、智、洁、宰等二十项大钻尖技术，实施成本领先战略，围绕成本挖潜空间600元/头，持续在育种、营养、兽医、智能化管理等方面坚持技术创新，引领产业技术升级。

在智能化、数字化方面，大力发展以智能环控、智能饲喂、智能养猪专家为代表的智能化养殖体系，将大数据、5G、物联网、人工智能等前沿技术与产业高位嫁接，搭建覆盖全产业链各环节的智能化数字平台。数字化能够深度管理集团300多家子公司，15万名员工；200多个饲料厂，1600多个养猪场，10个屠宰厂；牧原日常运行智能设备超190万套，每天产生超 10 亿条数据，通过嫁接物联网，实现业务实时数据化，数据共享全员化，让后台技术人员直接管理生产一线，实现云管理的顺畅运营，使管理更加高效，生产效率得到大大提升。

在饲料营养方面，牧原在"玉米 + 豆粕"型、"小麦 + 豆粕"型配方技术的基础上，持续研发引入木薯、大麦、高粱、原料副产品等杂粮杂粕，根据原材料性价比及时调整饲料配方，实现对原料的充分应用，有效降低饲料成本。牧原还针对不同种群、不同生理阶段的生猪，设计动态营养模型，通过变频混合技术，实现一日一配方、精准供给营养。

在疾病防控方面，实施"天网工程"，覆盖与猪相关的 151 种病毒、181 种病菌、27 种寄生虫，精准防控，科学净化，推进养猪从"无病"到"无抗养殖"。牧原在全国建立 139 个疾病实验室，猪病研究费用投入 30.23 亿元，其中检测投入 9.2 亿元，2022 年普查样本 6200 万份。"天网工程"有望实现疾病净化，大大提升生猪生长潜能，降低养殖成本。

## 客户价值是企业存在的根本和理由

猪肉好吃、健康，是所有牧原人奋斗的目标。牧原始终以国际视野、国际标准致力于为大众生产高品质猪肉，坚持客户利益至上，把食品安全和产品品质放到第一位。2022 年，牧原为社会提供生猪 6120 万头。

牧原始终采用全自养一体化的发展模式，2019 年，延伸产业链至屠宰端，成立牧原肉食品有限公司，实现了猪肉食品全产业链布局，各个环节可知可控，保证了食品安全。截至目前，已成立 25 家屠宰子公司，发展布局 11 省 21 市 25 县，投产 10 个屠宰厂，2022 年屠宰生猪 736 万头，相当于 530 万吨猪肉。

猪源好，肉才好；宰得好，肉才鲜。牧原肉食屠宰厂采用世界一流的屠宰工艺，引进全球先进的荷兰马瑞奥屠宰设备，经过 27 道检测，把最安全的猪肉供应给客户。当前，牧原猪肉已经走进物美、永辉、丹尼斯、胖东来等大型超市，为荷美尔、海底捞、思念、三全等食品加工企业直供猪

牧原集团分割车间。（崔培林 摄）

肉，肉食销售区域布局全国 22 省 75 个城市。

牧原从 1998 年就开始布局生猪育种的"种子计划"，始终以市场需求为导向，坚持价值育种，以猪肉产业链各环节的价值最大化作为育种研究的方向。目前，牧原已经成立 11 个专业生猪育种公司，拥有 2300 多名专业育种人员和规模居行业前列的核心种猪群，彻底摆脱了对进口种猪的依赖，走出了一条生猪育种产业化、市场化之路。

## 追求社会价值，致力推进社会进步

牧原是农业产业化国家重点龙头企业，服务社会是牧原的终极价值。

过去 3 年，牧原以肉猪价向行业提供 127 万头种猪，助力行业产能快速恢复。牧原董事长秦英林多次在行业交流会上，无偿向行业共享牧原智能科技、疾病防控、饲料营养等技术。

在 2023 年 6 月份举办的"牧原开放日"活动中，1000 余位嘉宾走进牧原，围绕种猪管理、健康管理、生产管理、饲料营养、企业管理等话题进行分享探讨。秦英林深度阐述了养猪行业 600 元成本空间的分解，包含饲料、种猪、健康、养猪、屠宰五个层面，表示行业具有 4000 亿元挖掘空间，为行业未来发展树立强大信心。

我国年进口大豆近 1 亿吨，养猪业耗用约 4000 万吨。牧原创新合成生物新赛道，研究并应用低豆粕日粮技术，降低豆粕使用比例。2022 年，牧原豆粕用量为 7.5%，较 2022 年养殖业 15.3% 的豆粕用量，减量 7.8%。该技术如推广至全国，可节省大豆进口 2000 万吨、节约土地资源 1.5 亿亩，提升土地利用效率，节粮节地。

在环保创新方面，牧原持续探索"养殖—沼液—绿色农业"为一体的循环经济模式，走出一条种养结合的绿色发展之路。通过精准饲喂以及排污模式的创新，牧原每头猪淡水消耗量比照国际标准减少 25%；通过四级过滤、精准通风的猪舍，牧原一头猪空气消耗量仅为国际标准的 1/3。通过低豆粕日粮、出风端灭菌除臭做氨气减排，每头猪氮排放减少 1.5kg。在雾霾、臭气治理上，牧原也敢于树立行业的新标准，通过智能猪舍的应用，排风除尘、除臭，灭菌率效果达到 99.9%。

一个养殖场就是一个有机肥厂，牧原通过固液分离技术，将猪尿通过厌氧发酵做沼气利用，将粪水经过储存发酵后还田。猪粪成为有机肥，还田种出来的粮食还能为猪所用，实现田养猪，猪养田的循环。

凭借这样的种养循环模式，牧原快速融入地方经济发展，为乡村振兴做贡献，累计打通 37 种农作物的资源化利用路径，铺设支农管网 1970 万米，循环农田 500 万亩，改良沙漠 7 万亩，改良盐碱地 22 万亩，减少化肥使用 6 万吨，惠农增收 14 亿元。

未来，牧原将继续以产业创新、数字智能、产业互联为依托，进一步延链补链强链，一二三产齐发力，扎根养猪主业，树立"成本挖潜 600 元"目标，从技术元点发力，实现业务底层突破，与行业共同挖潜 4000 亿价值空间，内外协同，共创共享，助推河南从农业大省迈向农业强省，助力我国从养猪大国走向养猪强国。

（姜旭）

# 以机制创新激发国企科创活力

## —— 河南平煤神马集团蹲点见闻

"纤维之王"对位芳纶先进工艺研发成功，摆脱对外长期依赖，芯片关键材料区熔级多晶硅棒下线；尼龙新材料用于航天器降落伞绳、飞机轮胎、远洋货轮牵引缆绳……以煤起家的中国平煤神马控股集团有限公司（以下简称"平煤神马集团"）紧跟市场需求，通过放活机制、打造产销学研用一体化科研环境激发科创活力，走出了一条创新驱动的国企高质量发展之路。

## 用关键技术突破　占领价值链高端

平煤神马集团是河南一家以能源化工为主导的省属国有特大型"材""能"企业集团，近年来坚持以科技创新作为高质量发展的主引擎，多项核心技术取得重要突破，部分高端产品的关键生产要素摆脱对外依赖。

"以前遭遇过关键材料价格、供应量被'拿捏'的情况，对生产经营形成掣肘，但也坚定了我们通过自主研发突破关键技术的决心。"平煤神马集团科技创新管理部部长范新川说，如今对位芳纶生产工艺达到全球领先水平，区熔级多晶硅实现量产，为企业开辟出新的增长空间，全钒液流电池工艺领先业内一代，助推企业迈入高端储能新时代。

近三年来，平煤神马集团已累计荣获省部行业级科技进步奖 97 项，取得发明专利等各类知识产权 1200 余项。

伴随着关键技术的突破，应用端细分领域产品出现井喷式爆发，并快速占领价值链高端。目前，集团研发生产的尼龙新材料已广泛应用于高铁、汽车、航空航天等领域。

中国平煤神马集团尼龙纤维全流程重点实验室。

平煤神马集团的一份产品说明显示，该集团工业丝、帘子布，目前全球市场占有率达 33%，很多专业户外运动品牌的装备器材和高档服饰，使用的均是其生产的尼龙新材料。

随着越来越多科研成果的产业化，平煤神马集团经营业绩"飘红"。总经理杜波介绍，2022 年集团工业产值突破 1200 亿元、主营业务收入 1415 亿元，利润、税费双双跨越百亿元大关，控股的硅烷科技发展股份有限公司摘得北交所"氢硅材料第一股"桂冠，成为河南唯一拥有 4 家上市公司的集团。

河南省国资委有关部门负责人说，尽管受到市场行情等错综复杂的因素影响，平煤神马集团依然具备稳健的盈利能力，这与集团始终把科技创新作为企业发展的核心引擎分不开。

## 科研资金按需投入

一直以来，受制于体制机制约束，国有企业科技创新能力和水平不足是普遍存在的难点痛点。为激发创新动力，2018 年以来，平煤神马集团以效率、成果为导向，通过体制机制改革整合创新资源、激发创新活力，集团科创生态焕然一新。

一是为科研开辟绿色通道，提升创新效率。集团相关负责人介绍，过去重大创新转化项目没有一年半载过不了审，再经历漫长的建设期，等到真正投产时市场先机早已丧失。

对此，集团对科研项目所需设备、建设项目等开辟绿色通道，对于打破技术垄断、核心技术攻关等重大科技创新转化项目可以边建边批、先建后批，科研设备及材料自主采购、事后审计。

二是以成果为导向，充分释放创新活力。针对国有企业存在的"大锅饭"和科研人员获得感不强问题，集团对研发投入和科研人员配备、待遇作出了特别规定：科研资金按需投入、不限预算；科研人员配置不受岗位职数限制，薪酬根据科研贡献发放、总额不设上限；课题长享有对应管理岗同等职级待遇，并赋予团队组建、经费使用、薪酬分配等自主权。

刘晓光是集团旗下帘子布发展公司的一名课题长。"年轻人都很清楚，想拿高工资就要有课题，想拿奖金就要有成果。"他开玩笑地说，"新规实施后，我的收入明显提高，家庭地位跟着也提高了，就算加班回来晚家人也更理解我了。以前觉得'朝九晚五'做好本职工作就行了，现在整个团队都把科研当成事业拼命干。"

在此基础上，平煤神马集团组建了四个全流程实验室，打通了研发、中试、产业化、反馈改良全链条，大大提升科研效率和质量。一线科研人员表示，以前很多试验要到生产线或第三方实验室做，不仅耽误生产，实验结果还出得慢。有了全流程实验室后，既不耽误生产，实验效率显著提升，且形成了系统的实验数据库，为未来新产品研发奠定了基础。

在一系列体制机制改革后，创新体系日益完善。目前，平煤神马集团科研投入达到主营业务收入的 2% 以上，所属高新技术企业达到 3%，规上工业企业研发活动覆盖率达 100%，已拥有高新技术企业 34 家，专精特新等创新型企业 27 家，省部级以上各类创新型企业和创新平台 57 家。

## 完善容错免责机制　力促科技自强

国有企业在创新要素方面具有引领发展的基础优势，但实现重大科技突破仍受多种因素影响，尚未充分发挥其支撑和引领作用。

平煤神马集团党委书记李毛建议，从实践经验看，充分释放国有企业科创活力，有必要在法规允许范围内，赋予国有企业更多"自主权"，通过创新体制机制，推动国有企业完善创新体系、增强创新能力、激发创新活力，实现创新要素的高效集聚、转化，在大国科技竞争中充分发挥支撑作用。

此外，业内人士表示，缺乏创新容错环境、科研人才评价体系不完善是制约国企大胆创新、勇于探索的两大因素。前沿领域科技创新，往往伴随着较大的失败风险。一旦项目失败，可能会造成国有财产损失，给有关人员带来负面影响。国企科研人员职称晋升、人才评价体系结构中，论文、专利等依然是决定性评价要素。

对此，受访专家建议，对重大科研项目实行项目承诺制，根据研发实际需要按需投入，避免科研进度受阻于资金短缺，制定科技创新扶持保障条款，进一步完善容错免责机制。

（《经济参考报》2023 年 7 月 31 日　新华社记者牛少杰、唐健辉）

# 从街头巷尾到国际盛会，
# 巴士界"全能选手"致力美好出行

伴随着清晨第一缕阳光，在中国广袤的土地上，自东向西，沉寂一夜的城市开始苏醒，各地车站最先热闹起来，公交车、中长途巴士陆续点火发动……而在这些车辆中，有不少都是来自河南郑州的宇通客车。

宇通的前身是 1963 年成立的"河南省交通厅郑州客车修配厂"，59 年来，宇通客车深耕公交、客运、旅游、团体、校车及专用出行等领域，逐步成为一家集研发、制造与销售为一体，产品、应用场景能随意匹配的"全能选手"。

## 巴士界的"全能选手"

每天有多少宇通车在路上奔跑？在宇通车联网运营监控大屏上，一组数字格外醒目：106335 辆实时在线，2021 年大中型客车国内市场占有率 38.2%。

"这就意味着国内每三辆大中型客车中，就有一辆产自宇通。"宇通客车营销部门一名负责人介绍道，"说每条能通客车的道路，都曾有宇通的轮胎碾过，一点也不夸张。"

成立 59 年来，随着中国公路里程的不断延伸，宇通客车跑遍了中国的平原山川，还频频现身重大盛会，成为出行保障的实力担当。

2022 年 2 月，作为北京冬奥保障用车，包括氢燃料客车在内的 950 辆宇通高品质客车，以零故障、零延误、零投诉的表现获得各方赞誉。

此外，全国两会、G20 杭州峰会、"一带一路"高峰论坛、上合峰会、博鳌亚洲论坛……宇通客车现场见证了众多荣耀时刻，成为名副其实的盛

宇通 T7 服务上海合作组织青岛峰会。（新华社发 受访人供图）

会用车"常驻代表"。

除了专注于常见的客车领域，宇通还持续加强专用车研发推广，实现了产品从设计、三维造型、研发到生产的一体化定制，覆盖房车、医疗车、公安应急车、观光车、冷藏车、检测车、展示车、教练车等多个产品种类，成为巴士界应用场景随意匹配的"全能选手"。

值得一提的是，疫情发生以来，宇通专用车用全场景、全系列产品矩阵，打造出包含采集、检测、救护、转运、接种的一站式移动疫情整体解决方案。

## 锚定需求创新发展

宇通客车博物馆里陈列着各个时期的经典车型照片，排在第一位的那张已经变得灰黄模糊，全车造型现在看来奇特而又简陋。

"这是宇通生产的第一辆客车，河南省交通厅郑州客车修配厂设立的当年，就试制出了全省第一辆 JT660 型长途客车。"博物馆讲解员朱青指着老照片不无戏谑地说，"这可是手工打造！"

河南省交通厅郑州客车修配厂的第一台客车。（新华社发 受访人供图）

起步即加速，从这辆"手工打造"的长途客车开始，59年来，宇通锚定市场需求，持续推动车型迭代升级，产品多样化、科技含量不断提升，市场也随之拓展至全球各地。

1991年，中国"打工潮"涌现。宇通敏锐地嗅到这一商机，重磅推出双层卧铺客车。这种让人躺着睡一觉，就能到达目的地的车型一炮走红。以此为起点至今，宇通每隔数年都会推出一款经典车型，并迅速成为客运行业新秀。

宇通厂区俯瞰图。（新华社发 受访人供图）

"宇通始终把创新作为企业的核心竞争力，主动根据市场需求变化不断加大研发投入，强力推动产品竞争力和企业影响力持续提升。"宇通国内营销处新市场管理室主任刘卫朋说。

多年来，宇通客车研发投入保持在营业收入的 5% 以上，拥有 7 个国家级创新平台，研发工程师团队超 3000 人。宇通坚持产研合作，助推在新能源、智能网联核心技术及产业化方面走在行业前列。

如今的宇通，已成为全球重要的客车生产基地，日投产量最高 400 台以上，年生产能力超 5 万台，连续 11 年全球销量行业领先。

## 未来继续致力美好出行

自动泊车、停稳，升起充电臂，充电开始……在郑州郑东新区自动驾驶一号线公交场站，一辆宇通无人驾驶公交车接到充电指令，随后立即启动，整套动作一气呵成。

"充好电后它还会自己回到停车位，明天一大早自动跑到第一站金融岛城市展厅站等我，线路全程 17.4 公里都是自动驾驶。"驾驶员陈燕红说，如果天气正常，平时只要把手放在方向盘上做好安全监督就可以了。

陈燕红跑的这条线路开通于 2020 年 6 月，是一条常态化运行的自动驾驶商用智能公交线路，也是宇通依靠科技创新满足未来出行需求的一个缩影。

中原科技城智能出行系统一期启动仪式。（新华社发 受访人供图）

近年来，伴随着人们的生活和出行方式发生极大转变，5G、无人驾驶、车联网、氢燃料等前沿科技蓬勃发展，电动化、智能化和无人驾驶等颠覆式创新正在加速客车产业变革、重构。

"宇通借助科技智慧积极实现多种交通方式的融合，持续满足人民群众对于美好出行生活的向往，并将网联化、智能化、共享化理念融入产品研发。"刘卫朋说，在宇通的理想中，未来的出行一定是更加便捷、舒适和美好的。

2021年，具备L4级自动驾驶能力的小宇2.0批量下线，标志着宇通全新一代自动驾驶技术及产品已具备工业化研发及批量生产能力。目前，宇通自动驾驶车辆已在广州、郑州、重庆、长沙、博鳌等多个城市落地运行。

宇通自动驾驶小宇2.0进入长沙机场机坪内部开展测试。（新华社发 受访人供图）

在极具热度与环保价值的"氢能"领域，宇通产品同样广受欢迎。据介绍，宇通新能源客车已在全球累计推广超16万辆，助力乘客绿色、低碳美好出行。

刘卫朋表示，交通是经济的脉络和文明的纽带，宇通将继续坚持创新驱动发展，专注于产品技术研发，踏踏实实用好的产品和服务赢得市场认可。

（新华社郑州2022年6月9日电　新华社记者牛少杰）

# 汉威科技：牵住创新"牛鼻子"
# 用"小"传感器做成"大"生意

一部智能手机中要用到十几种传感器，一辆新能源汽车里可能要用到数百个传感器，一个"未来工厂"中用到的传感器数量动辄以万计……如今，传感器已经渗透到人们生产生活的方方面面。

在郑州高新区，有这样一家高科技企业——从零开始、敢吃螃蟹，将一枚"小"传感器做成上亿元"大"生意，并多年位居国内气体传感器市场占有率第一，是传感器行业细分市场的龙头。这家企业就是被称为"气体传感器之王"的汉威科技集团股份有限公司（以下简称"汉威科技"）。

"气体传感器之王"是怎样炼成的？汉威科技董事长任红军给出了答案："一是选择了传感器这个赛道；二是沿着传感器产业链进行持续性的技术创新和版图拓展。"

## 先行先试闯荡传感市场

可充电的智慧灯杆，拥有"感知器官"的公厕，24小时实时监测的窨井……走进郑州高新区，随时随地可以感受到智慧生活带来的便利，而开启智慧生活的"密钥"，正是作为万物互联、万物智能基础的传感器。

谈起企业的创业史，任红军娓娓道来："20世纪90年代中后期，那是个家电、MP3、MP4等电子产品跑马圈地的时代，但是汉威没有赶这个潮流，而是另辟蹊径选择了传感器。"1998年9月，任红军创办了河南汉威电子有限公司，也就是汉威科技的前身。

"当时的汉威可谓一穷二白，员工只有个位数，办公地点则是一间租来的破旧厂房。但既然选择出来创业，大家心中都憋着一股劲。"任红军介绍说，当时，气体传感器的一些先进技术还掌握在一些发达国家的手中，卖给我国的产品价格昂贵，在一些细节上并不能很好地匹配国内市场需求，汉威就抓住这个突破口，迈着持续创新的步伐，沿着传感器产业链走上了一条依靠自主创新、研发生产的道路。

从 1998 年到 2003 年，汉威在 5 年时间里从一颗传感器做到了全系列传感器，从年营收 30 万做到了年营收近千万，从无名小厂做到了国内气体传感器行业第一名。再后来，汉威沿着传感器产业链向下游延伸，扩展到仪器仪表领域。

2008 年，汉威已经实现了半导体、催化燃烧、电化学、红外光学四大门类传感器的技术工艺国产化和批量生产，多门类工业和家用仪器仪表已广泛应用于工业安全、市政监测、环境监测、燃气安全、居家智能与健康等领域，当年的营收突破了 1 亿元大关。

2009 年，汉威顺利成为国内首批、河南首家创业板上市公司。2010 年，汉威沿产业链继续发展，进军物联网产业，不断开拓智慧城市、智慧安全、智慧环保、居家安全与健康等领域，长期保持国内气体传感器与仪器仪表龙头地位。

2013 年到 2015 年，汉威科技产业发展和资本运作并举，通过自主研发和并购整合相结合，连续并购多家数据采集、软件、GIS 等物联网技术相关企业，紧抓物联网时代机遇，打造了"祥云"工业互联网平台，通过众多客户的应用实践，物联网系统的骨干组件和主要技术品种均实现自主可控、高度耦合、稳定可靠。

## 创新是保持高质量发展的第一动力

在汉威的展厅里，展示着各种检测"神器"：和手机连接的家用燃气报警器，能够实时感知可燃气体泄漏；环境监测器，可以捕捉到空气中微小的变化；激光燃气巡检车，时速 60 公里以下可检测到微量的燃气泄漏……

这些都是汉威发展路上结下的硕果。

成绩的取得尤为不易。据了解，传感器行业产品的研发周期比较长，从技术研发到产品批量化生产并投入市场，往往需要 6—8 年的时间，没有长期的研发投入和技术积累很难发展壮大。提及这些年的发展经验，任红军表示，"创新是汉威保持高质量发展的第一动力。"

巴掌大小的圆盘上，有 1 万多个传感器，汉威科技研发的第三代 MEMS 半导体传感器，实现了微型化、小功耗，适用范围更广。公司的生产工艺经过三次迭代，已从最初的纯手工制作升级为打印生产，产品质量和生产效率大幅提升。这是汉威科技始终坚持创新驱动，坚持长期在研发投入上不遗余力的"缩影"。据介绍，近年来，汉威科技年研发投入在 7% 以上，专业研发人员 900 多人，投入力度有增无减。持续的创新投入，支撑起汉威科技的业务发展和竞争力提升，截止到 2022 年底，公司已经取得 763 项专利，其中 114 项为发明专利。

汉威科技在不断深耕传感器技术和市场的同时，紧抓时代机遇，主动自我求变，沿产业链不断向下游拓展。比如柔性传感器、MEMS 传感器，汉威都已布局多年，近年来也陆续开花结果，相关产品已经在汽车、消费电子、智能穿戴等领域有了落地应用，在行业中处于领先地位。

目前，汉威科技已能生产气体、压力、流量、温度、湿度、光电、加速度等 17 大系列、300 多个品种的传感器，自主研发的气体、光电、压力、流量、振动、柔性传感器已达国内领先水平，多款产品打破了国外垄断，每年还为全球近百个国家和地区提供各类传感器及模组 5000 万支，累计服务客户超 3 万家。

## 人才是汉威最宝贵的财富

"今年是汉威成立的第 25 个年头，汉威的快速发展离不开人才的发掘和培育，离不开各类业务技术人才组成的精英团队。"任红军说，"培养加锻炼，人人可成才"的人才理念和"买马、育马、赛马"的竞争流动机制打造了汉威的核心人才梯队，是汉威科技自我新陈代谢、持续健康发展的基础。

此外，汉威科技与清华大学、华中科技大学、中科院长春应化所等高校、科研院所建立了紧密的研发合作关系，相继组建了国家工程实验室、博士后科研工作站、院士工作站等产学研创新平台，在国内外多个城市设立了研发中心，形成了全球研发创新体系。

近年来，汉威科技先后被认定为国家技术创新示范企业、国家级专精特新"小巨人"企业、国家知识产权优势企业，获得中国驰名商标、河南省省长质量奖、河南省杰出民营企业（成长创新型）等荣誉。

## 坚持做智能传感领域的"领跑者"

"传感器能让冷冰冰的设备产生'智慧'，我们做的事是为万物赋灵。"任红军说，汉威科技正围绕物联网产业，将感知传感器、智能终端、通信技术、地理信息和云计算、大数据等技术紧密结合，不断培育、孵化新的产业项目，坚持做智能传感领域的"领跑者"。

在2023年9月举办的第二十四届中国国际光电博览会（以下简称"中国光博会"）上，汉威科技首次参展，并一口气发布了16款激光传感器、激光器模块产品。随着上述产品的发布，公司将顺势切入激光传感器赛道，并致力于在高端激光传感器领域赢得更好市场地位，打造新业务增长点，助推公司从气体传感器龙头向综合传感器龙头转型。

事实上，发展至今，汉威科技传感器业务早已超出气体传感器范畴，并将业务范畴扩展至柔性传感器、压力传感器、流量传感器和红外光学传感器等新领域，应用场景涉及工业生产、医疗等多个领域，并着重布局了柔性传感器应用场景和车用传感器市场。

在连续4年举办的世界传感器大会上，汉威科技每年都会带来新作品、新惊喜。以会为媒，汉威科技还积极推动成立"河南省智能传感器创新联盟"，并承担"河南省智能传感器创新中心"建设；助力中国（郑州）智能传感谷展团集体亮相 SENSOR CHINA2020、2020 中国 MEMS 制造大会等有影响力的"舞台"。

2022 年，汉威科技联合河南本土国资设立产业投资基金，重点围绕传感器产业链上下游进行投资，聚焦智能传感器等新兴产业，助力公司更好寻找业内具有良好发展潜质的企业进行投资，紧抓传感器、物联网领域快速发展机遇，助推河南省打造千亿级的智能传感器全生态链。

面对智慧化时代带来的行业变局，汉威科技的新发展目标也更加清晰。任红军表示，面对时代的需要，汉威科技将在巩固目前气体传感器龙头地位的同时，通过资本运作和产业链技术创新方式向更多品种传感器延伸，变身成为综合性传感器龙头。

"为此，公司将通过研发创新，一方面横向扩展传感器应用场景，另一方面纵向围绕传感器核心产业链进行延伸和布局。"任红军表示。

（李颖、刘地）

# 面对复杂环境　克服不利因素
# 保持两位数增长

## —— 许继何以"逆势上扬"？

### 一组数据彰显许继高质量发展的活力——

截至 2023 年 8 月底，许继各项主要经营指标均实现快速增长，完成新签合同额 249.82 亿元，同比增加 90.58 亿元，增长 56.89%；营业收入 132.37 亿元，同比增加 34.79 亿元，增长 35.65%。全年预计完成新签合同额 400 亿元，同比增加 139.76 亿元，增长 53.70%；营业收入 240 亿元，同比增加 58.33 亿元，增长 32.11%，正向着 2025 年实现订货 600 亿元、收入 420 亿元、利润总额 20 亿元，"再造一个许继"的目标全力冲刺。

### 这是一片涌动着创新活力的沃土——

在第 19 届杭州亚运会及第 4 届亚残运会上，许继承担着输电、变电、配电、用电、运输五个环节的保电任务，涉及 12 个产业单位 12 类产品，为"绿色亚运"的可再生能源供电系统提供支撑。

截至目前，世界首个特高压直流云（南）广（东）工程、世界上海拔最高的青藏直流工程、世界上输送容量最大的锦苏特高压工程等国内外已建、在建的特高压工程和常规高压直流输电工程，均由许继参与建设……

近年来，面对复杂多变的宏观环境，许继克服疫情态势频发、大宗物资价格上涨等不利因素，产值、利润每年均保持两位数增长。什么是许继"逆势上扬"、赢得快速发展的"法宝"？

"创新是许继的基因。许继立足自主创新，高点定位、超前谋划，狠抓技术突破和产品质量，不少重大经营决策紧跟国家发展战略，从而掌握了市场先机，牢牢占据发展的制高点。"许继集团、许继电气党委书记、董事长孙继强表示。

## 创新发展在于"高"——

### 注重抢占未来新兴战略产业的产品和技术制高点

不论是今年夏季在成都举行的第 31 届世界大学生运动会，还是刚刚完美闭幕的杭州第 19 届亚运会，拥有诸多自主核心技术的许继，让质量过硬的供配电产品"闪耀"在运动会舞台，为运动会的成功举办做好保电、添彩助力。

1970 年，从黑龙江阿城继电器厂南迁的许继，一直深耕许昌、专注主业，"裂变"出许继集团和许继电气两家大型国有企业。两者皆是中国电气装备的重要子公司，也是国内能源电力装备制造领先企业，拥有强大的科研创新能力、领先的智能化制造能力、全面的系统解决方案能力和丰富的国家大型重点工程业绩——

在特高压领域，研制了多项世界第一产品，为我国特高压电网建设提供了 30% 的换流阀和 50% 的直流控制保护产品；

在智能电网领域，为我国 1/3 的智能变电站提供了保护监控、变压器、开关等设备，为国内城市配网建设提供了超过 20% 的配网设备；

在电动汽车充换电领域，是我国生产规模最大的充换电设备制造商，占有大功率直流快充桩 10%、公共充换电站 5%、高速公路快充电站 15% 的市场份额；

在新能源领域，已顺利实施 70 余个新能源整站 EPC 项目，新能源发电总装机容量超 200 万千瓦，预装式变电站市场份额超 10%；

在轨道交通和工业领域，为客运专线、城市地铁、城市轻轨等交通工程建设提供了牵引供电和电力供电设备；

在先进储能领域，自主研制了五大类 25 项全系列产品，EMS 能量管理系统等市场份额居行业前三位……

"许继的创新有一个突出特点，那就是紧抓社会发展需求，实施产品领先战略，超前谋划，注重抢占未来新兴战略产业的产品和技术制高点。为此，我们下大力气优化产业结构，将以往广而散的产品线聚焦在'源网荷储'上，从特高压交直流输电、智能电网、轨道交通、新能源、工业节能技术五大领域发力，如同五根强劲有力的手指，紧紧把握住市场需求的脉搏。"许继集团发展创新部主任李瑞生介绍。

为进一步优化创新生态，许继发布《科技创新体系变革方案》，建设以科技规划为引领、以产业赋能为目标、以一流团队为基础、以价值创造为核心、以技术引领为支撑的创新体系，破除体制机制障碍，优化研发组织能力，激发创新创造活力，加快核心技术产品突破；同时，紧盯市场及客户需求，科学布局研发项目，梳理关键技术及核心产品，并推动落实研发任务，在关键核心技术自主可控研究方向申请国家及省级重大科技专项等，加快基础研究突破，整合内外部资源，开发灵活可配的软硬件平台，打造电力系统大型软件产品。

为了确保产品质量，许继明确提出"质量为先"的经营理念，将质量管控内化于企业运营的研发、采购、制造、服务 4 个关键阶段，实施专业化分段管理，带动整体质量提升。

## 创新发展在于"实"——

### 紧紧围绕市场需求，新成果涌现、新动能释放

创新潜力，蕴藏于激发活力的体制机制之中，开花于敢于开拓的创新精神之中。

2023 年 9 月 25 日，在许继柔性输电公司换流阀生产车间，身穿蓝色制

服的工人与机器人并肩工作，一组组性能优良的换流阀等待外运。

"我们研发生产的高压直流输电换流阀是国家级制造业'单项冠军'产品。它就像一颗巨大的心脏在不停跳动，通过不停开断，将电力资源丰富地区的交流电变成特高压直流电，从而进行远距离、大容量输送，到达电力资源匮乏、用电负荷相对集中的地区后，使直流电再变成我们平时用的交流电送入千家万户。"许继柔性输电公司换流阀高级产品经理司志磊说，许继通过不断研究，将柔性输电的电压等级从 ±500 千伏提高到 ±800 千伏，但是在电压等级达到这样一个新的水平后遇到了"黑模块"难题。突破这个难题的关键就是转折晶闸管。为了调整转折晶闸管参数，许继进行了上百次实验，历经一年夜以继日的刻苦攻关，终于在国内率先攻克了"黑模块"难题。2020 年，许继自主研制的 ±800 千伏 /5000 兆瓦特高压柔性直流换流阀在世界首个特高压多端混合直流工程——乌东德电站送电广东广西多端直流示范工程中成功投运，并在 3 年间始终平稳可靠运行。

从填补国产化空白到走向世界，许继迎难而上、踔厉奋发。"我们不断优化研发组织架构，完善企业两级研发体系结构，本部研发聚焦基础共性前瞻技术平台及跨领域、跨学科研发，打造强大的基础平台，加速产品研发技术创新，加快产业孵化；不断充实产业单位研发力量，授牌研发分中心，加强联合创新及攻关任务调控，推进研发平台之间及研发与产业之间协同互补、融合发展。"许继电气科技创新部主任刘永光介绍。

## 创新发展在于"恒"——

### 创新观念渗入企业文化，坚持不懈、矢志不移

人才，是企业发展之基石，更是企业搏击市场的核心竞争力。

李旭是许继软件公司继电保护高级产品经理。作为许继二级技术专家、一级研发项目经理，2022 年，他获得 30 万元突出贡献奖励。"在平凡的工作岗位上，只要踏实肯干，就能成就不平凡的业绩，为企业发展作出贡献。"他说。

目前，许继拥有各级各类专家人才 280 余人，其中国家级人才 4 人、省级人才 48 人、市级及公司级人才 231 人。以他们为代表的高水平创新团队，成为支撑许继实施创新驱动发展战略和建设创新型企业的核心力量。

为进一步激发创新活力，许继实行"揭榜挂帅"制，选取重点项目和新兴产业研发项目进行论证，实施研发分类考核，细化价值度量体系，围绕新产品合同额、毛利增加值、重大科技项目、研发管理水平、科技成果管理等方面进行综合评价，重点关注超额增量贡献，推动科技成果生产力转化；研究制定市场化有竞争力的一揽子激励方式，对增量业务实施员工跟投、股权或分红权激励等，全面推行利润增量专项奖励机制，建立"收益共享、风险共担"的长效动力机制，激发创新创业活力。

目前，许继拥有 5 个国家级创新平台、18 个省级创新平台。2016 年以来，许继申请专利 4170 项，其中发明专利 3191 项；授权专利 2772 项，其中发明专利 1807 项。此外，许继还完成国际标准制修订 43 项，完成国家、行业标准制修订 231 项；荣获省级以上科技奖励 219 项，其中国家科技进步奖 14 项。

"省委、省政府对许继的发展寄予厚望。省委书记楼阳生、省长王凯多次莅临许继调研，并提出要推进许继高质量发展，'十四五'期间推动许继合同额翻番，实现'再造一个许继'目标。许继将坚持深耕主业、优化服务、开拓市场，有信心、有能力交上一份高质量发展答卷。"孙继强表示。

（付家宝）

# A

第三章

## 使命引领 改革强企
## 开创高质量发展新局面

# 转型之路
## —— 挺起河南工业高质量发展钢铁脊梁

太行东麓，洹水南岸，甲骨文发源地。一座现代化千万吨级钢铁巨人矗立在广袤的豫北大地，在这片铸就了中华青铜冶炼文明的殷商大地上，一代又一代安钢人挥洒着智慧和汗水，谱写了一曲曲绚丽多姿、激越辉煌的钢铁乐章。

1958 年，作为国家"二五"计划"三大、五中、十八小"钢铁布局中的"十八小"之一，安阳钢铁应运而生，建立起河南第一个真正意义上的钢铁联合企业，结束了河南缺铁少钢的历史。

1958 年 8 月 10 日，安阳钢铁开工典礼大会会场。

1980 年，安阳钢铁实行承包经营，成为全省乃至全国工业企业产权制度改革的第一个"吃螃蟹"者。

1989 年，安阳钢铁率先在全国地方钢铁企业中跨越 100 万吨钢大关，位列全国地方钢铁企业之首。

1989 年，安阳钢铁率先在全国地方钢铁企业中跨越百万吨钢大关。

20 世纪 90 年代，安阳钢铁大胆尝试建立现代企业制度，被国务院确定为全国 100 家建立现代化企业试点单位之一，成为河南工业企业的排头兵。

进入新世纪，安阳钢铁加快结构调整，抢抓发展机遇。2001 年，"安阳钢铁"在上海证券交易所成功上市，先后被评为"上市公司 50 强""中国纳税百强企业"，进入"上证 180 指数""上证 50 指数""上证 50 红利指数""沪

2001 年 8 月，"安阳钢铁"成功上市。

深 300 指数”“巨潮 100 指数”。

历经 60 多年砥砺前行，安阳钢铁现已成为装备大型化、工艺现代化、产品专业化的千万吨级钢铁联合企业，河南省重要的精品板材和优质建材生产基地，拥有中厚板、棒材、高速线材、冷轧、热连轧等国内先进、国际一流的现代化生产线，一个千万吨级的现代化钢铁集团在中原大地崛起。

安阳钢铁牢记产业报国的初心使命，坚持党建引领，认真落实新发展理念，加快数字化转型，推广先进适用技术，着力提升高端化、智能化、绿色化水平，用进取和创新演绎出一部百炼成钢的时代篇章，为促进河南经济社会高质量发展贡献钢铁力量。

## 特钢引领，走高端化发展之路

“十三五”时期，安阳钢铁制定实施“创新驱动、品质领先、提质增效、转型发展”总体发展战略，着力提升企业核心竞争力，对主导产品全面升级换代，实现了由生产低端产品向高端产品的转变，由面向建筑钢材市场转变为面向加工制造业。产品结构由过去的长材转变为以板材为主，板材与型棒材产品比例，由升级前的“三七开”实现了现在的“倒三七”，钢材增量全部为优质板材，产品附加值和技术含量大幅提升。

2022 年 7 月，首卷高磁感取向电磁新材料成品成功下线，标志着在代表钢铁制造高端工艺的 HiB 钢领域取得重大进展，安阳钢铁全面掌握电磁新材料全流程生产工艺，跻身钢铁行业相关技术前沿。

**建强研发，培育特钢优势**。安阳钢铁瞄准行业前沿，围绕“特”字做延伸，按照“低成本、高性能、差异化”定位，与上下游开展产业链深度合作，与东北大学、北京科技大学等各大院校建立“产学研用”一体化合作促进关系，强化科研攻关，着力打造特殊成分、特殊工艺、特殊性能、特殊用途的特钢产品系列，实现了多个高端特钢品种的工艺技术突破。先后开发了高端特种钢、易焊接高强板、高强度耐候钢等一系列中高端产品，拥有中厚板、型棒线材、球墨铸管等 40 多个系列、1000 多个规格，中高牌号无取向硅钢具有多项核心技术专利，先后有 60 余项产品荣获"金杯优质产品"，4 项产品荣膺冶金产品最高荣誉"金杯特优产品"，获得"卓越钢铁企业品牌""河南省质量品牌"A 类企业等殊荣。

**抢抓重点，提振品牌力量。**安阳钢铁加快高端高质量转型升级步伐，深入推进工艺装备系统改造，产线、产品高端化升级，培育开发了锅炉容器板、桥梁板、高强钢、汽车钢、管线钢、耐酸耐候钢、家电用钢、高建钢等高端产品系列，构建起独具特色的"八大品种"体系，实现由普钢向优钢转型。产品被广泛应用于国防、航天、装备制造、船舶平台、石油管线等国家重点领域和重点工程，大国重器铭刻安阳钢铁标记。Q460 及以上级别高强板市场占有率保持全国第一，冷轧家电板产品打入格力、海尔、美的等家电龙头企业，汽车轻量化用钢享誉业界，供货宇通、北奔、陕汽等主流车企，700MPa 级以上热轧汽车轻量化用钢全国市场占有率继续领先。

**强化营销，扩大战略版图。**安阳钢铁始终坚持以"用户为中心"的经营理念，实行"大营销、大直供、大服务"，大力推进"服务型"钢铁企业建设，由生产商向综合服务商转变。紧盯高端用户，坚持用户高端化带动产品高端化，先后与中国船舶、中石化、陕汽重卡等 50 余家央企达成合作，大客户、高端客户朋友圈越来越大，直供直销比例逐年上升。不断深化与重点用户合作关系，深入开展技术营销、服务延伸与战略合作，针对客户的个性化需求，制定了专项"套餐式"服务，在产品交付后，技术人员同时抵达现场，根据客户需求"量体裁衣"，最大程度赢得了客户的肯定。

## 数字引领，走智能发展之路

安阳钢铁紧抓智能制造发展机遇，加快数字化转型发展，全力推进钢铁产业赋能升级。作为长流程钢铁企业，涵盖了上百道生产工序，拥有数千台生产设备，钢花飞溅、铁水飞流的生产场面蔚为壮观。但职工也饱受高温、粉尘、噪音等恶劣生产环境的影响，连续作业还容易引发安全事故。产品质量不稳、劳动效率不高、产能效率不优，成为制约企业发展的拦路虎，数字化转型成为安阳钢铁的必选项。

现如今，厂区内一条条智能化生产线有序排列，高空中 5G 无人天车来回穿梭，地面上工业机器人正在精准作业，一台台身手敏捷的机械臂灵活舞动，热轧卷板自动码垛到位……一系列智慧设备和系统各司其职、有序运转。

在数据采集方面，安阳钢铁加速实现 IT 系统与自动化系统的信息集成，搜集处理来源多样的异构数据资料，包括设备、生产、物料、质量、能耗等海量数据，进行清洗、计算、储存和分析，通过可视化报表和工业流程图等方式将生产线设备的实时状态、生产状态等信息展现出来，提升智能化程度，降低运行维护成本。"设备二维码管理系统"正是其中之一，公司已对 2000 多台大中型设备实现专属"二维码身份证"布置，现场管理人员可进入"安阳钢铁设备信息查询微信小程序"，通过扫码或输入设备编码，快速查询设备名称、生产商、投用日期以及点检、异常、故障情况。

在设备升级方面，安阳钢铁持续推进"机械化换人、自动化减人、智能化无人"工作，上下料机器人、锌锅捞渣机器人、辊孔堆焊机器人、智能焊牌机器人等安阳钢铁自主研发的机器人坚守在生产一线，把职工从苦脏累险的岗位上解放出来。完成转炉"一键式"炼钢改造，达到转炉冶炼过程自主执行的智能化、标准化控制，实现转炉稳定、高效、优质和低成本的精益生产。拥有自主知识产权的"智慧物资计量系统"，建立信息化计量中心，使厂区全部汽车衡、轨道衡和在线秤实现远程无人值守计量，实现自动身份识别、计量自助化和过程可视化、视频监控抓拍、集中远程管理。

在工业互联网方面，安阳钢铁积极利用网络技术、控制技术的最新成果，融入"互联网＋物联网"，打造智能安全管控平台。一氧化碳监控系统，具有系统管理、声光报警、分析统计等功能，实现煤气报警仪实时监控、报警，提升煤气泄漏事件快速响应能力。火灾报警系统，实时采集联网单位的火警故障、启动、反馈、屏蔽等状态信息，实现全方位感知、全过程监控。双预防体系，通过对事故隐患、风险不同纬度的统计分析，为隐患排查、风险预警等安全管理提供科学依据和决策参考。产销一体化系统，贯穿采购、生产、销售、加工、物流等各环节，实现自动化生产组织和数据采集、精细化生产控制和物料跟踪以及规范化生产管理，为客户提供"一站式"解决方案。

智慧安阳钢铁，硕果累累。安阳钢铁成功获评"2022年河南省服务型制造标杆企业"，炼轧一体化智能工厂获评"河南省智能工厂"，酸轧产线获评"河南省智能车间"，《基于大数据应用的冶金产品质量全过程管控平台》获评"河南省大数据优秀应用案例"，《冶金产品智能化敏捷服务共享制造项目》获评"河南省服务型制造示范项目"。

## 低碳引领，走绿色发展之路

安阳钢铁把绿色确定为转型升级的底色，认真贯彻"既要绿水青山，也要金山银山"的绿色发展理念，高起点抓环保提升和环境治理。在过去，企业周边环境污染严重，职工都不敢穿白衬衣来上班，在群众中流传着一句话"吃饭盖着碗，出门捂着脸，一年吃掉一块预制板"。

随着企业生态环境治理的持续加强，厂区面貌日新月异，以前在厂区里寻花园，如今在花园里遇见厂区。在占地仅4.5平方公里的安阳钢铁厂区内，绿化覆盖率达到55.5%。

**以高标准实现高效益**。在安阳钢铁人眼里，环保就是企业的生命线，是一场生存保卫战。安阳钢铁累计投入百亿元，采用最先进的技术、最成熟的工艺、最高端的配置，实现最大的减排。前所未有的力度，带来前所未有的效果。成为第一家实现全干法烟气治理，只见烟囱不见烟成为安阳钢铁一景；第一家改造、使用纯电重卡作为清洁运输方式；第一家实现焦炉脱硫脱硝全覆盖，研发出国内首创的焦炉脱硫脱硝最新技术；第一家研发成功"水解＋兰碳吸附"工艺技术，为行业高炉煤气精脱硫提供了新的工艺技术路线……如今，安阳钢铁大气污染物排放总减排比例超过80%，已构建成焦炭全干熄、烧结全余热发电、高炉全TRT发电、煤气资源全回收、富余煤气全发电等低碳节能价值链。2021年3月，成功创建长流程联合钢铁 A 级绩效企业，提前 4 年完成全流程超低排放任务。

**在"双碳"征程上疾行。** 在"碳达峰、碳中和"大背景下，安阳钢铁绿色发展快马加鞭不下鞍，坚持节能减排、资源高效利用协同推进，加速迈向"3060"目标。创新解决高炉煤气精脱硫难题，与高校、科研院所、兄弟企业共同研发攻关，采用国内首创"水解＋兰炭吸附"组合工艺，净化后总硫含量小于 20 毫克 / 标准立方米，省去加热炉末端烟气脱硫装置的重复建设费用。自主改造加热炉，实现更高水平的烟气超低排放。改造后的加热炉烟气 NOx 排放浓度可降低 30 毫克 / 立方米—50 毫克 / 立方米，远低于超低排放标准值；再结合高炉煤气精脱硫技术，有效控制了从高炉源头到轧钢终端各个工序污染物的排放量。提档升级打造固废处置中心，建设了 15 万吨转炉除尘灰冷压块、20 万吨转底炉、3 万吨炼钢除尘灰冷固球团等项目，从源头解决钢铁冶金固废的资源化利用问题，实现由"储存"到"利用""增值"的转变。真正实现了"废水零外排，固废不出厂，出厂全产品"目标：吨钢综合能耗降低至 550 千克标准煤，吨钢新水消耗降低至 2.79 立方米，自发电比例达 60% 以上，年节能超过 100 万吨标准煤，每年节能减排项目创效近 30 亿元。

**全力打造"花园式"工厂。** 安阳钢铁一手抓环保深度治理，一手抓厂容厂貌治理，将大美钢城建设贯穿始终。本着"宜绿则绿、应绿尽绿"指导思想，全力打造"公园式、森林式"园林化工厂。就连一向"灰头土脸"的犄角旮旯，也建成小而精的"口袋公园"。色彩略显沉闷的厂房外墙、高耸烟囱，也都穿上了彩绘"新衣"。2019 年，安阳钢铁成功获评国家 3A 级旅游景区，成为河南省第一家、全国第七家跻身旅游景区的钢铁企业。"工厂变公园、厂区变景区"成为现实。绿色发展，靓丽厂区的同时，还红了旅游。以"钢铁是怎样炼成的"为主题，重点开发出"党建游、工业游、研学游、生态游"4 条旅游线路，展示企业绿色、高效、高质量发展的重大成果。2022 年，安阳钢铁荣获河南省"文明旅游示范单位""科普教育基地"称号。荣誉光环下，旖旎于秀美风光之中，安阳钢铁国家工业旅游景区累计接待游客达 6 万余人。

# 党建引领，走幸福发展之路

近年来，安阳钢铁党委认真贯彻习近平新时代中国特色社会主义思想，坚持党的领导，加强党的建设，充分发挥党的领导核心作用和政治核心作用，从在工作中总结出"四个三"党建工作法，到扎实推进"五个紧紧围绕"，全力做实"六大贯通"，安阳钢铁党建工作的藤蔓一路延伸，形成了立体布局、层级推进的"四五六"党建新格局，党建工作成为安阳钢铁高质量发展的"红色引擎"。

回眸往昔，2014 年，安阳钢铁生产经营遇到了前所未有的困难和挑战，安阳钢铁党委果断从严抓党的领导、加强党的建设入手，在实践中找准党建工作与企业脱困转型的契合点，探索形成了"四个三"党建工作法（坚持"三个讲清"、推进"三个转变"、突出"三个管好"、构建"三个体系"）。"四个三"党建工作法是安阳钢铁开展党建工作的统领和总纲，使干部职工在最困难的时期，依旧能够保持坚定的信心、高昂的士气和顽强拼搏的精神，并将其转化成浴火重生的强大力量，实现绝地反击。

在 2016 年全国国有企业党的建设工作会议上，安阳钢铁作为唯一一家地方国有企业参会，得到了中央领导同志的点评和肯定，赢得了安阳钢铁历史上的最高政治荣誉。

坚持服务生产经营不偏离，以企业改革发展成果检验党组织的工作战斗力。这是全国国有企业党的建设工作会对国企党建工作提出的明确要求，安阳钢铁党委认真对照反思，进一步深化并延伸拓展"四个三"党建工作法，提出了围绕"企业发展战略、生产经营任务、基层基础、党风廉政建设、职工思想动态"的"五个紧紧围绕"的党建工作模式，实现了党建工作与中心工作的有效融合。

2019 年，安阳钢铁党委结合"不忘初心、牢记使命"主题教育、党史学习教育要求，进一步强化管党治党政治责任，在"四个三"和"五个紧紧围绕"的基础上，着力做实"六个贯通"（研学理论与创新实践贯通、政治工作与中心任务贯通、党心与民心贯通、建强组织与筑牢堡垒贯通、干部培养与职工培训贯通、环保提升与园林化建设贯通）工程，把初心和使命融入到企业发展的全过程，带领广大干部职工开创了绿色高质量发展的崭新局面。

安阳钢铁"四五六"党建新格局是各级党组织、广大党员和干部职工集体智慧的结晶，在企业转型发展中发挥了重要的促进作用。2020 年，安阳钢铁党委荣获河南省国资国企系统"先进企业党委"荣誉称号。

安阳钢铁深入开展扶贫帮困工作，选派优秀干部到内黄县豆公镇李大晁村驻村开展对口扶贫及乡村振兴工作，探索出消费帮扶新模式，促进产业发展，改善人居环境，帮助李大晁村实现了整村脱贫、无一返贫的目标，开创了"职工有福利、村民有收入、脱贫更扎实"的多赢局面。

安阳钢铁始终关心关爱职工，为职工按时足额缴纳社会保险，发放多项企业福利，搭建各类成长平台，在企业效益增加的情况下，努力提高职工生活质量。尤其是在 2021 年，面对新冠肺炎疫情和"7·20"特大洪涝灾害影响，在公司党委的正确领导下，全体安阳钢铁人渡过重重难关，全年营业收入刷新历史纪录，职工人均直接薪酬突破 10 万元 / 年，达历史最好水平，职工的幸福感、获得感更强。

安阳钢铁坚持奉行"创造财富，造福员工，回报社会"的宗旨，自觉把社会责任理念和可持续发展要求融入企业的战略、文化和生产经营活动的全过程，努力实现人、企业、社会的全面均衡与可持续发展。2020 年、2021 年，安阳钢铁连续两年荣获河南社会责任企业奖，这是对安阳钢铁长期以来积极履行社会责任最直接和最充分的肯定。

## 使命引领，开创钢铁强企之路

从历史到未来，安阳钢铁始终与河南的发展建设同频共振。安阳钢铁全体干部职工正以奋发有为、锐意进取的精神状态，沿着转型升级之路，迈上高质发展新高峰。

2023 年，为加快推进河南省钢铁产业转型升级，更好统筹推进全省钢铁行业重组整合、布局优化和结构调整，河南省委、省政府赋予安阳钢铁牵头组建河南钢铁集团、整合全省钢铁产业的历史重任，这注定是安阳钢铁发展历史上不平凡的一年。

1月3日，河南省政府印发《关于大力提振市场信心促进经济稳定向好政策措施的通知》，首次提出将组建省钢铁集团。1月14日，河南省两会期间，省政府工作报告提出，将组建河南钢铁集团列为今年重点工作安排之一。3月1日，河南钢铁集团有限公司正式成立。3月13日，河南省政府办公厅印发《河南省加快钢铁产业高质量发展实施方案（2023—2025年）》，提出依托安阳钢铁组建河南钢铁集团，深化资源整合重组，聚力打造全国一流大型钢铁企业，引领钢铁工业全产业链提升。

安阳钢铁将按照河南钢铁集团"优化布局、减量发展、提质增效、特钢转型"总体思路要求，构建完善"一中心、三基地、强产业链"发展格局，全力打造中原地区最具竞争力、最具影响力的现代化钢铁强企。河南钢铁集团将以郑州为总部中心，重点在安阳发展高品质优特板材和无缝钢管优特钢，在周口建设产品覆盖最宽、最厚、最薄的全国一流板材基地，重点发展汽车用钢和电磁新材料，在许昌重点发展不锈钢产业，在上游煤铁资源、下游用钢重点企业支持下，做强做优钢铁制造，形成一批特色化、精品化、绿色化钢铁产品，力争到2025年，形成2000万—3000万吨规模的现代化特钢集团。

勇担重任，不辱使命。安阳钢铁作为河南钢铁集团最重要的经营实体和核心资产，将从产线改造、装备升级、绿色低碳转型等方面，加快提档升级，大力提高产品附加值，拓宽品种结构空间，全面提升竞争力，为构建河南钢铁产业新发展新格局，强力促进河南工业发展和中原崛起贡献力量。

时代向前，钢铁向上。安阳钢铁，这位屹立在豫北地区的钢铁巨人，将坚持高举习近平新时代中国特色社会主义思想的伟大旗帜，贯彻落实新发展理念，融入新发展格局，坚定不移走"绿色、高效、高质量"特钢发展之路，积极与员工、用户、投资者和社会公众共享改革发展成果，奋力书写新时代钢铁报国、钢铁强国的崭新篇章。

（程官江、徐静、郭成许）

# 辉煌城发 "二次创业" 再出发

为贯彻落实黄河流域生态保护和高质量发展重大战略，服务河南省生态文明建设，2018 年，城发环境（SZ.000885）正式进军环保行业，紧抓河南省静脉产业园三年行动机遇，同时借助河南省与清华大学 "省校合作"，与启迪环境展开吸收合并。短短五年间，城发环境业务领域涵盖固废处置、高速公路、数字建工、智慧水务、城市综合服务、双碳服务、海外业务等，环保业态 "四梁八柱" 搭建完成；与 2018 年上市初相比，资产规模增长 255%、年营业收入增长 215%、年利润增长 81%。垃圾焚烧发电业务规模处于全国第一梯队，环保业务拓展至全国多个省份，完成了从区域性环保企业到全国性环保行业领军企业的升级蝶变。下一步，按照 "立足河南、布局全国、走向一带一路" 战略，依托 "四千精神" 为代表的奋斗文化，整理行囊再出发，打造成为国际化环保科技产业集团的 "百年老店"。

城发环境上市主体历经两次更名，由最初的 "春都食品" 到 "同力水泥"，再到 "城发环境"，每一次更名都是围绕经济结构调整进行的产业轮动。目前，城发环境作为河南省生态文明建设的重要抓手之一，在 5 年间大致历经了 3 个阶段，每个阶段围绕国家战略和省定战略不断培育升级省环保产业体系。

## "腾笼换鸟"，正式进军环保行业

2018 年 9 月，为落实河南省打好污染防治攻坚战的工作部署，河南省投资集团通过重大资本运作 "腾笼换鸟"，组建上市公司城发环境，成功亮相资本市场。同时，抓住河南省静脉产业园三年行动这个重大政策机遇，正式进军环保行业，集中火力在全省落地 20 个垃圾发电项目，年处理垃圾占全省总量40%，从根本上破解了"垃圾围城"的问题，帮助河南省固废处置能力从"一无所有"到跨入全国先进行列。

目前，城发环境32个垃圾发电项目遍布大江南北、海外布局包括欧洲和东南亚，日处理垃圾规模近3万吨，完成了其他环保企业十几年的发展历程，被业界誉为环保行业的"一匹黑马"。

## "吸收合并"，实现全国业务布局

2021年1月，按照习近平总书记关于黄河流域生态保护和高质量发展的指示精神，城发环境积极落实河南省与清华大学省校合作部署，启动了吸收合并清华大学下属上市公司启迪环境的资本运作。非同一实控人下的两家主板上市公司吸收合并，在近40年的中国资本市场发展史上尚属首例。当外部客观条件发生重大变化时，及时将"整体吸并"调整为"拆分并购"，先后并购14个优质项目，资产规模一年内快速突破，经营指标逆势上升，迅速实现全国性业务布局，圆满完成了既定的吸收合并战略目标。

目前，城发环境业务领域涵盖固废处置、高速公路、数字建工、智慧水务、城市综合服务、双碳服务、海外业务等，从垃圾发电一棵独木，成长为资源整合协同、产业相互涵养、附加值不断提升的"生态雨林"式产业集群，环保业态四梁八柱搭建完成。合并报表范围内子公司88家，项目布局横跨全国11个省、直辖市，国际业务涉足欧洲、东南亚，城发环境的环保旗帜在各地高高飘扬，迅速完成了从区域性环保企业到全国性环保行业领军企业的升级蝶变。截至2023年6月末，实现营业收入32.36亿元，净利润5.94亿元。运营水平持续稳步提升，资产规模和处置能力迅速跻身全国环保企业第一梯队。

## "二次创业"，开启转型发展之路

一家伟大的企业，应该保持守正创新，守正就是要保持战略定力和历史耐心，不迷失方向，不犯颠覆性错误；创新就是要把握时代，引领时代，不刻舟求剑，不封闭僵化。

2022 年，城发环境紧紧围绕国家"双碳"战略和"无废城市"建设，启动"二次创业"发展新阶段，对标威立雅、光大环境等世界一流环保企业，依托"科技驱动＋资本赋能"战略工具箱，加快由传统环保领域向绿色、低碳、循环、数智、科技全面转型，打造发展的"第二成长曲线"。

未来 3 至 5 年，城发环境围绕 1 个目标，构建 3 个平台，提升 5 大能力，聚焦"国际知名环保科技集团"的目标，打造成为"世界一流、国内领军"的国际化环保科技产业集团，力争成为服务黄河流域生态保护和高质量发展等重大战略的国家级平台，为提升各地生态文明、实现"3060"双碳目标、建设美丽中国作出更大贡献。

具体在科技创新方面，搭建以"3060"产业研究院为主体的科技研发体系，引入前沿环保技术，实现产业化落地；数智化转型方面，围绕"数据底座＋开发应用平台＋产业场景应用"的数智化图谱，构建一体化全过程的"城发产业大脑"管理平台。将公司打造成为产业化、规模化、市场化、数智化的国际知名环保科技集团，环保细分领域达到全国第一，综合实力跻身全国前三，成为生态环保圈的一张"中国名片"。

## 传承创新，打造持续能赢的企业文化

城发环境一路走到今天，靠的是资金、是资源、是团队。但是，资金和资源终究会枯竭，团队也会不断更新迭代，唯有企业文化，才能生生不息，企业文化就是到人的头脑中去挖掘大油田、大森林、大煤矿。

在"二次创业"元年，城发环境领导班子提出，城发要着力打造企业文化，传承"激情、奋斗、创新、务实"的价值观；弘扬"走遍千山万水，说遍千言万语，想尽千方百计，吃尽千辛万苦"的"四千精神"。企业文化最终一定要形成一个物化载体，形成品牌化，形成结果，从而引导大家传承发展。历史的接力棒递给了城发新一届领导班子的手中，当下的城发，正在通过企业文化来统一思想、形成共识、树立旗帜、提振信心，凝聚城发力量，朝着新的奋斗目标迈进。

　　城发能发展到如今，依赖的是"激情、奋斗、创新、务实"的核心价值观，是自发的、朴素的"四千精神"。作为新国企的典范，城发在只有起点，没有终点的"二次创业"道路上传承、发展。相信城发将永葆"一次创业"初心，"守本真心"，在"二次创业"路上，披荆斩棘、勇前行。

（方引青）

# "神马"奔腾

在全球，每4个高速运转的轮胎中就有1个使用的是"神马"牌尼龙66浸胶帘子布；神马股份制造的神舟号系列飞船降落伞骨架材料、高速列车挡板材料等高精尖产品享有盛誉；尼龙66工业丝、帘子布产能世界领先，尼龙66盐、尼龙66切片及工程塑料产能居亚洲第一方阵；己二酸国内市场占有率第一……

作为中国尼龙行业的先行者和领跑者，神马股份在尼龙新材料领域深耕40余年，横向扩大产业规模，纵向延伸产业链条，不断优化产业结构，持续完善产品组合，打造出全球最完整、技术含量最高、循环经济特征最明显的尼龙化工产业链，走出了一条尼龙66与尼龙6并重发展、优势互补的"大尼龙"之路。

回望40多年的发展历程，神马股份经历了从无到有、从小到大、从弱到强，产品由单一到多样，产业由化纤到化工、化纤并重，企业的综合实

神马股份尼龙化工装置区。

力大幅提升，发展面貌日新月异。目前，"神马"牌系列产品涵盖工业丝及帘子布、尼龙树脂及工程塑料、己内酰胺、己二酸、安全气囊丝、对位芳纶、帆布、薄膜、尼龙材料催化剂等十余个大类、数百个品种，广泛应用于轮胎、汽车、航空航天、高铁、电子电器、织物等领域。

神马股份的发展历程，不仅是一部不断探索、持续创新的奋斗史，也是新中国尼龙化工化纤行业发展的真实写照。

## 填补空白，中国尼龙横空出世

1977年12月，在第三次全国农业机械化会议正式开幕的前夕，邓小平、李先念等国家领导人来到北京农业展览馆视察农业机械化展览，并观看了农业机械表演。

在农机馆，国家领导人对国务院农业机械化领导小组的同志说，农业机械化事业要大干快上，要狠抓农机产品质量的提高，做到坚固耐用。农机生产要搞标准化、系列化、通用化，一台机器要能带多种作业机具，充分发挥拖拉机的效能。要抓好产品定型、成批生产，要减少原材料消耗，降低生产成本。

作为各种农机、汽车的"腿脚"——轮胎，一直制约着新中国农业机械化的发展，自主发展新中国轮胎工业的问题正式提上日程。

锦纶，对于当时的国人来说，还是一个陌生的词汇。锦纶、尼龙都是聚酰胺的俗称，是一种合成纤维，聚酰胺家族品种繁多，其中锦纶66工业丝具有强度高、耐高温、耐疲劳和抗冲击性好等特点，是理想的轮胎骨架材料，但在当时，这种材料只有美、日等少数国家才能生产。第三次全国农业机械化会议结束后，国家计委决定引进国际上的先进技术建设自己的锦纶66浸胶帘子布厂，彻底解决问题，让农机、汽车"站得稳""走得快""跑得远"。

1978年，国家计委与纺织工业部开始着手筹备选址、与日本旭化成工业株式会社进行引进谈判。当时，全国有几个地方都争取这个项目，在河

南省委的关心下、平顶山市相关
部门的努力下，国家纺织工业部
经过反复比较，最终确定在平顶
山市建厂。

　　1980 年 4 月，来自五湖四
海的创业者汇聚到这座年轻的城
市，在平顶山市黄楝树村的一块
菜地上，为中国第一座锦纶帘子
布厂打下了第一根桩。接下来的
18 个月里，建设者们与时间赛
跑，先后投入钢材 17076 吨、木
材 26382 立方米、水泥 56390 吨，
安装中外设备总重量达 1 万吨，
各类管道总长度 142 公里，电气
设备 1366 台，各类仪表 1950 台

1980 年，平顶山帘子布厂打下第一根桩。

/ 套，各类阀门 8911 台，供水管路长 18 公里，高压输电线路 30 公里……
终于在 1981 年 11 月 20 日，实现首次投料试车。至此，新中国第一卷高
品质尼龙浸胶帘子布在神马创业者的手中诞生，改写了国内高品质轮胎骨
架材料完全依赖进口的历史。

　　1982 年元旦，"平顶山锦纶帘子布厂"正式命名，生产逐渐步入正轨，
全年 5000 吨试车生产计划提前 57 天完成。到 1984 年，年产量就达到了
1.3 万吨的设计要求，但仍满足不了各家轮胎厂的需要。来厂拉货的车辆和
要求提货的人应接不暇。面对此情此景，几位老同志萌生了"再建一个厂"
的强烈愿望。他们算过这样一笔账，如果再建一个同样规模的帘子布厂，
全国的交通运输就不会再用棉线帘子布作轮胎的骨架材料了。

　　在国家支持下，帘子布厂二期工程采取国家、省、银行贷款和帘子布
厂自筹"拼盘式"集资方法解决了资金问题，仅用了 24 个月，就用汗水浇
铸出一座现代化程度更高的工厂——帘子布厂二期工程，令当时的日方代表

大为惊讶！

"平顶山锦纶帘子布厂"用行动为年轻的共和国建设现代化献出了自己的力量，也为企业自身的发展壮大奠定了坚实的基础。

## 技术自主，神马品牌蜚声中外

1988 年 6 月，一种用于巨型轮胎的新型规格骨架材料 1890D/2 锦纶 66 浸胶帘子布在这里研制成功，随后成功替代飞机轮胎的骨架材料也成功替代进口产品，通过部级鉴定，主要技术指标达到国际先进水平，填补了国内空白。

接下来，按照国务院"引进先进技术，充分消化吸收，打造自主品牌"的要求，神马帘子布厂对引进设备和技术进行了长达十几年的学习研究，在充分消化吸收、掌握关键技术的基础上，不断在国产化替代的道路上尝试突破。1997 年，完全国产化的三期项目正式投产，标志着神马股份贯通了尼龙 66 工业丝、帘子布的全部工艺流程。1998 年，配套的尼龙 66 盐及切片生产线相继建成，结束了我国尼龙 66 盐原料长期受制于人的历史，彻底打破了国外封锁。神马股份也率先通过了国家 CCIB 和国家 BVQI 权威机构的 ISO9001 质量体系双认证，成为我国帘子布行业第一家通过国际、国内双认证的企业。

一时间，"神马"品牌声名鹊起，蜚声中外。"神马"牌尼龙 66 工业丝和帘子布成为国内、国际知名品牌。其中 2100dtex 帘子布、航空轮胎用帘子布获国家产业用布一等奖，研制开发的半钢丝子午胎用布、三股帘子布、缓冲层帘子布、涤纶帘子布、锦纶 66NN 帆布、EP 帆布、尼龙 66 细旦工业丝、涤纶工业丝等分获国家科技进步"腾飞奖"、国家"七五"科技进步奖等荣誉。"神马"牌锦纶长丝荣获"中国名牌产品"称号，"神马"牌帘子布荣获全国"质量万里行荣誉奖牌"，"神马"品牌被认定为"中国驰名商标"，神马股份先后荣获国家一级企业、全国企业管理优秀奖——金马奖、全国科技进步奖等 50 多项荣誉称号。

1993 年 12 月 20 日，第八届全国人大五次会议审议通过了我国第一部《公司法》。1994 年 7 月，《公司法》正式实施，大大地促进了我国股份制企业的发展。股份制的引入为国有企业改革的深化开创了全新的天地。

1994 年 1 月 6 日，神马帘子布厂成为河南省首家在上海证券交易所上市的公司，证券简称：河南神马（后先后更名为神马实业、神马股份），股票代码 600810，自此进入了新的发展阶段。

## 创新引领，实现快速跨越发展

从 20 世纪 90 年代后期到迈入新世纪的大门，神马股份始终紧紧围绕尼龙主业，做强做大尼龙 66、尼龙 6 等相关产业和特种纤维产业，以科技创新和产业升级为突破口，建设世界领先的尼龙化工基地。随着产能规模不断增长，中低旦丝、安全气囊丝、精己二酸、己内酰胺、尼龙 6 民用丝等一大批项目先后建成投产，神马股份进入快速发展阶段。

凭借不断在生产技术、工艺流程、设施装备方面加大研发投入，神马股份充分发挥自身国家级技术中心、博士后科研工作站、尼龙研究院等科研平台的作用，与中国科学院、清华大学、北京大学等著名的一流高校和科研院所建立了战略合作关系。先后承担国家 863 等重要研发项目 10 余项，负责 6 项产品的国家、行业标准的制定。自主开发的尼龙 66 高强超低缩中低旦工业丝、纺丝级尼龙切片 26HD 项目、芳纶高强尼龙复合浸胶帘子布填补了国内空白，专用催化剂成功替代了国外进口产品，拥有自主知识产权的芳纶等一系列高精尖产品，为企业的发展注入了新的动力。

2008 年，原平煤集团、中国神马集团战略重组，成立中国平煤神马集团。2012 年，依照中国平煤神马集团战略布局，神马股份继续开疆扩土，用自主研发的工艺技术和世界上最先进的生产线，在位于叶县的尼龙产业园区打造新的制造基地。

2014 年，为尼龙 66 和尼龙 6 产品提供原料的己二酸己内酰胺项目落户园区。

2015 年，以己内酰胺为原料、主要生产尼龙 6 切片的平顶山三梭尼龙发展有限公司，以己二酸为主要原料生产尼龙 66 切片的平顶山神马工程塑料科技发展有限公司入驻园区。

2016 年，平顶山市第九次党代会擘画未来发展蓝图，作出依托尼龙新材料产业基础优势，与平煤神马集团（现为中国平煤神马控股集团有限公司）共同打造中国尼龙城的战略部署。神马股份尼龙新材料产业迎来狂飙突进的春天，如今，年产 5 万吨己二腈、年产 15 万吨己二胺、年产 24 万吨尼龙 66 切片、年产 40 万吨液氨和 5 万 $Nm^3/h$ 氢气的氢氨项目、染整产业园等一批重大项目正在新的产业园区加紧建设。

在先后突破己二腈生产、印染等"卡脖子"环节后，神马股份在集团的大力支持下，实现了产业链上下游全部贯通，打通了"煤—焦炉煤气—氢气—己二酸—己二腈—尼龙 66—工业丝（切片）—帘子布（工程塑料）"产业链；引进福建恒申集团、浙江嘉兴庆联集团，建成年产 4 万吨尼龙 6 民用丝项目、年产 1.5 亿米高档锦纶面料项目，形成了"己内酰胺—尼龙 6 聚合切片—尼龙 6 民用丝—织造—染整"完整产业链。

## 绿色低碳，智慧工厂未来可期

作为行业领军企业，神马股份按照"生产一代、研发一代、储备一代"的战略，坚持市场导向研发客户需求型产品，根据上下游研发方向，不断加大研发投入，系统布局创新链，提供产业技术创新整体解决方案，强力支撑企业向智能化、可持续发展方向转型。从 20 世纪 80 年代 4 个品种 12 个规格轮胎用尼龙 66 骨架材料，发展为涵盖尼龙 6、尼龙 66、涤纶、芳纶、人造丝等多材质、近 400 个品种的系列，产品延伸到航空航天、军工装备、高铁、清洁能源、电子电器以及民用等广泛的应用领域。

2020 年，神马股份建成的尼龙纤维、尼龙工程塑料两家全流程重点实验室，不仅有利于创新与生产、销售紧密结合，研发出适销对路的产品，提升尼龙产业核心竞争力，也成为吸引人才、培养人才、发展关键技术、

干净整洁的帘子布捻织生产现场。

增强技术辐射能力、推动产学研相结合的重要平台，为推进科技创新产业化，助力尼龙产业快速发展发挥出重要作用。

近年来，神马股份成功攻克己二腈生产技术，并开工建设年产 20 万吨己二腈一期项目，彻底解决了制约尼龙 66 发展的关键瓶颈问题；自主研发尼龙 66 原液着色技术，成为全球最大尼龙色丝生产基地；在芳纶生产及应用技术、己内酰胺第四代技术研发等方面取得重大进展，并先后开发出阻燃纤维、航空轮胎专用特高强丝等系列高端尼龙纤维产品。目前，神马股份高端产品占比达 80% 以上，向着"深海、深空、深蓝、深地"持续探索延伸。

神马股份致力于加快推动信息技术与制造技术融合发展，目前，已经建立 QIMS 质量检测、ERP 物流管理、动力能源云平台等信息化网络，初步实现了工业丝、帘子布生产、仓储等环节的智能化应用。未来将通过互联互通、数字化、大数据、智能装备和智能供应链，实现生产设备互联、物品识别定位、能耗检测、设备状态监测、产品远程运维、配件产品追溯、生产业绩考核、工厂环境监测等全方位的智能化应用，打造骨架材料生产的智慧工厂。同时，神马股份大力推动上下游全产业链绿色发展，先后攻克原丝油烟排放、捻织花毛收集、浸胶废气治理等行业难题，并在余热利用、清洁能源、中水回用、低碳减排等方面取得了丰富成果。

本着可持续发展的理念，神马股份将进一步扩展新能源利用、VOCs 治理成果推广应用，深入开展绿色环保胶液、尼龙 66 再生纤维、生物基原材料、高分子合成纤维纺制和应用、PBAT 可降解材料等课题的研究，致力于打造环境友好型企业、承担社会责任。

中国平煤神马集团副总经理，神马股份党委书记、董事长李本斌说："神马股份立足中国、放眼世界，目前正在加紧布局海外工厂，未来几年将快速形成 300 万吨级尼龙及中间体产能，并通过全面实施大尼龙战略、一体化战略、创新引领战略和国际化战略，发挥产业集聚效应，携手海内外优秀企业，在新兴的产业园区内延伸纺织、印染、制衣、聚氨酯等尼龙产业下游环节，共同开发尼龙大市场，成为国际一流的尼龙全产业链价值创造者。"

（张砥石、董国辉、井亚省）

# 勇立潮头歌大风

## ——河南易成新能源股份有限公司发展侧记

未来十年，新能源产业都将处于"风口"，而易成新能就是站在"风口"上的企业。这是易成人的共识，也折射出易成人对企业未来发展的信心。

河南易成新能源股份有限公司（以下简称"易成新能"）隶属于国有特大型企业——中国平煤神马控股集团有限公司，是集新能源、新材料基础研究、产品开发、生产销售等于一体的混合所有制上市企业。

站在"风口"上，易成人有信心，更有底气。经过20多年的创新发展，易成新能目前已形成了以绿能、储能、碳材为核心，以高效光伏电池片、超高功率石墨电极、针状焦、动力锂离子电池、负极材料、风光电站建设等主导产品为支柱，以原辅材料及相关产品为依托的新产业发展格局，其中锂离子电池用负极材料产能位居全国前列。

当然，"风口"不仅意味着机遇，也预示着更多挑战。

"我们将强化前瞻谋划，把应对挑战转化为抢抓机遇的动力，以强烈的紧迫感、责任感、使命感，攻坚克难、锐意进取，在中国式现代化河南实践中站排头、当标杆、起高峰。"中国平煤神马控股集团副总经理、易成新能党委书记、董事长王安乐说，易成新能将始终坚持科技兴企、科技强企的理念，做强主业、拓展新业，"十四五"期间致力于成为新能源、新材料领域的卓越服务商，成为国内具有核心竞争力的投资控股型上市企业。

## 改革创新激活力

创新赢未来。面对新形势、新挑战，易成新能敢于创新、善于创新，通过持续优化创新环境、积极搭建创新平台，以创新驱动不断激发企业发展活力。

近年来，易成新能立足产业抓发展、突出优势谋长远，全面加强与高校院所科研合作，先后组建了国家级企业技术中心、中国科学院电工研究所合作实验室、河南省炭素材料研究院士工作站、河南省高效单晶硅太阳能电池工程技术研究中心等一大批新型科研机构，并于2023年新成立了负极材料研究院，正在调整重建碳材料全流程的实验室，由此可见企业自主创新能力持续增强。

自主创新能力增强，加速了科研成果转化。

"兆瓦时级全钒液流电池储能系统研究与开发""低成本、高功率全钒液流电池电堆研发及应用""煤系针状焦质量提升"等多项重点科研攻关项目开花结果，易成新能不断抢占产业发展先机，尤其是全钒液流电池技术成为2022年"全球十大突破性技术"之一。易成新能加强"产学研"深度融合，已打通其全部工艺技术流程，是河南省唯一掌握全套全钒液流电池生产的技术企业，为企业发展注入了新动力。

2022年8月，开封炭素成功孵化出的全钒液流电池项目。"开封时代"成为全国第3家、全球第5家、河南省唯一掌握全套全钒液流电池生产技术的企业。（刘巍 摄）

　　向创新要动力，向改革要活力。基于对自身弱项的重新审视、精准把握，易成新能充分认识到"不改革不行、改得慢不行、改得不彻底也不行"，大刀阔斧地进行改革推新，采取一揽子针对性措施补短强弱。

　　坚决贯彻落实中国平煤神马控股集团有限公司"专精特新"放权及监督并重改革、"5+2"重点项目管控改革、"2+6"体系化机制改革等，加快推进中原金太阳、易成阳光、开封时代等专精特新企业高质量发展、爆发式增长。

　　优化调整子公司管理机制，实现易成瀚博、中平瀚博一体化运营，提升了综合效益。同时，公司全面实施权力下放、重心下移，调动子公司主动发展积极性。

　　试点推广"日成本、日利润"管理法，充分发挥产业链协同优势，促进产品结构优化、工艺技术提升，着力降本增效。

　　以正向激励为主，探索尝试经理层任期制和契约化管理改革，调动干部队伍干事创业积极性、主动性、创造性。

　　新常态下的市场竞争，唯改革者进，唯改革者强，唯改革者胜，改革

国内最大的高效单晶硅电池片生产基地。

成效全面呈现。在全面深入贯彻改革的基础上，易成新能子公司易成瀚博紧跟市场风向，调整生产经营思路，其产量、销量、收入等指标屡创新高，实现扭亏为盈。

易成阳光 A 品产出率从 82% 提升至 93% 以上，超过 92% 的行业平均水平，一次性高分通过欧洲客户审核。

开封时代已投运的两个全钒液流储能电站总规模稳居国内第二，并计划再建设新全钒液流储能电站，向着"2025 年前综合产值破百亿"的目标迈进。

开封炭素克服工序多、生产周期长等不利因素影响，主动向下挖潜、调整生产工艺，成本大幅压缩、效益明显提升。

改革不停歇，创新不止步，随着更多改革创新措施的释放效应，必将孕育更多推动易成新能高质量发展的新动能。

## 链式发展聚合力

2023 年 8 月和 9 月，易成新能子公司易成瀚博碳化项目、改性项目相继投产，补上易成瀚博锂离子电池负极材料全产业链最后一块"拼图"，标志着企业挺进高端市场。

据了解，易成瀚博通过上马年产 1 万吨新型负极材料碳化项目，实现了自主生产高端负极材料，产品附加值大幅提升，而通过上马年产 1 万吨锂离子电池负极材料改性项目，填补了企业二次造粒产品市场的供给空白。同时，碳化项目和改性项目两个高技术水准的项目投产后，易成瀚博不仅可以更好地对接鹏辉能源、亿纬锂能这样的头部企业，还能与易成阳光、易成天蓝等易成新能其他子公司形成产业互动，打造更具备竞争力的优势产品，站稳国内市场、开拓海外市场。

确保产业链、供应链安全稳定，日益成为企业参与市场竞争关键变量。依托现有产业链优势，加快延链补链，构建更加完整、安全的产业体系，已然成为企业巩固优势、应对挑战、高质量发展的坚实保障。近年来，易成新能更加注重补短板、锻长板，坚持项目引领、项目赋能，以项目延链补链增强产业链、供应链的稳定性和竞争力，以深化产业链、创新链双链融合打造优势更加突出的价值链，不断提高先进材料、高端产品比重，推动形成从产业链到生态链再到价值链的集聚。

依托中国平煤神马控股集团有限公司优质煤炭资源优势和煤化工产业基础，通过煤焦油深加工，易成新能贯通"煤—煤焦油—沥青—针状焦—超高功率石墨""煤—煤焦油—沥青—生焦/针状焦—锂电池负极材料"两条煤基炭材料产业链，煤焦资源的价值有了显著的提升。

聚焦产业链高端、价值链前端，易成新能打造新能源、新材料产业链"链主"企业，推动资源向优势产业集中，加快打造30GW太阳能光伏电池片"超级工厂"。

针对产业链上下游各子公司的原材料、产成品进行系统梳理，易成新能建立健全产业协同目录、搭建统一销售平台，提升子公司协调联动的发展能力。

"链式发展是企业增强竞争力、降低市场风险的必然选择，也是企业由低端产品生产向高端产品制造迈进的必由之路。"易成新能党委副书记、总裁曹德或说。

国内领先的大规格超高功率石墨电极生产基地。

# 技改提升强实力

技术改造有利于企业提质增效、增强核心竞争力，是新能源、新材料企业孜孜以求的奋斗目标。

着眼增强企业发展韧性，易成瀚博持续加快技术改造，尤其是瞄准"卡脖子"工序，易成瀚博先后对企业烘干上料、炭化窑上料等系统开展技术改造，全面推进生产工序优化；其中，通过对微粉料开展工艺升级改造使产品的附加值提升了30%。

2023年5月16日至18日，第十五届深圳国际电池技术交流会/展览会在深圳举行。易成瀚博携多款负极材料最新技术产品参展，引起广泛关注，订单倍增，更加坚定其加快技术改造，做大做强的信心。

不止是易成瀚博，同为易成新能子公司的平煤隆基加强产学研合作，不断巩固产品技术领先优势，并加快行业领先工艺技术的成果转化，推动TopCon电池生产线项目实施等，确保光电转换效率始终保持在行业领先地位；青海天蓝一期技改完成、二期技改加快推进，盈利效果持续显现；福

国内自动化程度领先的锂电池生产基地——易成阳光公司。

兴科技、开封炭素、易成阳光等上下游企业依托项目开展协同技改，规模效应逐步显现，其中易成阳光成为项目当年建成投产且当年盈利的典范……2022 年 10 月，易成新能布局的首个 6MW/24MW·h 全钒液流电池储能示范电站竣工，2022 年 12 月，其又在平顶山市加速推进全钒液流电池储能电站建设，揭开由单纯光伏电站建设向光储一体化发展的序幕。

"谁能在技改上抢先一步，谁就能在发展上胜出一筹。"易成新能副总裁、易成瀚博总经理崔强说。

新一轮科技革命和产业变革既给企业带来发展机遇，也加剧了企业竞争。百舸争流、不进则退，唯有不断地进行技术革新，方能在激烈的市场竞争中脱颖而出。

面向未来，登高望远，易成新能将紧盯关键核心技术，着力借智引智、强化创新驱动，提升发展活力、增强发展动力，以敢闯敢干的魄力、坚持不懈的毅力、不同寻常的努力，实现人才链与创新链、产业链、资金链、信息链的深度融合，构筑新优势、抢抓新机遇，在高质量发展道路上勇立潮头。

（赵海龙）

# 筚路蓝缕行不息　踔厉奋发新天地

　　长葛人，凭着不服输、敢作为、会经营、善创新的传统，硬是把这块"地上无资源，地下无矿藏"的黄土地培育成河南省民营经济最活跃的"沃土"之一。从20世纪80年代享誉国内的农用三轮车、建筑机械、高压电瓷电器再到今天的智能装备、超硬材料、再生资源深加工等，诞生了多个"中国民营企业500强"企业，孕育了多个全国第一、亚洲第一、世界第一。

　　新天地药业股份有限公司（原名河南新天地药业股份有限公司）位于长葛经济技术开发区，是一家专业从事医药中间体、原料药和制剂研发、生产和销售的民营高新技术企业。2023年11月16日，是公司发展史上浓墨重彩的一天，公司首次公开发行股票并成功在深交所上市交易（股票简称：新天地，股票代码：301277）。招股说明书中对公司这样描述：全球第二大阿莫西林原料——左旋对羟基苯甘氨酸制造企业，核心技术拥有美、英、日、荷、加、印等国家发明专利，牵头制定多个产品行业标准等。

　　谁能想到，二十年前，公司的前身却是简陋到只有两台反应釜的"铁皮作坊"。

新天地创业之初（左）及上市照片（右）。

## 阴差阳错　门外汉"撞"进化药路

阿莫西林作为一种广谱抗生素药物，20 世纪 80 年代迅速成为继青霉素后被广泛使用的药物。左旋对羟基苯甘氨酸（简称"D 酸"）是生产阿莫西林的主要原料，因其生产工艺难度大、成本高等原因，全球 D 酸市场长时间被西班牙 DSM 和日本钟渊两家公司垄断。国内药企从 80 年代末引进阿莫西林生产工艺后，受原材料 D 酸价格制约，阿莫西林药品价格居高不下。90 年代中后期，国内有部分企业开始 D 酸产业化生产，当时有媒体报道，研发和上马生产 D 酸企业近百家。

谢建中在大学毕业后进入民营企业，从办公室秘书开始，一直做到了主管销售的副总经理。一次偶然的机会，使从未有化学学历背景的他，从此与制药工业深深结"缘"。

1998 年春，按照集团公司安排，谢建中受命筹建精细化工公司生产 D 酸。团队里除几个退休老教授外，其他人最高也仅有高中化学基础，由于决策匆忙，未经技术验证，项目建成后"事与愿违"，虽经多次修改工艺，仍无果而终，不得已丢下一个"千疮百孔"的烂摊子，老教授们黯然离场。屋漏又逢连阴雨，受集团资金链断裂影响，公司也进入破产程序。

望着这群眼神里饱含希望却无助又无奈的员工，谢建中沉默了良久。认真思索后，他坚定地对大家说："我们自己干。"对于新公司的未来，谢建中并不畏难，他鼓励大家：一路走来，尽管经历过的"磕磕绊绊"不计其数，但是，我们这群人这些年始终坚持的压不垮、累不倒，不服输、不畏难的精神就是宝贵财富，相信一定会杀出一条血路，开辟出一片新天地。因此，新公司的名字就被定为"新天地"吧！

## 吴越同舟　走出"艰难曲折"创业路

2005 年 9 月，新天地药业公司成立。为破解亟待解决的诸多问题，新管理团队连续多天召开闭门会，寻求破局之道，认为只有坚持"创新、合作"，才是支撑公司发展的立企之根、治企之道、兴企之源。

新天地坚持创新思维，紧抓安全环保和成本效益主线，摒弃一切制约、影响发展体制和机制。一是加强顶层设计，用绿色制造实现高质量发展。2008年，公司就与郑州大学药学院刘宏民教授团队合作，采用"化学反应工程"理论，借助核磁、质谱等先进仪器监测，实现最大化产物收率，最小化副产物生成和消耗资源目标；二是强化流程管理扁平化，实现高效运营管理。引入ERP、OA等信息化管理工具，简化流程，确保两至三个管理层级到一线岗位，鼓励一岗多职、一职多能；三是推广内部全员创新，激励员工创新积极性，对创新成果用创造者名字予以命名，真正让"谁创造谁受益"落到实处；四是打造契合公司发展实际管理模式，凝练了"目标引领、过程管控、文化支撑"企业三体系建设。这些措施，不仅催生了内部活力与动力，还让公司高质量发展步入了快车道。

增强忧患意识，始终居安思危。市场需求量增加和国内技术难题突破，让D酸行业在2007年下半年开始迎来一波"暖流"，随即也引来众多投资者青睐。好景不长，无序竞争让国内D酸行业很快遭遇寒冬，在2011年上半年售价急剧下跌，一度跌至成本价以下。沉舟侧畔千帆过，病树前头万木春。公司组织班组长以上人员学习《华为的冬天》，分析市场形势和竞争对手后认为，市场进入寒冬期不足为奇，这符合市场经济发展规律，只有强身健体、化危为机才能迎来春天，此时更要坚定安全环保与成本效益不放松，苦练工艺控制和质量保证内功，锻造企业抵御狂风暴雨的铮铮铁骨，方能脱颖而出。于是，公司改革出台了以"效益＋预算＋考核"为核心的经营策略，坚持市场导向、严控成本费用，抢订单，抓质量，加强过程审计监督，生产、供销及财务、研发拧成一股绳，扁平化运营，步调一致向前看，不仅战胜了一个个困难和挑战，还于2016年完成了魏武路厂区建设和搬迁生产。

2017年上半年起，全国各地环保动真格，关闭了一大批环保不达标企业，D酸行业真正迎来了"春天"。2017年至2020年，公司营业收入和净利润等主要经济指标呈两位数增长。

## 诚至金开，布衣芒履牵住了"巨人"手

2012 年，公司董事长谢建中偶然邂逅了中科院化学所史一安教授，史一安因发现史氏环氧化反应而享誉海内外。交流中，史教授了解到新天地在 D 酸产业化取得的不俗成绩和未来规划后兴趣顿生，欣然接受邀请，决定亲赴长葛实地考察。

参观完毕，他惊讶地发出了"三个没想到"的感叹：没想到小地方会有这样的企业！没想到新天地发展有如此活力！没想到新天地如此重视研发创新！他当即表态："中科院不缺经费和项目，我同意和你们合作，就 D 酸的不对称合成技术开展研究，你们安排人吧！"公司随即挑选两名硕士派往中科院，师从史一安教授开展课题研究。历时一年半，研究取得重大成果，这是全球首例将最前沿的不对称技术研究应用于 D 酸的成功范例，公司旋即在 D 酸主要生产和使用企业所在国家申请发明专利保护，引发业界关注，2017 年 9 月 14 日，美国科学院院士、诺贝尔化学奖获得者罗伯特·科尔专程来到长葛市考察新天地。

谢建中常说，合作共赢、行稳致远才能保持企业经营持续、稳健，创新与合作是新天地发展的"加速器"，拉住"巨人"手，才会跑得快、跑得远！除了与郑州大学、中科院的合作外，公司于 2018 年结合转型原料药研发需求，先后与中国药科大学、中国医科院药物所、清华大学、许昌学院等科研机构开展多项合作，解决制约特色原料药绿色制造技术方面的难题。

## 筋信骨强　用创新引领促"嬗变"

2018 年 7 月，公司按照高质量发展规划，结合国家医药政策改革和国际医药市场发展趋势，适时做出建设国内特色原料药 CMO（合同定制生产）/CDMO（合同研发订制生产）绿色制造基地战略调整。公司采取"自

主＋合作"研发模式，启动了 20 余个原料药的研发工作，公司与中国药科大学、中国医学科学院药物研究所分别就盐酸莫西沙星原料药及制剂、维格列汀原料药及制剂开展合作，同时自主研发盐酸萘甲唑林、艾司奥美拉唑、盐酸利多卡因等多个市场紧缺药品。目前，大部分在研品种完成质量研究并提交国家药监局注册登记。2023 年，公司启动 30 个原料药品种研发计划，未来 5—7 年，公司计划实现 100 个原料药和部分制剂产品生产布局。

公司研发中心内景及郑州新天地医药研究院。

为满足原料药制剂研发对高层次人才的需求，公司于 2022 年分别在郑州、北京组建了新天地医药技术研究院（郑州）、新天地（北京）医药技术有限公司两个创新研发平台。此外，公司还与国内医药研发龙头企业北京昭衍生物技术有限公司合资，成立新天地昭衍（北京）医药技术有限公司，在长葛设立新天地昭衍（河南）制药有限公司作为原料药定制化生产基地，以满足国内外市场对原料药创新定制和生产的不同需求。

## 挺立潮头，直挂云帆济沧海

如今，在新天地厂区，生产区多层次厂房整齐划一，绿树掩映、花香萦绕，车间里工人正井然有序操作各种设备，一派繁忙景象。建设区塔架林立，数栋高层厂房拔地而起，项目建设如火如荼。

公司生产厂区。

　　对于新天地的未来，谢建中这样规划：围绕"打造国内一流、世界先进生物制药企业"愿景，继续发扬"团结、拼搏、务实、进取、开拓、创新、高效、和谐"精神，紧抓创新与合作这条主线，擘画"四个一百"（百名人才、百个品种、百亿市值、百年企业）行动计划，让新天地从"小艇"成长为"大航母"，在生物医药领域挺立潮头，从近海驶向蔚蓝远洋。

　　　　　　　　　　　　　　　　　　　　　　　　　　（新天地供稿）

# 羚锐制药：坚持走绿色
# 高质量发展之路

当前，推动制造业高端化、智能化、绿色化发展，已成为加快建设现代化产业体系的重要内容。在大别山革命老区信阳新县，当地龙头企业羚锐制药始终坚持"绿水青山就是金山银山"的发展理念，坚定不移走绿色高质量发展之路，蹚出了一条生动的红色土地绿色振兴路。

## 一、节能减排推进绿色升级

羚锐制药是一家以药品、医疗器械生产经营为主业的高新技术企业，也是鄂豫皖革命老区和全国贴膏剂药业中的首家 A 股上市公司，拥有百余种骨科、心病科、脑病科、麻醉科产品，其中包括通络祛痛膏、壮骨麝香止痛膏、培元通脑胶囊、丹鹿通督片、胃疼宁片、参芪降糖胶囊、芬太尼透皮贴剂等国家中药保护品种和国家医保产品、基药产品。

公司始终坚持生态设计、资源节约、环保友好的绿色发展理念，近年来大量采用技术先进、节能环保的自动化、智能化设施设备，实现了绿色生产过程全程自动化。污水处理站安装有水质在线监测仪，可实时动态监控废水排放情况，确保废水达标排放；按"减量化、资源化、无害化"处置原则，根据不同的性质将药渣等固体废弃物进行分类处置。在生产管理上，通过建立节能工作领导小组、设立专门能源管理岗位，开展节能目标责任制管理，定期组织实施能源审计，并对影响能耗的设备进行升级。

公司建立了环境管理体系、职业健康安全管理体系和能源管理体系，并先后通过了 ISO14001 环境管理体系认证、OHSAS18001 职业健康安全管

羚锐制药厂区鸟瞰图。

理体系认证和 ISO50001 能源管理体系认证，并在完善管理体系的基础上，完善履行社会责任机制，发布履行社会责任报告接受社会监督。公司凭借在工艺装备智能化、制造过程绿色化上的不断努力，于 2018 年入选河南省绿色工厂示范名单，2019 年入选工业和信息化部第四批绿色制造名单中的绿色工厂。

## 二、研发创新激发成长动能

羚锐制药始终秉承"科技兴企"的理念，持续投入营业收入的 3%—5% 用于产品研发和技术革新，加快推进企业生产向高端化、智能化、绿色化升级，以绿色智能生产高质量中药为目标，全方位构建绿色低碳的精益生产体系，提升中药制药过程均一控制水平。

公司创建有国家级企业技术中心、河南省经皮给药制剂工程技术研究中心、博士后科研工作站和信阳市经皮给药制剂实验室等研发平台。依托北京药物研究院和工程技术中心两大技术平台，持续推进仿制药研制，对心脑血管、骨科等领域临床疗效确切的独家品种进行二次开发；依托河南省外用药物创新研究中原学者工作站，重点围绕中药体表机制学说、外用制剂应用技术规范等关键技术、中药外用新产品和外用相关核心设备开展攻关。

长期以来，公司持续推进科研项目、关键技术奖项申报，强化知识产权保护，加速科技创新成果转化。公司与华中科技大学、武汉华工激光工程公司经过近 4 年的刻苦攻关研制而成的 $CO_2$ 激光超微切孔膏剂生产设备，率先将激光先进制造技术引入橡胶膏剂药品行业。膏剂生产含膏量在线检测技术，填补了国内贴膏剂医药生产技术空白；羚锐芬太尼透皮贴剂采用德国先进技术和生产设备，是国内唯一骨架型芬太尼透皮贴剂生产厂家。公司还建设了年产 3000 万贴凝胶贴膏产品生产线，引进日本先进设备，自主开展水溶性高分子贴剂产品（水凝胶贴剂）研究。

多年来，公司被授予国家级技术创新示范企业、国家高新技术企业、国家中药现代化科技产业基地建设优秀单位、河南省创新龙头企业、河南省制造业头雁企业等荣誉称号。

目前，羚锐制药已形成产、学、研一体化正向有效循环的产业链条，未来还将进一步加大科研投入，增强自主创新能力，实现节能降耗与资源的高效利用，不断提升中药绿色智造发展水平。

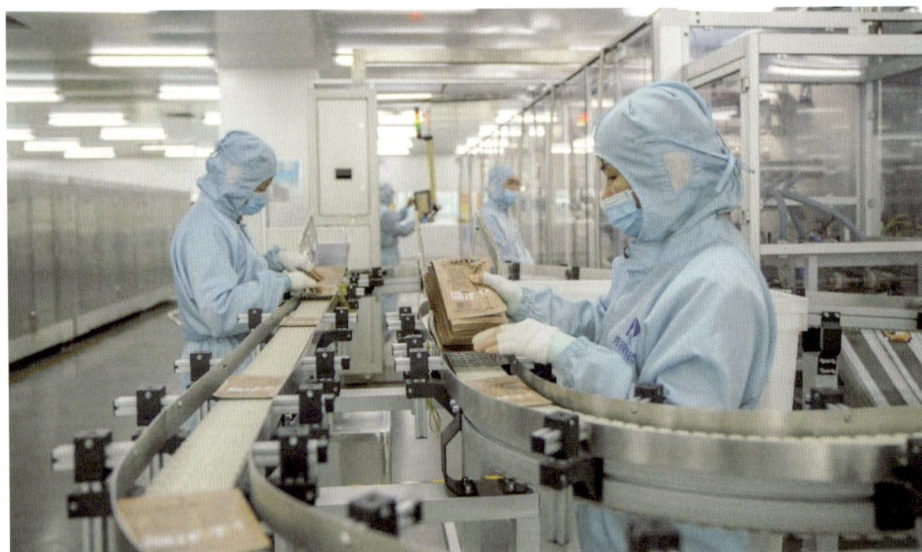

全新的智能制造生产线，有效提高了生产效率。

## 三、数字化赋能全流程管理

近年来，羚锐制药聚焦医药主业、数字化转型升级，以质量数字化为核心，推进与工业化、信息化融合，把传统中药的模糊语言转换为现代中药的数字化语言，打造了国内领先的覆盖全生产流程的贴膏剂智能制造工厂、中药智能化提取车间和智能立体化仓储系统，通过不断应用智能化、数字化技术，建立完善的制造管理体系，实现了企业的数字化管控。

2021 年，公司引进实施 SAP-ERP 项目，实现"一套数据、一个标准、一个账号"的预期目标，可实时反映公司业务运营和资信数据状态，加强了业务与数字的融合，为公司管理及未来发展提供重要的决策参考依据，同时进一步降低企业成本，提高了企业竞争力和自主研发创新能力。公司还积极对现有 WMS 系统进行改造升级，在产品仓储、流通、配送等环节进行全流程质量把控，通过网络化和数字化方式，显著降低了订单配送时间，提高了客户服务能力，以满足公司医药流通业务未来发展需要。2023 年 1 月，工信部正式发布 2022 年度智能制造示范工厂揭榜单位名单，羚锐制药光荣入选。

"十四五"期间，羚锐将以数字化为高质高效的绿色发展提供全链条支撑，形成一套完整的从研发（GLP）、中药材种植（GAP）、提取（GEP）、生产（GMP）到销售（GSP）的标准化系统性技术解决方案，树立国内中医药行业的智能制造典范，为消费者提供疗效明确、机制清晰、安全可靠、质量可控的优质中药产品。

## 四、绿色种植助力乡村振兴

羚锐制药在高质量发展的同时，积极拓展医药产业全产业链，深入挖掘大别山区丰富的中药材资源，在新县吴陈河镇阳土墩村和浒湾乡曹湾村建立了以研发、示范、推广、咨询、服务于一体的综合性种植示范基地，通过"公司＋基地＋农户"的经营模式，免费为困难户提供种子种苗和技术服务，与农户签订保底回购合同，广泛引导群众绿色、规范种植羚锐需要的颠茄草、丹参等中药材，当地群众可通过土地租金、务工薪金、种植

羚锐制药董事长熊伟（中）在羚锐中药材示范基地查看颠茄草育苗情况。

收益等多种方式稳定增收。

阳土墩村羚锐中药材示范基地的研究人员还不断试验改良颠茄苗种植技术，利用无土栽培幼苗生长迅速、根系发育好，定植后缓苗时间短、易成活，还可避免土壤育苗带来的土传病害和虫害的特点，推广标准化种植技术，从选种、育苗、采收、干燥、包装等各个环节进行技术定型，提高颠茄草的产量和品质，提高种植户的经济效益。

截至目前，该基地中药材种植推广面积达 3000 余亩，引导全县和周边地区种植中药材近 2 万亩，带动上万名群众增收。在新县县委、县政府的大力支持下，已形成了基地培育种苗、绿色种植、免费技术指导、企业订单收购的产业模式，成为老区农民增收致富的新渠道。

信息化、智能化和工业化融合的中药绿色智能制造，已成为羚锐实现高质量发展的新引擎。未来，羚锐制药将聚焦医药主业，通过科技创新实现企业的稳步持续发展，通过数字化、智能化转型提升中药贴膏剂行业智能制造水平，通过发挥产业优势拓展绿色产业链助力老区乡村振兴，走好以绿色为底色的高质量发展之路，努力在中国式现代化河南建设中贡献力量。

（石磊、王海峰）

# A

## 第四章

# 赋能"新""智"造
# 冲刺制高点

# 河南制造加速挺进价值链中高端：赋能"新""智"造，冲刺制高点

在中原大地，有这样一组令人瞩目的制造标识：

全球95％以上的人造金刚石诞生于此，最大可培育30克拉以上的人造钻石，最小可生产出5纳米金刚石微粉；

焦作市多氟多公司六氟磷酸锂产销量稳居世界前列，电子级氢氟酸进入全球芯片业巨头台积电供应链；

在豫北长垣，国内起重机行业前两名均居于此，年产门桥式起重整机30万余台，国内市场占有率达70％，卫华集团起重机摆幅降到2毫米，成为运载火箭等高端精密设备吊装的"神器"；

2022年，海外市场每10台盾构装备至少有2台来自中铁装备，全球每10辆大中型客车就有1辆来自宇通集团，纯电动客车摘得欧洲市场销冠，市场占有率跃升至11.5％；

全国1/2的火腿肠、1/3的方便面、1/4的馒头、3/5的汤圆、7/10的水饺出自河南……

从工业规模连续多年位居中西部第一，到聚焦世界科技前沿抢占制造业高地，近年来以农闻名的河南，将制造业作为主攻方向，着力培育战略性新兴产业，依托科技创新，推动传统制造业转型升级，在制造业高质量发展的新赛道上跑出"加速度"。

## 先进制造集群挺起制造业脊梁

在商丘市柘城县力量钻石股份有限公司的车间里，一排排六面顶压机正

工人在位于河南省郑州市的中铁工程装备集团盾构机总装车间作业。（本文图片均为新华社记者李嘉南拍摄）

安静运行，而其内部温度高达1600℃，犹如一座座小火山，放置其间的石墨柱在历经两三周的高温高压后，可"孕育"出1克拉以上的高纯度钻石。

"我们目前最大可以生产出30克拉的人造钻石。人造钻石与天然钻石相比，就像'河里的冰'和'冰箱里的冰'，几乎没有差别。"该公司相关负责人介绍，"我国自主研发的六面顶压机生产成本低、产出纯度高，给钻石行业带来颠覆性革命，产品远销印度和美国等地。"

"柘城有着'钻石之都'的美誉，以前主要生产机械加工用金刚石，现在通过技术创新，构建了微粉、单晶、钻石等金刚石制品全链条，产品附加值呈几何级增长。"柘城县高新区管委会主任孙若梅告诉记者，高新区已入驻金刚石超硬材料及相关配套企业110余家，年产金刚石单晶50亿克拉、微粉100亿克拉，培育钻石毛坯及加工销售钻石400万克拉，微粉产量和出口量分别占全国市场份额的70%和50%。

"过去我国生产的微粉出口到国外企业，他们进行纳米级深加工后再卖回我国，价格翻了好多倍。现在我们破解了 5 纳米级微粉量产技术难题，有效实现了国产替代。"柘城惠丰钻石公司技术负责人说。

从产能碾压到产品迭代，河南金刚石企业不断补链强链，在各自细分领域创新发展，抢占价值链中高端：黄河旋风用于半导体碳化硅切割的金刚石线锯跻身国际一流，培育钻石合成技术国内领先；中南钻石致力于金刚石半导体新材料研究，已制备出大尺寸超高纯金刚石半导体晶片和金刚石多晶散热薄膜。

近年来，河南围绕支柱产业、优势产业、新兴产业，建链、补链、强链、延链，培育出一批产业生态主导型"链主"。专业从事高性能无机氟化物生产研发的上市公司多氟多，凭借六氟磷酸锂强大的竞争力，正向上下游加速延伸产业链，在新能源及高性能功能材料、锂电池制造领域全面发力。公司开发出软包叠片锂离子电池，因其优越的性能，已与国内多家新能源整车企业建立了长期战略合作关系。

"在'链主'多氟多的辐射下，焦作市新能源电池材料及相关配套企业已由去年的 14 家增加到 39 家，产品种类从 16 种增加到 30 余种。"焦作市工信局局长付希强表示，产业链的不断延展为打造焦作市新能源新材料"双千亿"产业集群夯实了基础。

大力发展战略性新兴产业，是抢占新一轮科技革命和产业变革制高点的关键所在。政府推动、"链主"带动的产业集群在河南快速崛起，郑州信息服务产业集群、郑州下一代信息网络产业集群、平顶山新型功能材料产业集群以及许昌节能环保产业集群等入选国家级战略性新兴产业集群。

据介绍，"十三五"期间，河南战略性新兴产业增加值年均增速 10.4%，初步建成全球重要的智能终端制造基地，农机装备、航空轴承、诊断试剂等研发和产业化处于全国上游水平，盾构机、新能源客车、光通信芯片、超硬材料、流感疫苗等领域技术全国领先，市场占有率居全国首位。

从 2021 年开始，河南大力实施"三个一批"（"签约一批""开工一批""投产一批"）项目建设，构建一流创新生态、产业生态，截至 2022 年底，13110 个"三个一批"项目压茬推进、滚动实施，一汽集团、宁德时代、华为等众多名企进驻布局，一大批高质量制造项目在河南落地生根。

最近召开的河南省工业和信息化工作会议提出，力争到 2025 年，河南材料制造业规模突破 2 万亿元，装备制造业规模达到 1.5 万亿元，食品制造业、汽车制造业、轻纺制造业规模超万亿元。

一辆宇通纯电动客车驶出承装车间。（2021 年 12 月 17 日摄）

## "三化"加速价值跃迁

持续向高端化、智能化、绿色化转型发展，推动传统企业转型升级，是河南制造实现价值跃迁的关键一环。

宇通客车是从一家修配厂成长起来的河南本土企业。自 1963 年成立以来，已成长为国内新能源客车的佼佼者。"G20 杭州峰会、'一带一路'国际合作高峰论坛、上合峰会、博鳌论坛，宇通客车都承担着重要的客运任务。"宇通客车品牌部负责人陈雅介绍，包括氢燃料客车在内的 950 辆高品质客车曾作为北京冬奥会保障用车，以"零故障、零延误、零投诉"的表现获得各方赞誉。

多年来，宇通客车持续加快"三化"发展步伐，研发投入持续保持在营业收入的 5% 以上，拥有 7 个国家级创新平台，研发工程师团队超 3000 人，助推企业在新能源、智能网联核心技术及产业化方面走在行业前列。近日，宇通纯电动客车凭借高阶产品实力，摘得 2022 年度欧洲纯电动客车的销量冠军。

液压支架是用来顶起采煤工作面矿山压力的重型装备，目前，世界最高支护高度 8.8 米的液压支架就出自河南郑煤机集团。2022 年 10 月，郑煤机智慧园区投产达产。和传统工厂相比，人工现场操作环节大幅精简，取而代之的是人工智能计算、智能机器人、全自动智能生产单元的无缝衔接和流畅运转。空间利用率提升了 50%，生产效率翻倍，制造成本降低 60%，交付期缩短 68%，人员数量减少了 70%。

位于平顶山市的中国平煤神马集团，由平煤、神马两家企业重组而成。此前，神马集团是我国最大的尼龙化工生产基地，但一直未能获得重要原材料氢气的稳定来源，而氢气恰恰是平煤集团煤化工的衍生产品。两家企

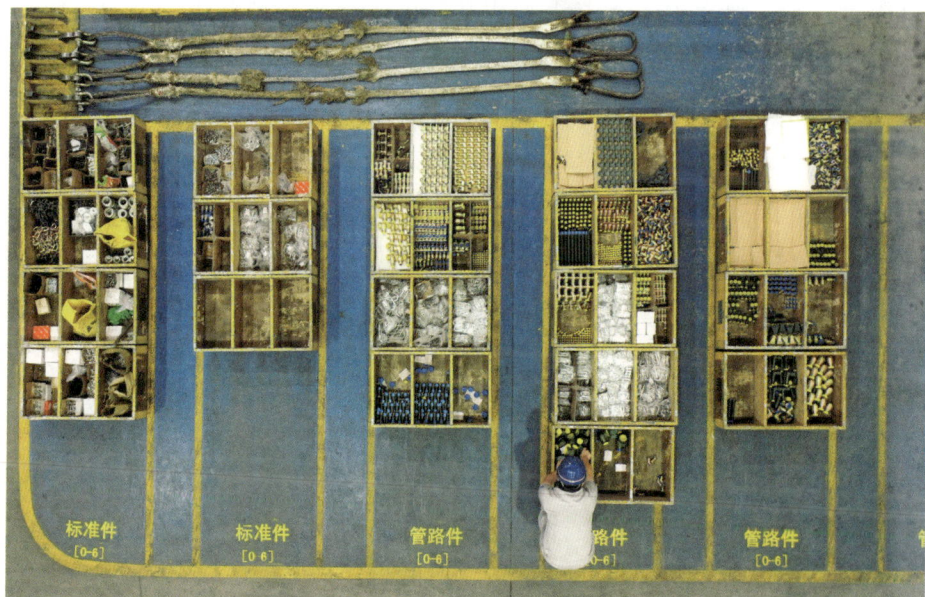

工人在郑煤机总装车间整理零部件。（2019 年 9 月 19 日摄，无人机照片）

业重组后，一条氢气管道穿透上下游产业的壁垒，打通了从煤到尼龙、碳素、高纯度硅烷、电子级（区熔级）多晶硅等多条全球一流的煤基化工产业链条，催生出煤焦、尼龙化工、新能源新材料三大核心产业。一块黑乎乎的原煤在这里被"吃干榨净"，企业从此步入了绿色发展的快车道。

截至目前，河南省已创建国家级绿色工厂 138 家，国家级绿色工业园区 12 个，省级绿色工厂 128 家，省级绿色工业园区 4 个。

## 重塑创新生态赋能产业涅槃

推动制造业高质量发展，关键在创新。党的十八大以来，河南加快构建一流创新生态，全力建设国家创新高地。创新驱动、科教兴省、人才强省战略作为河南"十大战略"之首，正在深入推进实施。

据河南省科技厅厅长陈向平介绍，国家技术转移郑州中心、国家超算郑州中心、国家农机装备创新中心、国家生物育种产业创新中心、郑州国家新一代人工智能创新发展试验区等"国字号"平台载体先后落户河南。2021 年以来，河南聚焦国家重大战略需求、产业转型升级需要，重塑重构省实验室体系，形成以省实验室为核心、优质高端创新资源协同创新的"核心＋基地＋网络"的创新格局。

目前，河南已建设嵩山、黄河、龙门等 10 家省级实验室，取得了一批标志性成果。龙门实验室成功攻克了电子级多晶硅提纯关键核心技术，关键技术指标达到国际先进水平。

河南通过完善制度建设，打造研发创新的四梁八柱。2022 年初，出台了 34 项财政政策措施支持科技创新发展，最高补助 5000 万元；2023 年 1 月 1 日，《河南省创新驱动高质量发展条例》正式施行，全方位营造创新驱动的良好氛围。

河南银金达新材料股份有限公司是一家专业从事绿色功能膜材料研发、生产和销售的高新技术企业。为助力企业创建"河南省先进膜材料产业研究院"，新乡市从财政、金融、科技、人才给予全方位支持。

"工信、科技部门跟我们一起'南下北上'拜访科研院所，最终促成了与清华大学、中科院理化研究所的合作，研究院得以顺利组建并投入运营，如今已成为企业研发创新、成果转化的核心所在。"银金达创新协同中心主任周宏涛介绍，依托研究院，公司已孵化出高性能合金膜项目，形成了年产2万吨高性能合金膜的生产能力，再生聚酯薄膜高值化利用关键技术取得重大突破，正在推进产业化。

河南省工业和信息化厅负责人介绍，近年来，河南省一大批专精特新企业正强势崛起。2022年，河南高新技术企业总数突破1万家，国家科技型中小企业达到2.2万家，已累计培育专精特新企业2211家，其中"小巨人"企业达370家，企业创新活力加速释放。

河南省委书记楼阳生表示，坚决把制造业高质量发展作为主攻方向，以深化供给侧结构性改革为主线，统筹推进提质发展传统产业、培育壮大新兴产业、前瞻布局未来产业，推动"河南制造"进入国内大循环和国内国际双循环的关键环、中高端，加快形成"能级更高、结构更优、创新更强、动能更足、效益更好"的先进制造业体系。

（《新华每日电讯》2023年3月4日　新华社记者王圣志、牛少杰）

# 创新驱动，为振兴民族装备制造业
# 贡献"郑煤机力量"

秋风萧瑟天气凉，草木摇落露为霜。

"科技改变世界，智能引领未来。"郑州煤矿机械集团股份有限公司（以下简称"郑煤机"）厂区内熠熠生辉的标语，时刻提醒着郑煤机人奋斗的方向。

2023年9月，河南省工业和信息化厅公布了2023年智能制造标杆企业名单，全省仅10家单位入选，郑煤机是郑州市唯一一家入选单位。

郑煤机近年来致力于推进企业数字化、智能化转型发展工作，坚持以数字驱动业务全流程变革，从产品研发、设计、采购、生产、销售、服务及公司经营管理等全方位推进数字化落地生根。2022年，郑煤机智慧园区投产运行，作为行业内首家原生数字化工厂，项目以工业4.0智能制造体系为指导，依托5G通信系统和物联网系统，将数字化的支持融入产品设计到服务的全流程，配备工厂核心大脑——智能化控制中心，实现产品生产全过程的自感知、自学习、自决策、自执行、自适应。

2019年9月17日，习近平总书记视察郑煤机并作出重要指示："制造业是实体经济的基础，实体经济是我国发展的本钱，是构筑未来发展战略优势的重要支撑。要坚定推进产业转型升级，加强自主创新，发展高端制造、智能制造，把我国制造业和实体经济搞上去，推动我国经济由量大转向质强，扎扎实实实现'两个一百年'奋斗目标。"

近年来，郑煤机始终牢记总书记的嘱托，以振兴民族装备制造业为己任，把自主创新作为高质量发展的根本途径，持续推进产业、产品结构调整，以高端智能制造推动产业转型升级，推动郑煤机从中国制造向中国创造转变，为振兴民族装备制造业贡献"郑煤机力量"。

# "郑州制造"服务全球煤矿智能绿色开采

2023 年 6 月 13 日，郑煤机 10 米超大采高智能化液压支架顺利通过出厂评议并完成首批交付陕煤曹家滩煤矿。同时，郑煤机迎来了第 30 万台液压支架正式下线。

当日上午，经过项目汇报、讨论质询和现场评议，专家组一致认为：10 米超大采高智能化液压支架主要参数和性能指标均符合总体设计要求，满足陕西陕煤曹家滩矿业有限公司技术规格书要求，同意通过出厂评议。

10 米超大采高智能化液压支架，是郑煤机继 8.8 米支架之后的又一力作。该套设备将应用于陕煤曹家滩矿业超大采高工作面，工作面长 299.5 米，走向长度 6000 米，预计投入使用后，年生产原煤将有望突破 2000 万吨。

10 米超大采高智能化液压支架的支护高度、工作阻力均为目前世界之最，该套设备的研制和批量投入使用，将再次刷新煤炭开采产量、工效等多项世界纪录。

郑煤机从 1964 年新中国第一台煤矿液压支架的研制，到如今的第 30 万台液压支架正式下线，恰逢郑煤机建厂 65 周年，纵贯一个甲子的历史进程，横跨国内外数以千计的各大矿井。

从无到有，从 1 到 30 万，6.3 米、6.5 米、7 米、8 米、8.8 米……10 米，郑煤机不仅点燃了煤炭机械化开采的星星之火，也推动了中国综采装备国产化、智能化、国际化进程，更见证和推动了整个中国煤炭综采装备发展史。

今日的郑煤机，不仅是行业内首个提供全自主研发的工作面集控系统解决方案的供应商，也是行业内唯一一家可以自主提供液压支架、采煤机、刮板机及智能控制系统的煤机企业。截至目前，郑煤机在全球各大煤业集团累计推广成套化产品百余套，占有率稳居行业第一。

近年来，郑煤机持续深入贯彻落实总书记视察重要指示精神，努力推动煤炭开采技术和装备数字化、智能化、高端化、成套化。以此次 10 米超大采高智能化液压支架的研制、交付为契机，努力打造煤矿成套设备的供应商、全寿命周期的服务商、工业化数字的运营商，持续为我国煤炭实现更高水平"安全、高效、智能、绿色"开采，为振兴民族装备制造业贡献力量。

## 推动中国煤机从中国制造向中国创造转变

郑煤机集团至今已有 65 年的历史，是目前全球规模最大的煤矿综采技术和装备供应商、国际领先的汽车零部件制造企业。作为 A+H 股上市公司，拥有煤矿机械、汽车零部件、投资三个业务板块。在液压支架的研发生产上，郑煤机集团一直在不断刷新自己保持的"世界第一高"纪录。从中国第一架到世界第一高，从技术跟随到技术引领，郑煤机技术创新不断实现突破，推动中国煤机从中国制造向中国创造转变。

目前，郑煤机集团煤矿机械板块国内公开市场占有率保持在 30% 以上，公司产品遍布全国各大煤业集团，先后出口到俄罗斯、美国、澳大利亚、土耳其、印度、越南等国家和地区。

过去的 2022 年，是郑煤机持续变革创新、践行高质量发展的一年。这一年，郑煤机加强顶层规划，明确战略目标，高目标驱动业绩快速增长。

郑煤机有关负责人表示："郑煤机牢记总书记的嘱托，积极探索，加强自主创新，产品智能化水平、市场占有率、技术领先程度，都是在行业内稳居第一。未来，郑煤机也将会进一步加大自主创新的力度，在智能化、成套化方面争取取得更大的突破。"

## 为中国工业经济高质量发展贡献"郑煤机力量"

风云际会，时势造人。随着以大数据、云计算、物联网、智能化为代表的新技术加速与煤矿深度融合，我国煤矿智能化建设按下"快进键"，也为郑煤机提供了难得的历史机遇。

2019 年，郑煤机梳理明晰煤机板块新一轮发展战略（智能化、成套化、国际化、社会化），牢牢把握数字化转型窗口期，将智能化、数字化转型融入企业发展，强化顶层设计和统筹规划，促进以数字化为支撑的管理变革，明确了今后一段时期的发展方向。

2021年，郑煤机首套成套智能化工作面入选国有企业数字化转型优秀案例，首套搭载"矿鸿"系统的郑煤机千兆以太网支架电控系统在神东布尔台煤矿下井应用，打破了以往对国外操作系统的依赖，惯导调直系统通过科技成果鉴定，工业互联网平台通过第三方测评，郑煤机智能化工作面推广数量稳居行业第一。

2022年3月，郑煤机牵头建设的河南省煤矿智能开采装备产业研究院正式揭牌，开启了推动煤炭产业高质量发展的新篇章。

2022年4月，郑煤机智慧控制系统智能制造示范基地项目正式开工奠基，如今建设进程如火如荼，进度喜人。

2022年10月，郑煤机智慧园区投产达产，和传统工厂相比生产效率提升2倍以上，空间利用率提升50%，生产成本降低60%以上。

2023年3月19日，第七届中国工业大奖发布会在北京隆重召开，郑煤机集团荣膺第七届中国工业大奖表彰奖。

作为行业内唯一一家荣膺第七届中国工业大奖企业类奖项的煤机企业，此项荣誉的获得是对郑煤机长期以来坚守装备制造业的鼓励和肯定。

据悉，郑煤机未来将始终以振兴民族装备制造业为己任，把自主创新作为高质量发展的根本途径，持续推进产业、产品结构调整，以高端智能制造推动产业转型升级，推动郑煤机从中国制造向中国创造转变，为振兴民族装备制造业贡献力量。

锻造国之重器，闪耀世界舞台。郑煤机，全球煤机行业的领跑者，一直在路上。

（徐刚领）

# 在中国制造业转型升级征途中
# 刻上平高印记

自河南第一家 A 股公司上市，30 年来，河南辖区从未停止前进的步伐。平高电气作为我国高压开关行业第一家上市公司，立足中原腹地，着眼于服务国家能源战略，以更加开阔的视野，更加非凡的气魄，更加昂扬的斗志，持续提升公司治理水平和企业价值，不断增强国际竞争力和发展引领力，展现了"大国重器"的实力与担当，在新时代实现新发展，为全面建设社会主义现代化国家贡献平高智慧和力量！

作为我国电工行业重大技术装备支柱企业，平高电气坚持高质量创新发展，抢抓特高压市场发展机遇，为助力中国制造业转型升级刻上了平高印记。历经 50 余年发展，从一个生产高压开关的地方小厂到国家电工行业重大技术装备支柱企业，平高电气从未停止前进的步伐。面临制造业改革发展的新形势，平高电气砥砺奋进，在制造业高质量发展道路上不断攀登新高峰。

## 艰苦创业根植创新基因（1970—1978）

1970 年，伴随着中国经济史上一次大规模工业迁移，担负国防工业建设的历史使命，平高应运而生。其旗下的核心企业平高电气，成为中国特高压输变电领域的领军企业。从"黑土地"沈阳走来的 700 名开拓者，跋山涉水，扎根鹰城，在"一不等、二不靠，自力更生建平高"的高亢号子声中，以高度的主人翁意识和战天斗地的英雄气概，在一片沟坎纵横、坑洼不平的野地中，用"露天地里摆战场，席子棚里面闹革命"的豪迈誓言，实现了当年搬迁、当年基建、当年出产品的优异成绩。

平高在建厂初期取得了一个又一个国内第一，在平高这片沃土上种下了创新的基因，开启了推动国家电力事业发展的伟大征程！1972年成功研制我国首台110千伏单柱单断口高压少油断路器，首次将国产高压断路器单元断口电压从60千伏提高到110千伏。1974年成功研制我国首台220千伏单柱双断口少油断路器。1978年成功研制我国首台380千伏高压少油断路器，并在当年荣获全国科学大会奖。

## 改革创新引领行业发展（1979—2001）

改革开放的号角吹响，春潮激荡神州大地。1979年7月，平高引进法国MG公司72.5千伏550千伏六氟化硫断路器和全封闭组合电器的设计制造技术，成为我国电工行业首批引进国外六氟化硫开关技术的厂家，开创了我国六氟化硫开关新时代。1981年研制的我国首台220千伏六氟化硫GIS，被确定为"六五"重点工程——白山水电站主要产品。1987年研制的我国首台550千伏六氟化硫断路器，成功应用于我国第一条500千伏输变电线路——平武工程，被列为我国替代进口重大技术装备产品，荣获我国开关行业在超高压领域的唯一一块国家优质产品金牌。

在时代的发展与变化中，平高紧抓历史机遇，顺势崛起。1998年12月，集中优势资源、引入战略投资者组建平高电气，为国家电网建设全力打造精品高压开关产品。2000年，平高电气与日本东芝公司合资组建子公司，成为中国首家封闭组合电器研发生产基地。2001年，平高电气在上海证券交易

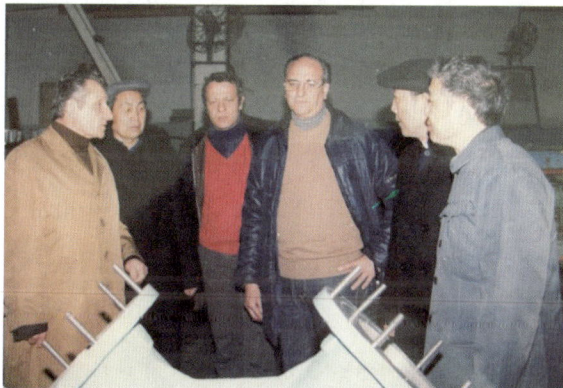

1979年引进法国技术。

所成功上市，成为我国高压开关行业第一家上市公司，从此走上了产品经营与资本经营并进的发展之路。

2001 年平高电气上市。

## 快速成长特高压技术勇闯"无人区"（2002—2009）

只有抓住历史机遇，才能站在行业的高峰。跨入新世纪，大容量、远距离输电的特高压输电技术应用被提上日程。平高电气锲而不舍致力于技术创新、产品创新，掌握了特高压开关设备核心技术，建成了世界一流的特高压生产厂房，配备了世界一流的特高压加工与试验设备。国内首台（套）800 千伏 GIS、世界首台（套）1100 千伏 GIS 相继问世，并在世界第一条投入商业运行线路"晋东南—南阳—荆门"特高压交流试验示范工程中实现首次应用，是我国能源基础研究和建设领域取得的世界级重大创新成果，拉开了平高电气参与国家特高压工程建设的大幕。2009 年"PG"商标被国家工商总局认定为"中国驰名商标"。

　　截至目前，平高电气作为特高压设备的主要供应商，共参建我国 23 条直流、18 条交流特高压工程建设，累计为特高压交直流工程提供 199 间隔 1100 千伏 GIS（其中已投运 178 间隔）、294 间隔 800 千伏 GIS。大量 550 千伏 GIS 及隔离开关等产品，市场占有率遥遥领先。这些工程项目的投运及安全运行对推动我国能源战略资源优化配置、清洁能源大发展作出重要贡献，推动实现了特高压从"中国制造"到"中国创造"，最终到"中国引领"的转变，更使特高压成为一张闪亮的"国家名片"。

2008 年，世界首台 1100 千伏 GIS 发运仪式。

## 跨越发展勇攀电力技术新高峰（2010—2023）

　　随着中国电力行业突飞猛进的发展，平高电气综合实力、行业影响力实现跨越式提升，具备了"交直流、全系列、全电压等级的开关系列产品自主研发、试验和制造"能力，形成"工程总承包＋单机出口"双轮驱动的国际业务格局。

　　科技驱动发展，创新引领未来。平高电气作为超特高压交直流开关设备技术创新工程实施单位，坚持"行稳致远"的技术总方针，科技创新工作一直走在行业前列。2010 年以来，平高电气荣获中国电气工业领军企业、中国机械工业科学技术奖、中国电力创新奖等多项荣誉。通过国家级鉴定新产品 148 项，获得省部级以上科技奖项 81 项，新增授权专利 1633 项，其中发明专利 813 项，牵头编制国家标准 1 项，参与编制国家标准 26 项、行业标准 17 项，高新技术产品收入占比 76% 以上。获批三个国家级大师工作室，是河南省唯一一家拥有三个国家级技能大师工作室的企业。

平高电气紧跟国家重大战略，瞄准行业需求，坚定不移推进国产化替代工作，提升品牌竞争力。将核心产品、关键零部件作为重点突破对象，目前已完成 551 种核心零部件国产化研究，375 种核心零部件已实现工程应用。平高电气坚持以 IPD 理念为引领，以重大科技项目为牵引，以项目经理制为载体，在前沿技术、高端装备、重大工程等领域，着力解决"卡脖子"瓶颈技术难题，实现多个"从 0 到 1"的突破。在交流输变电技术领域，2017 年首次研制出 126 千伏电机驱动断路器和全系列电机驱动隔离开关设备并实现工程应用。72.5/126/145/252 千伏系列化 PASS 型开关的研制，突破设备占用土地面积大、停电更换时间长等技术难题，首次进入欧盟市场。2019 年成功研制出首台六氟化硫绝缘 1100 千伏 GIL，填补国际空白，并成功应用于世界电压等级最高、输送容量最大、单体 GIL 最长的苏通 GIL 综合管廊工程，创造了 GIL 领域 7 项第一。2020 年研制的世界首台 252 千伏高速度开断断路器在浙江天一变成功投运，实现 20.1 毫秒高速开断。2023 年成功研发出适用于 4000 米高海拔、地震烈度 8 度、地震加速度 0.4g 的高海拔复合套管，解决了特高压高海拔交流工程的"卡脖子"难题。

在直流输变电技术领域，2016 年 1100 千伏滤波器组断路器通过高难度滤波器组电流开合极限试验，成功应用于四个"世界之最"的 ±1100 千伏古泉换流站。2019 年 ±800 千伏特高压直流工程投切滤波器小组断路器，突破开断容性电流重击穿概率极低的难题，成功应用于青海海南换流站。2020 年研制的 ±500 千伏多端直流输电系统用阀侧断路器突破短路故障电流开断时间短、燃弧区间大的技术难题，应用于世界首个柔性直流电网工程——张北 ±500 千伏柔性直流输电示范工程。2021 年研制的具备 22 次电寿命试验开断能力 550kV GIS 用断路器，攻克了 2500A 投切滤波器大组容性电流开合问题并应用于湘涧变工程。2023 年参与研发的我国首台 816kV 直流高速开关通过国家级鉴定，产品综合性能达到国际领先水平。

平高电气为服务电网绿色建设，深耕环保设备研究，致力于减少六氟化硫气体使用，践行国家"碳达峰碳中和"战略，已在高压、配网领域成功研制系列化真空、混合气体、纯氮气等绿色环保的电力装备，实现技术引领。平高电气供货的国内首台套 126kV 无氟环保型气体绝缘金属封闭开关设备已在鹤壁思德变投运，并纳入《绿色技术推广目录（2020 年）》，其运行过程中无任何分解物，低温环境适应性良好，单台设备碳排放当量缩减 99.9%，实现了真正意义上的绿色环保，填补了国内技术空白。作为国内唯一成功研发全系列真空断路器的厂家，145 千伏单断口真空灭弧室断路器是国内首家成功打入欧洲高端市场的环保开关设备，252 千伏真空断路器采用自主化研制的单断口真空灭弧室，已通过关键试验验证。

2019 年，平高电气产品应用于苏通 GIL 管廊工程。

平高电气始终坚持以一流的产品和服务支撑国家电力事业发展，数十万台（套）设备融入电力能源传输血脉，业务覆盖全球 70 多个国家地区。展望未来，平高电气将坚定致力于为电网提供安全、高效、可靠的电力设备和能源系统综合解决方案，加快数字化建设，实现智慧赋能、绿色发展，支撑国家重点工程建设，保障国家电力建设安全，推动能源电力转型发展，为美丽中国建设贡献平高智慧和平高力量！

（平高电气供稿）

# 林州重机：小铁铺的跨越发展之路

林州重机集团股份有限公司始创于1982年，位于举世闻名的红旗渠畔。2011年1月11日，公司在深圳证券交易所挂牌上市（股票简称：林州重机，股票代码：002535）。主营业务包括煤矿机械、防爆电器销售、维修及租赁服务、煤矿运营服务业务等。现已发展成为国内一家集能源装备制造、军工装备制造、煤矿运营服务、铸钢锻压业务于一体的能源装备综合服务企业。

林州重机办公楼。

## 敢于拼搏　小铁铺书写经典传奇

红旗渠奔涌五十年，润出林州沧桑巨变。林州重机的兴起堪称传奇，同时也带着那一代人独特的色彩。1982年，年仅20岁的郭现生承包了申村的集体企业林钢站北锻压厂，开始了他的创业历程，那个时候的厂子规模小，被当地人俗称"小铁铺"。5年后，郭现生成立了林县重型煤机设备厂，开始生产煤矿机械单体支柱配件。

林州人的脾气又叫"红旗渠脾气"，特点有三：干得苦、看得远、想得大。林州重机的发展进程就是典型的"红旗渠脾气"在支撑——有着红旗渠人的敢想敢干，有着红旗渠人的脚踏实地，时刻保持敏锐创新思维，精准把控机遇，解放思想乘势而上。

1995年遇上煤炭行业寒冬，郭现生用煤机配件换煤机厂的设备，用设备去换来煤矿的煤，再用煤从钢厂换来钢材，企业这才挺了过来。以有换无、以少博多的企业运作，在郭现生看来，正是红旗渠畔朴素的生存智慧。2002年5月，郭现生敏锐捕捉到国家对煤矿装备行业的大力支持，将企业整体变更为林州重机集团有限公司，步入快速发展阶段。2011年1月11日，在改革开放最前沿的深圳，林州重机成功登陆资本市场，正式在深交所挂牌交易，并一跃发展成为国内最大的民营煤炭综采机械设备供应商。

大采高电液控液压支架。

# 创新不止　闯出发展新路径

新经济转型，既是机遇又是挑战。林州重机立足点是发挥公司机械制造及上市公司独特优势，加大转型升级力度，不断推动企业在新项目建设、产业转型升级、技术创新上探索发展，使企业向高端制造、智能装备制造与制造服务化领域迈进。在对科技研发工作的高度重视下，公司引进高端人才，汇集了国内煤机行业的精英人才，抢占煤机产品制高点。积极开展高端合作，与中国科学院自动化研究所联合成立了工程研发中心；与中国矿业大学建立了全面战略合作关系，进行煤矿技术装备新成果转化。公司与中科院联合研发的高科技产品虹膜识别机，采用生物识别技术进行人员身份识别，技术和质量连年居世界第一；研制的大倾角液压支架通过中国煤炭学会组织的成果鉴定，居世界领先水平；研制的液压支架电液控制系统、井下综采无人工作面系统，可以进行数据远传、井上遥控操作，实现

液压支架。

无人采煤工作面，真正达到煤矿工作面零死亡的目标。通过了 ISO9001/ISO14001/ISO45001/ ISO3834 体系、国军标体系认证，林州重机品牌荣获中国驰名商标。

面对全球经济下行带来的巨大压力，林州重机积极应对，创新管理模式，使企业在制度化、规范化方面迈出了新的步伐；创新经营模式，对现有困难的煤矿，提供煤矿机械融资租赁业务，进一步延伸了公司产业链条，提高了煤机产品市场占有率。

## 回报社会　无私奉献惠民生

随着公司的发展壮大，党和人民也给了林州重机很多荣誉。郭现生多次被林州市、安阳市、河南省及国家有关部门授予"全国优秀企业家""河南省劳动模范""优秀中国特色社会主义事业建设者"等荣誉称号。"吃水不忘挖井人"，林州重机深知没有这片土地，就没有现在的成功，为回报父老乡亲，已累计向社会捐资捐助达 2000 多万元。

林州重机积极履行环境保护、吸纳就业等方面的社会责任。林州钢铁公司原隶属于濮阳市，于 2009 年 8 月停产，两度拍卖转让均告失败。2012年 7 月，为盘活原濮阳林钢国有资产，解决 4000 多名下岗职工生活问题，林州重机出资 1.9 亿多元，收购了林州钢铁有限责任公司，盘活工业遗产，重新为其赋予商业功能，"休眠"老厂房被唤醒，"土地包袱"变"造血功能"齐全的丰富资源，收到了良好的社会效益。

## 追求卓越　红旗渠畔再弄新潮头

面对 2022 年经济下行和之前疫情反复的双重压力，郭现生带领 2000余名林州重机人不惧挑战，迎难而上、砥砺前行，取得了总销售收入和合同签订额双项历史性突破的佳绩，实现营收 11.2 亿元，利税近亿元，为林州经济社会发展作出了重要贡献，主营业务收入创造了历史新高。

　　富有前瞻性的战略思维与实践让林州重机乘风破浪，实现了跨越式发展，用实际行动诠释了"自力更生、艰苦创业、团结协作、无私奉献"的红旗渠精神。

　　今年是全面贯彻落实党的二十大精神的开局之年，也是林州重机接续奋斗、乘势而上的重要一年。林州重机将持续拓展板块向广度和深度延伸，努力再造新重机，聚焦林州重机实体，立足主业，大力弘扬红旗渠精神和新时代林州人精神，努力推动实现"规模经营"向"价值效益"转变。

（李宏旺、王杨）

# 金冠电气："单项冠军"叫响世界

说起输变电装备，大家也许有些陌生，但说起郑渝高铁、三峡工程、北京奥运、北京冬奥、上海世博等国家重点工程时，大家一定耳熟能详。在这些重点工程里，都有金冠电气股份有限公司（以下简称"金冠电气"）产品的身影。

品质之魂，存于匠心。作为南阳输变电装备产业链的龙头企业，金冠电气如何一步步取得令世人瞩目的成就？

## 单项冠军　享誉世界

近期，凭借着单项产品研发产销的优秀表现，金冠电气再次荣获全国制造业单项冠军示范企业称号。走进金冠电气展厅，各种先进的输变电装

金冠电气鸟瞰图。（张峰 摄）

备琳琅满目，让人眼花缭乱、目不暇接。其实，这些产品离我们的生活并不远。在高铁机车车顶避雷器产品前，金冠电气南阳运营中心主任朱倍倍兴奋地说："大家都知道郑渝高铁拉近了南阳重庆两座千年古城的时空距离，在这条高铁上，就有我们金冠电气这款产品的身影！"

做多不如做精。金冠电气生产的超特高压交直流避雷器早已名满天下，国家电网、南方电网、中国铁路集团、国家电投、国家能源等诸多耳熟能详的大型企业均是金冠电气的重要合作伙伴，在三峡工程、北京奥运、北京冬奥、上海世博等国家重点项目均有公司产品的身影。

让南阳输变电装备走向世界、叫响世界，金冠电气无疑擦亮了南阳输变电行业的这块"金字招牌"。

## 科技创新 从制造到智造

输变电产业是潜力巨大的战略性新兴产业，前景十分广阔。如何在行业激烈竞争中脱颖而出，立于不败之地？金冠电气给出了自己的答案——"科技创新，是第一发展动力"。

在金冠电气特高压试验大厅，产品研发工作人员介绍说，该试验大厅主要设备有 2000kV 雷电冲击设备、1000kV 工频试验设备和 400kV 的直流试验设备，能够满足 1000kV 特高压交直流输变设备的电气性能试验，已通过 CNAS 认证，是目前国内电力装备制造企业中试验电压等级最高的实验室之一。

特高压试验大厅只是金冠电气牵住科技创新"牛鼻子"的一个缩影。作为南阳市第一家、河南省第四家在科创板上市的企业，金冠电气深知掌握核心科技、不断科技创新对于企业发展的重要性。

十六年栉风沐雨、奋勇拼搏，金冠电气已成为国家级高新技术企业、全国绝缘子避雷器标准化技术委员会委员单位、电力行业过电压与绝缘配合标准化技术委员会委员单位和中国电器工业协会绝缘子避雷器分会副理事长单位。金冠电气在北京、深圳、西安、郑州设立研发中心，并与中国电科院等国内著名高校及科研机构深度合作，主持和参与了 10 余项国家和行业标准的制定，获得了 100 多项专利。

2023 年，金冠电气各项业务继续高歌猛进，在国家电网、南方电网直流及 1000kV 特高压交流市场累计中标数量位居行业第一，主持并参与了 10 多项国家、行业标准的修订，强震区特高压变电站电气设备抗震关键技术及工程应用项目荣获国家电力建设科学技术进步奖一等奖。

## 昂首阔步　绘就发展新蓝图

水深则鱼悦，城强则贾兴。金冠电气的快速发展，离不开南阳市委、市政府及企业所在地营造的优良发展环境。目前，南阳市紧紧围绕打造"全国性输变电装备产业基地、智能高地"的目标，深入实施输变电装备产业链群高质量发展行动。未来，金冠电气在保持公司避雷器行业龙头地位的同时，将持续向新能源行业转型，实现新能源产品销售收入逐年递增。

金冠电气特高压实验大厅。（张峰 摄）

金冠电气将进一步发挥在新能源产业中的技术优势，以充电桩、PCS 和逆变器为发力点，围绕新能源市场，进一步加大科技研发投入，持续提高产品的核心竞争力，不断扩大市场份额，推动南阳新能源产业高质量发展，在南阳建设现代化省域副中心城市的过程中贡献"金冠力量"。

（李金玺）

# 森霸传感："小产品"跑出"大赛道"

"把传感器做得越来越小、越来越薄、越来越智能，在万物互联的时代，未来的市场就更广阔、产品竞争力就越来越强。"森霸传感科技股份有限公司总经理廉五州道出了"小产品"背后的"大赛道"。

传感器作为数字经济的"基石"，产业发展迎来重要的战略机遇期。南阳市委、市政府高度重视传感器产业发展，围绕产业链协同升级和产业生态完善，搭建核心共性技术协同创新平台，补齐技术短板，推动形成智能传感器材料、设备、设计、制造、封装、测试、系统集成和重点应用产业链。

作为南阳市传感器产业链链主企业，森霸传感科技股份有限公司从细分领域起步，经过近20年的深耕，已经从后发赶超站到了逐步领先的位次，产品在国内市场占有率达60%。传感器产业的快速发展，为南阳打造数字经济发展新高地增添了无限动能。

森霸传感登陆创业板。

# 智能锻造传感"硬核"

人来门开，人走门闭；脚步声起，智能灯亮；无人公交车，自动驾驶；测温不接触，有火警声鸣……在位于河南省南阳市社旗县森霸传感科技股份有限公司智能体验中心，智能门锁、智能摄像头、红外测温仪等一个个科技智能"神器"令人目不暇接、赞叹不已。

"这些'神器'的核心部件就是传感器。传感器可精准测量温度、压力、距离、浓度等，是数据采集的入口及智能感知外界的前端，被誉为'万物互联之眼'，可让诸多领域的产品设备练就'火眼金睛'、变得'耳聪目明'，让社会生产更智能，让百姓生活更便捷。"森霸传感科技股份有限公司生产经理王文德介绍，2022年公司推出了主打微型化、智能化低功耗、超低噪声高性能的三款热释电红外传感器新产品，均为业内首创、独家供应的高性能产品。

高性能产品不断推出，是森霸传感长期坚持自主创新的结果。森霸传感科技股份有限公司成立于2005年，2017年在深圳证券交易所创业板上市，

森霸传感智能体验中心。

是一家集传感器研发、生产、销售及服务于一体的国家高新技术企业，生产的热释电红外传感器、光敏传感器、微差压传感器等，被广泛应用于智能家居、智慧交通、智慧医疗等领域。2022 年，森霸传感实现营业收入 2.5 亿元，在研发投入方面就达到 1420 万元，占比 5.68%。

"产业发展日新月异，客户需求变化万千，企业唯有及时推出适应客户需求的新技术、新产品，才能在市场竞争中保持优势。"廉五州说。

应用类传感器门类众多，细分类别可达千余种。森霸传感赖以起家的产品，早期聚焦于热释电红外传感器和可见光传感器两大系列。随着传感器行业的快速发展，森霸传感通过自主研发创新，掌握了红外、光敏两大传感器产品的系列生产配方和工艺，由此向上游材料和下游成品应用链条持续延伸、拓展。

科技赋能发展，创新永无止境。森霸传感以创新驱动发展，不断加大研发投入，加强科技攻关，并建立了博士后研发基地、企业技术研发中心等创新研发平台，为研发人员开展创新工作提供全方位、多层次的服务支撑，有利于开展科技创新与创效工作。目前，公司已拥有 70 余项核心技术自主知识产权，掌握核心材料的生产配方与工艺，是国内热释电红外传感器的龙头企业。

公司先后被授予国家级高新技术企业、国家级专精特新"小巨人"、国家级绿色工厂、中国电子元器件百强企业等多项荣誉资质，并积极与京东、淘宝建立合作，与相关上、下游企业进行全方位产销对接，构建了顺畅的线上、线下营销体系。

## 数字赋能创新发展

走进森霸传感科技股份有限公司，绿树掩映下，一座座标准化厂房排列整齐，干净整洁；无尘车间里，精密仪器旁，智能化生产流水线有序运转，数字屏上实时滚动着生产线的运行情况；国内外市场上，社会各行各业中，一件件人工智能传感器产品正通过科技赋能丰富着人们的智慧体验，改变着人们的生产生活。

　　数字化转型赋能企业高质量发展。近年来，森霸传感高度重视智能化工厂建设，已形成了研发、生产、管理和服务的全面智能化管理。公司先后引进数字化激光切割机、智能高精密光学镀膜机等自动化、数字化、智能化设备 158 台（套），建设完成了行业领先的元器件生产线、智能总装生产线以及智能仓储物流系统，引进管理软件 16 套。通过"互联网 + 设备 + 软件"的深度融合，实现了智能传感器制造过程的智能化闭环控制与管理，着力打造从智能制造到智能管理和决策的智能化工厂。

　　"目前，公司智能化升级改造已基本完成。"廉五州表示，智能化设备只是公司数字化升级的开端，接下来，公司还会对管理者、生产工人进行技术培训，努力在企业内形成人、机相互促进的内循环，推动企业数字化全面转型。

　　作为传感器产业链"链主"企业，森霸传感在实现自身发展壮大的同时，充分发挥龙头引领作用和生态主导优势，加强上、中、下游协作，通过企业间协同，上、下游协作联动，形成良好的产业链互动机制，构建起

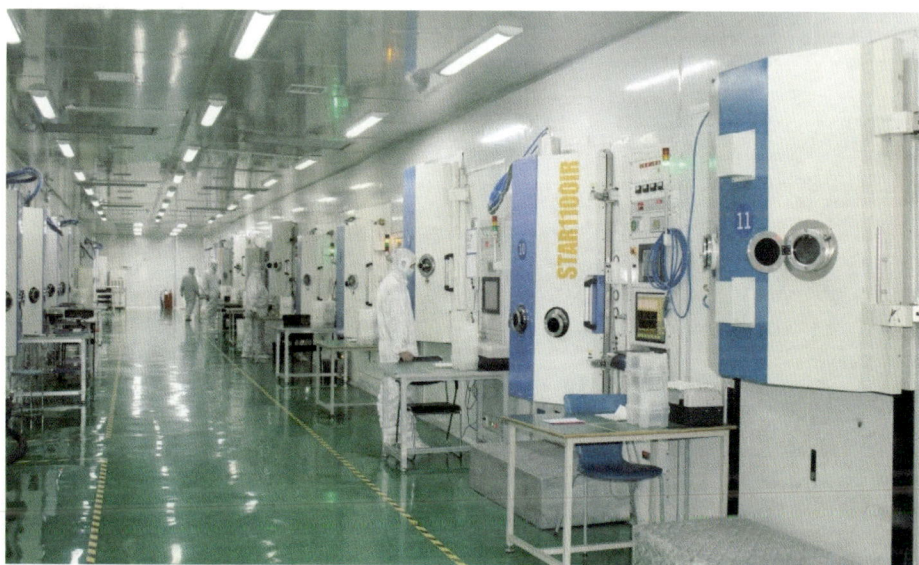

森霸传感自动化车间。

高效协同、安全可控的产业链、供应链。"我们纵向延链的智能控制模组项目，以及横向延链的透镜、滤光片等项目均取得突破性进展。"王文德介绍说。

## 龙头引领"链上"开花

在社旗县迎宾大道与商南高速引线交叉口东北角，计划投资 26 亿元、总占地 800 余亩、总建筑面积 60 余万平方米的传感器产业园项目工地正在紧张施工，一期工程的 3 号楼和 5 号楼主体结构已经封顶，宿舍、食堂、文娱中心等在同步建设中。

产业要发展，离不开优良的营商环境。社旗县先进制造业开发区管委会主任吴凯介绍，为进一步提升传感器产业链现代化水平，做大、做强产业链条，围绕全市传感器产业链群高质量发展的相关要求，社旗县聚焦传感器产业发展布局，按照传感器产业发展需要，量身打造传感器产业园，在满足森霸传感器项目扩产使用的同时，梳理上、下游供应体系，制定产

森霸传感绿色工厂。

业链发展图谱，精准对接深圳、无锡等地传感器企业，广泛开展以商招商、产业链招商，积极引入传感器相关下游成品生产企业入驻，推动更多项目在"链上"开花结果，为传感器产业发展注入新鲜血液。2023年底，产业园将迎来森霸传感等第一批企业入驻。

"目前，传感器产业的上、下游企业几乎集中在长三角和珠三角地区，通过延链成群、集聚发展做大做强传感器产业链，社旗县传感器产业园的建设恰逢其时。"吴凯说，社旗县将充分发挥森霸传感科技股份有限公司的技术优势和产品优势，以传感器部件及成品的生产为目标，出台厂房租赁相关扶持政策和招商引资的鼓励政策，积极招引相关配套企业拎包入住，每年招引约5亿元相关企业落地，推动传感器产业链的全面发展；到2025年产业园全面建成投入运营后，预计可年产各类传感器及配套产品40亿件（套），年新增销售收入70亿元，实现税收6亿元，新增就业4000人以上，为社旗经济高质量跨越发展注入新活力、强动力。

"待园区由纸上蓝图变为现实样板，将加速南阳传感器产业生态成形，助推全市工业产业实现加速跃升。"廉五州言语中充满自信。2022年是森霸传感管理水平的跃升年，廉五州为森霸带来了长三角先进制造业经营管理的新理念——将精益生产与阿米巴经营模式相融合的创新经营理念。

企业持续发展之基、市场制胜之道在于创新。未来，森霸传感将以市场需求为导向，不断增加创新研发投入，加快创新平台建设，加强与科研院所开展学术交流、项目合作和人才互通，培养创新人才队伍，拓展产品范围，巩固公司在行业内的领先地位，并为下游产业的稳定发展提供有力支持，在传感领域实现一次又一次赶超跨越。

（段平、申鸿皓、刘兴博）

# 飞龙公司：把汽车水泵做到极致

一个企业做一件产品不难，难的是数十年坚韧执着，把一件产品做精、做强、做到极致。

建厂 71 年，近 60 年专注于汽车水泵，飞龙汽车部件股份有限公司（以下简称"飞龙公司"）把汽车水泵产品做成了全国制造业单项冠军，打响了"飞龙"这一品牌的知名度。

走进西峡县飞龙公司总部，看到的是一派红红火火的生产场景，各个车间开足马力，加紧赶制订单，码放整齐的汽车水泵等部件，正准备装车外运，交付订购商家。

"近段时间，公司订单仍不断增加。根据公司业绩增长和市场预测情况，预计全年收入将取得显著增长。"飞龙公司行政总监王宇自豪地说。

飞龙公司厂区。

专注赢得成功。从山区小厂发展成为股份制企业、上市公司，飞龙公司心无旁骛，深耕汽车制造业市场，潜心研发生产汽车水泵等部件，与时俱进成长为行业巨人。

## 坚韧，专注主业不动摇

"飞龙公司是由西峡县的一个老企业改制过来的，1952年建厂，1964年开始生产汽车水泵，至今已有近60年的汽车水泵生产史。"在公司展览室，王宇从头说起公司的发展历程。整个展室摆满了公司生产的各种汽车部件样品，获得的资质证书和客户赞誉。

王宇介绍说，公司多年来秉承汽车部件生产主业，坚持不变初心，专注汽车水泵生产，在水泵设计、性能参数、结构优化、产品研发等方面做了大量工作，积淀了企业优势，长期保持在中国汽车水泵行业第一品牌。"飞龙"被认定为中国驰名商标，市场占有率一直保持在25%以上，2020年公司生产的汽车水泵被认定为全国制造业单项冠军产品。

飞龙公司车间生产现场。

一组数据完美勾勒出飞龙公司跨越发展的生动图景：销售收入从 2001 年不足 1 亿元，到 2010 年增长至 10 亿元用了 10 年；从 10 亿元到 2016 年增长至 20 亿元用了 6 年；从 20 亿元再增长至 2022 年的 32 亿元用了 5 年；20 年间增长了 31 倍。国际业务更是从无到有，2022 年销售收入达到 2.3 亿美金，占总收入的 48%。

如今，飞龙公司成为国内专业生产汽车零部件的重要基地，主导产品涵盖机械水泵、电子泵、涡轮增压器壳体、进排气歧管、热管理系统、机油泵、飞轮壳七大类。"飞龙"牌汽车水泵、涡轮增压器壳体市场占有率均居国内第一。涡轮增压器壳体被认定为 2023 年的河南省制造业单项冠军产品，正在计划申报国家制造业单项冠军产品，届时，公司将有两类产品同为国家制造业单项冠军产品。截至 2023 年 5 月，公司客户达 169 家，服务于全球 282 个基地、工厂，其中新能源客户 79 家。

## 创新，科技研发增实力

创新是企业发展的永恒动力。飞龙人懂得，要想让企业长久生存下去，需要不断的技术创新，始终走在时代发展的前列。

在飞龙公司，每年的科研经费投入不低于年收入的 6%。2020 年至 2022 年，公司的研发费用分别为 1.76 亿元、1.97 亿元、2 亿元，逐年稳步上涨；2023 年一季度的研发费用为 5543.51 万元，同比增长 9.18%。

广招天下英才，搭建科研平台。公司先后研发出具有国际先进水平和自主知识产权的汽车水泵、进排气歧管、电子泵、涡轮增压器壳体等产品，特别是在业内率先开发了新能源汽车电子水泵，可根据温度变化自动调整转速，节能降耗，填补了国内空白，入选河南省重大科技专项。

截至 2022 年末，公司已获专利总数 470 项（发明专利 135 项），其中国内专利 466 项，国际专利 4 项；主导及参与制定国家行业标准 10 项。先后被认定为国家高新技术企业、国家技术创新示范企业等资质。

花香蝶自来，近期飞龙股份已收到多个项目订单。2023 年至今已披露的订单生命周期内预计可实现收入 47 亿元。创新也为飞龙公司赢得了外部市场，连续五年出口突破 1 亿美元。

## 发展，双轮驱动增后劲

谈及未来发展，王宇说出了公司的两个计划，一是"十四五"末，公司实现产销 50 亿元以上；二是到 2032 年公司成立 80 周年时，实现产销 100 亿元以上。为此，飞龙公司确立了"坚韧执着 双轮驱动 精耕细作 铸就品牌"的新发展理念。

所谓"双轮驱动"，就是传统汽车与新能源汽车并重，国内市场与国际市场同步。王宇表示，传统汽车配件不能丢，新能源汽车领域也要加快发展。在做精、做专传统产品的同时，公司坚持向新能源产品转型的战略方向不动摇、抓牢、跟紧、走快、行稳、全方位开发，尽快做大、做强，形成规模。

早在 2010 年，飞龙公司就已开始布局新能源汽车产品。2016 年，公司在上海成立新能源汽车部件有限公司。2018 年，在安徽芜湖成立汽车电子

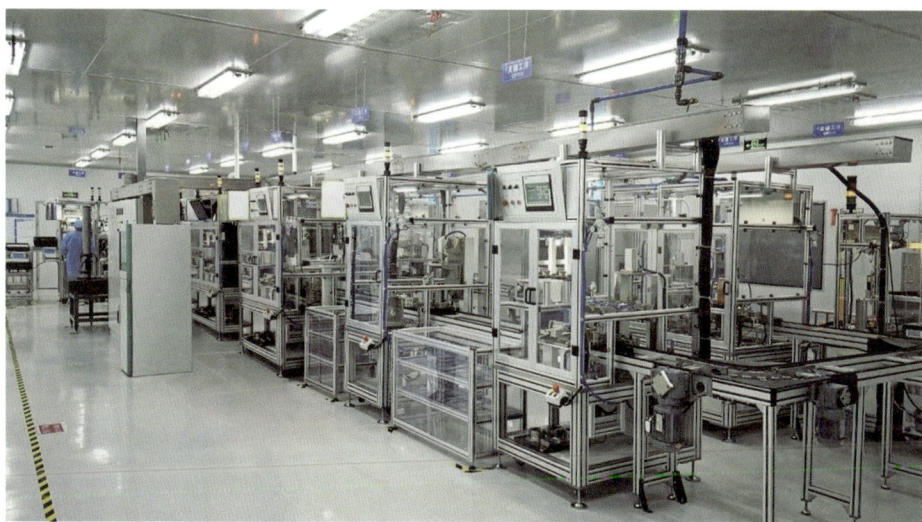

飞龙公司车间生产现场。

技术研究院，借助长三角区位优势，飞龙公司吸纳高端科研技术人才，为新能源汽车部件研发生产提供坚实动力。自 2012 年研发出第一款电子水泵后，目前已形成较为完备的电子水泵产品体系，预计到 2025 年，公司将年产电子水泵达千万只，机械泵、电子泵产销量均成为行业龙头。

为增强国际市场竞争力，扩大业务覆盖范围，飞龙公司已在新加坡设立全资子公司，以此为海外其他地区的投资与业务拓展提供支撑。同时方便公司产品的海外销售与客户服务，提升公司国际市场影响力，预计 2023 年下半年该公司可投入运营。

"征途漫漫，唯有奋斗。做百年企业，创世界品牌是我们的远大目标。我们将踔厉奋发，勇毅前行，以优异的成绩回报社会，为加快建设南阳省域副中心城市作出新的贡献。"面对未来，飞龙公司党委书记、总经理孙耀忠信心满怀。

（陈杰超）

# 手握智慧追"光"而行

## —— 中光学集团股份有限公司打造中国光学第一品牌速写

走进中光学集团股份有限公司（以下简称"中光学"），最让人印象深刻的是中光学标识：两个呼应的蓝色图形共同构成一个动感强劲的宇宙漩流，红色的椭圆像喷薄而出的太阳。

身居中原腹地，放眼光学世界，致力让智慧之光照耀未来，这就是中光学人的目标。为了这个目标，他们高擎"改自己赢世界"的企业精神，以"敢为人先争创一流，拒绝借口立即行动"的理念去干事创业。

正是凭借这种精神和干劲，中光学走过50余载风雨，从开启传统光学时代、迈入光电结合时代，到打造数码光学时代，再到迎来智能互联光学时代，成为国内领先的光学企业。

中光学集团股份有限公司（股票代码002189）总部位于南阳市，隶属于中国兵器装备集团有限公司，是国有大型光电上市企业、国家高新技术企业。在光学元件、功能镀膜、数字微显示、智慧安防、光电侦察与要地防御系统等领域的研发实力与产业规模位于我国领先地位，形成了具有自主可控的核心技术创新体系。

把时针拨回到20世纪60年代末，一群来自北京、长春、西安、云南、内蒙古多地的军工人汇集南阳市镇平县艰苦创业，历时两年，顺利实现投产，这就是中光学的前身。1993年全厂搬迁至南阳，2008年在光电板块上市，2018年整体上市，中光学也一跃成长为国际知名的数字光电龙头企业。

中光学在高速发展中，始终紧跟光电产业和国家战略发展步伐，始终坚持自己的发展思想"以科技赋能产业，以创新驱动发展"。中光学在当前数码投影精密光学零部件全球市场占有率稳居第一，功能镀膜技术与规模制造能力位于行业领先，数字微显示技术与规模制造能力为中国第一，是国防军工系统光电行业国家骨干企业。

"在光学赛道上，只有拼命冲刺才能占据主动。我们一方面对标国际先进，通过引进、消化、吸收来快速'补课'；另一方面沉下心来扎扎实实搞科研、抓改革、促发展，不断提升核心竞争力，靠着一股子干劲，从籍籍无名发展到行业前列。"中光学党委书记、董事长李智超如是说。事实上，中光学一直潜心重大装备、关键材料、先进工艺与核心器件的应用技术基础研究，通过工程化验证与产业化推广，突破了一系列重大关键技术，促进先进光学感知、成像、显示技术与数字技术融合发展。

其中，主导产品功能光学薄膜、光学棱镜、虚拟显示光波导器件、数字微显示光学引擎、激光电视的设计制造能力位于行业领先地位，已广泛应用于光电信息产业与国家重大工程；精密光学元件研发技术达到国际先

整机装配车间一隅。（崔培林 摄）

进水平，生产能力位居国内前列，成为全球市场份额第一的投影光学供应商，AR 光波导器件及光学微棱镜模组市场主力供应商，是高端数码领域知名企业的合作伙伴和最佳供应商。

功能镀膜技术与规模制造能力位于行业领先，形成了离子源辅助沉积、低温等离子体磁控溅射镀膜、磁约束纯离子类金刚石镀膜三大核心技术，智能终端非导电 NCVM 多彩薄膜在国内率先应用到一线中高端智能手机，3A 无反光面板规模化应用在多个高端品牌车载显示面板以及各种智能终端显示面板。

微显示技术（DLP/3LCD/LCOS）历经 20 年坚持不懈地研究，光学元件、光学镜头、光学引擎与整机制造规模中国第一，主要应用于光学感知、成像、显示、照明、光能传输与数字化智能化信息交互系统，成为汽车 AR-HUD 抬头显示（DLP）PGU 模组市场品牌供应商，近眼显示设备微型化光学模组全球市场主力供应商。

如今，中光学围绕"微纳光学与光学半导体核心器件的设计与制造技术、光学功能薄膜设计与制造技术、数字化智能互联先进光学系统应用技术"三大基础技术，构建以兵器装备集团先进光学研究院为主体，军用光电研发中心、汽车光电研发中心、光电新技术研发中心为分支，北京、杭州、上海、重庆、深圳为基地的"一院三中心五基地"科研架构，成功申报获批 4 个省级科技创新平台，成功主持申报河南省重大科技专项 3 项、获批政府专项资金 3000 万余元，形成产业发展特色优势，创新驱动"微纳光学、功能薄膜、汽车智能互联、数字微显示"等重点业务高水平高质量发展，全力打造世界一流的先进光学研究院，建成国家创新高地。

未来，中光学将聚焦建设具有全球竞争力的数字光学产业发展基地，围绕汽车光电、IT 光电、特种光电三大领域，瞄准"微纳光学、功能镀膜、新光源数字微显示、车联网智能交互汽车光电"等方向，着力打造先进光学原创技术策源地和现代产业链链长，打造"世界的光学零部件制造中心、中国的光学功能薄膜产业中心、国家的微纳光学设计制造中心、行业领先的数字微显示技术创新中心、先进的光学半导体技术应用中心、河南的数字光电产业整机整装中心"六大中心，建设具有全球影响力的中国南阳数字光电产业园，形成千亿级数字光电产业集群。

心中有"光"，脚下有路。中光学正躬身践行"让智慧之光照耀未来"的核心理念，持续加快高质量发展，为建设具有全球竞争力的创新型光电企业勇毅前行。

（杨青晓）

# A

## 第五章

# "超硬实力"
# 磨出"真功夫"

# 一颗钻石"打磨出"一条产业链

## —— 河南人造金刚石产业观察

没有金刚钻，不揽瓷器活。金刚石是自然界硬度最高的物质，素有"工业牙齿"之称，而高品质的金刚石可用来制作钻石。在人造金刚石技术尚未成熟前，天然金刚石身价不菲，钻石更是奇货可居。然而，多年来河南人造金刚石产业持续迭代升级，让全球"钻石自由"不再遥不可及。

## 世界人造金刚石看河南

人造金刚石业内流传着这样一种说法："世界金刚石看中国，中国金刚石看河南。"

此言不虚。来自中国机床工具工业协会超硬材料分会的数据显示：目前我国人造金刚石产量占全球总产量的95%，而河南人造金刚石产量占全国的80%。

在商丘市柘城县力量钻石股份有限公司的车间里，一排排六面顶压机正安静运行，而其内部温度高达1600℃，犹如一座座小火山，放置其间的石墨柱在历经两三周的高温高压后，可"孕育"出1克拉以上的高纯度钻石原石。

金刚石是一种由碳元素组成的矿物，是石墨的同素异形体，也是常见的钻石的原身。石墨可以在高温、高压下形成人造金刚石。人造金刚石具有与天然金刚石相同的超硬、耐磨、抗腐蚀等优良性能，属于高效、高精、半永久性、环保型先进无机非金属材料，是生产用于对高硬脆、难加工材料进行锯、切、磨、钻等加工工具的核心耗材，在精密切削刀具、耐磨器件、半导体及电子器件、低磁探测、光学窗口、声学应用、生物医学、珠宝首饰等方面得到广泛应用，享有"材料之王"的美誉。

"人造钻石与天然钻石相比，就像'河里的冰'和'冰箱里的冰'，几乎没有差别。"力量钻石相关负责人介绍，公司当前最大可以生产出数十克拉的人造钻石原石。

"柘城有着'钻石之都'的美誉，以前主要生产机械加工用金刚石，现在通过技术创新，构建了微粉、单晶、钻石等金刚石制品全链条，产品附加值呈几何级增长。"柘城县高新区管委会主任孙若梅告诉记者，高新区已入驻金刚石超硬材料及相关配套企业110余家，培育钻石毛坯及加工销售钻石400万克拉，微粉产量和出口量分别占全国市场份额的70%和50%。

商丘市只是河南人造金刚石产能的富集地之一，郑州、许昌、南阳等地市也是人造金刚石及其制品的重要产地，分布着中南钻石、黄河旋风、四方达、郑州华晶等多家行业龙头和上市公司，而规模相对较小的企业更多。"企查查"检索显示，河南名称包含"金刚石"的企业高达499家。

数量庞大的企业每年释放出巨大产量。"据不完全统计，河南每年产出工业级人造金刚石约120亿克拉，钻石原石超过600万克拉，其中相当一部分出口到印度等地切割加工，然后发往欧洲、北美等区域。"中国机床工具工业协会超硬材料分会秘书长孙兆达介绍。

## 60年从一颗钻拓展出一条链

在郑州磨料磨具磨削研究所有限公司（以下简称"三磨所"）的草坪上，厚重的岩石基座上矗立着一件金灿灿的球形装备，这是一台见证了我国超硬材料工业发展的"功勋压机"。

"1963年，我们在北京研制出中国第一颗人造金刚石，后来在济南打造出这台顶压机。"王光祖今年90岁，是中国第一颗人造金刚石研制者之一。

王光祖回忆，因为金刚石中试基地设在郑州，三磨所具备良好的超硬材料量产基础，所以这台顶压机自然而然就落户在了三磨所。

三磨所成立于1958年，现隶属于世界五百强的中国机械工业集团有限公司，在业内有中国超硬材料"黄埔军校"的美誉，据说全国一半以上的超硬材料研发创业人员均出自这里。

人造金刚石在三磨所实现工业量产后，中国人造金刚石产业不断发生"裂变"，生产企业从三磨所辐射全国。经过数年的发展，生产工艺不断进步，产业链条持续拓展，从一颗金刚石衍生出一条完整的产业链。

"人造金刚石原石、微粉、线锯、钻石、顶压机，从设备到产品，河南企业不仅打通了产业链，而且一些行业龙头在细分领域几乎做到了极致。"一名业内资深人士介绍，当前正在向高端领域加快延伸。

记者走访了解到，一些龙头企业正加快布局前沿研究，黄河旋风用于半导体碳化硅切割的金刚石线锯跻身国际一流，培育钻石合成技术国内领先；中南钻石致力于金刚石半导体新材料研究，已制备出大尺寸超高纯金刚石半导体晶片和金刚石多晶散热薄膜；惠丰钻石已生产出5纳米级金刚石微粉。

钻石在人造金刚石领域的利润率相当可观，不少厂商正扩大产能和布局宝石加工。柘城县已经引入三家钻石首饰加工企业。去年国庆节期间，三磨所高端培育钻石品牌DEINO黛诺开启线上销售。

## 创新引领塑造产业新优势

在国内厂商加快布局人造钻石产业的同时，来自海外的竞争不断加剧。印度是我国培育钻石的重要出口国，当前正大力扶持培育钻石产业，打通生产、加工、销售的全产业链。

据《印度时报》等外媒报道和龙头企业负责人介绍，印度计划将培育钻石产值的全球占比从目前的15%提高至2025年的30%，钻石切磨加工基地古吉拉特邦已对辖区内的培育钻石企业，免除了未来5年的电力税。去年8月，印度国家银行还表示，开始向培育钻石生产商提供贷款，优先用于培育钻石生产设备的进口。

中国金刚石产业面临的挑战远不止人造钻石领域。业内人士坦承，尽管中国金刚石产业链最完整、产量最大，但在功能性金刚石领域的尖端研究仍面临重大挑战。

金刚石除具有优异的力学性能外，还拥有超高的热导率、高载流子迁移率、高绝缘性、极佳的光学透过性、化学稳定性等众多热、光、声、电、化学方面的优异性能，使得它在航空航天、新一代半导体、超大功率器件等尖端技术领域具有极佳的应用潜力。

业内科研人员介绍，金刚石材料的尖端应用对金刚石的纯度、尺寸、制备和加工工艺提出了更高要求，高温高压法在某些方面就暴露出了局限性。而在期望值较高的 CVD 法（化学气相沉积）领域，美日韩等国的部分研究已经取得了较大进展，英国元素六、韩国日进、美国 DI 等极少数企业具备了少量生产专用品种和部分高附加值产品的能力。

为延续在金刚石领域的优势地位，《河南省"十四五"制造业高质量发展规划》提出："巩固人造金刚石优势，大力发展宝石级金刚石、高导热高透光率多晶金刚石等，加快金刚石聚晶、高端刀具等高端制品研发制造，加快原辅材料、超硬材料及制品协同发展，打造全球超硬材料产业基地。"

在不久前河南召开的超硬材料产业高质量发展座谈会上，河南省委书记楼阳生强调，超硬材料产业是河南省的优势产业、潜力产业，前景广阔、大有可为。

要切实增强责任感、使命感、紧迫感，集聚资源、攥指成拳，进一步补链延链强链，提升产业链现代化水平，推动更多产品进入中高端、成为关键环，实现优势再造、换道领跑，努力打造超硬材料产业新高地。

（《经济参考报》2023 年 7 月 4 日　　新华社记者王圣志、牛少杰、唐健辉）

# 从"无中生有"到"闪耀世界"

## —— 河南柘城四十年蝶变"钻石之都"

柘城，河南豫东的一座小城，近年来因为钻石而名扬天下，被誉为"钻石之都"。其金刚石微粉的年产量和出口量分别占据全国的 70% 和 50%，年产金刚石单晶 60 亿克拉、金刚石微粉 100 亿克拉，培育钻石毛坯及加工销售 600 万克拉。

一个曾经的农业县何以无中生有，培育出拥有完整产业链的高科技超硬材料产业集群？面对新一轮

从多倍镜下看到的"人造钻石"。
（本文图片均为新华社记者张浩然拍摄）

的产业竞争，如何创新突围续写辉煌？带着疑问，记者近日深入柘城探究其背后的发展密码。

## "四十年磨一钻"吸引世界眼光

驱车驶入商丘市拓城县，一个巨型钻石模型竖立在城市广场，折射出金刚石产业在这个城市的分量。

在浓厚的七夕氛围中，记者走进河南业达峰新材料公司（以下简称"业达峰"）。戒指、项链、耳坠……琳琅满目的钻石饰品陈列在展厅，供客商和消费者选购。

"来这里出差，没法陪老婆过七夕，准备在这买颗钻石，回家给她一

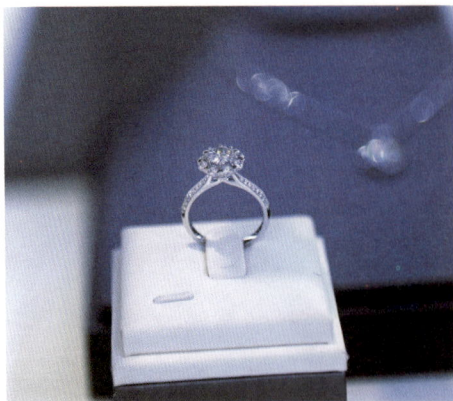

这是 2023 年 8 月 23 日拍摄的河南业达峰新材料有限公司展厅的钻石饰品。

个惊喜。"从安徽合肥来柘城出差的汪先生边说边细心地挑选饰品。

一旁由 5 名青年组成的直播带货团队，正在拍摄展厅内的钻石饰品。"柘城钻石名气越来越大，我们准备开设抖音账号，搞直播销售。"团队负责人王先生说。

"七夕前，全国各地来订购钻石饰品的客户数量明显增加。"业达峰负责人朱勇超向记者介绍，人造钻石与天然钻石相比，就像"河里的冰"和"冰箱里的冰"，几乎没有差别。培育钻石价廉物美，正在走进寻常百姓家。

柘城县县长余化敏介绍，柘城县金刚石超硬材料产业企业有 120 余家，构建了单晶、微粉、培育钻石、金刚石制品全链条，世界首个培育钻石产品标准就由柘城参与制定。

一度以辣椒、肉牛闻名的柘城县，是一个典型的平原农业县，当地无山少矿，发展金刚石产业地域优势并不明显。它究竟靠什么创造了无中生有、由小变大的神话？

把时间的指针拨回到 20 世纪 80 年代初期。

柘城县委、县政府号召在外能人返乡创业，时任郑州磨料磨具磨削研究所聚晶金刚石研究工程师的冯金章受邀返回柘城县邵园乡，参与创办全县第一家金刚石厂——邵园金刚石厂。此时距 1963 年 12 月 6 日我国在顶压机上研制成功第一颗人造金刚石，已经过去了 20 年左右。

冯金章返乡创办金刚石厂没几年，便因病去世。尽管邵园金刚石厂昙花一现，却为柘城培养了一批金刚石技术骨干。他们从家庭作坊创业起步，相继开办了大大小小的金刚石企业。

现已年近古稀的王占西，当年便是第一批"吃螃蟹的人"。他在 1986 年创办了柘城县钻石工具厂，一直延续至今。72 岁的王学柱曾在邵园乡经营一个农机修配门市铺，机缘巧合，帮邵园金刚石厂安装顶压机，自此与金刚石生产设备结缘，成为柘城县金刚石生产装备的首批创业者。

伴随市场经济的曙光，敢想敢闯的柘城人四处开拓市场，寻找销路，不仅视野广了，更

2023年8月23日，工人在河南业达峰新材料有限公司的车间作业。

有了强烈的市场意识。"只要是生产金刚石的地方，就有柘城人跑去买原料。"王占西回忆起创业初期的艰辛，仍唏嘘不已。刺骨寒冬，他身穿军大衣，跑到北京参加展会，在展馆外摆地摊推销金刚石微粉，因心疼钱，他住在地下室的小旅馆。

王占西说，柘城金刚石产业之所以无中生有，一步步壮大，离不开柘城县委、县政府发展金刚石产业的"定力"，一任接着一任干，才铸就了"钻石之都"的金字招牌。

早在2006年，柘城县便成立工业园区，配套软硬件设施，重点围绕金刚石产业，"筑巢引凤"，吸引金刚石企业进园区。2009年，柘城把工业园区提升为产业集聚区，建立柘城县超硬材料生产基地，加大招商引资力度，完善基础设施，出台优惠政策，进一步整合金刚石产业链企业进园区，推进产业集约化、集群化发展，逐步扭转了原来"小、散、乱"的作坊式生产格局。

一些金刚石生产企业积极抢抓机遇，不断发展壮大。其中，惠丰钻石从家庭作坊起步，一步步成长为国内最大的金刚石微粉生产企业，一年生产30亿克拉金刚石微粉，被工信部授予专精特新"小巨人"称号。

余化敏说，近年来，为进一步推动超硬材料产业转型升级，柘城县贯彻新发展理念，构建新发展格局，确立"单晶做强、微粉做精、制品做优、

钻石做亮"的总体思路，着力延链、补链、强链，又规划了 5000 余亩的金刚石产业园"新蓝图"，目前部分项目已建成投运。

2023 年 8 月 23 日，工人在河南业达峰新材料有限公司的车间作业。

在柘城县新建的金刚石产业园（一期二期），记者看到 12 栋厂房已达到入驻条件，另有 12 栋厂房正进行主体工程建设。据了解，该项目于去年 1 月启动建设，总建筑面积 63 万平方米。目前，柘城金刚石产业园已签约汉显科技、深圳聚晶、中南大学研究院 CVD 钻石项目、惠丰微粉等 11 个项目，预计年产值突破 100 亿元。

"四十年磨一钻。"如今，柘城县已构建起包含金刚石原辅材料、工业级金刚石单晶、金刚石微粉、宝石级金刚石、金刚石制品、钻石首饰等年产值超 200 亿的产业集群，被科技部评为国家超硬材料及制品高新技术产业化基地，走出了一条传统农区不依赖资源发展壮大工业的新路子。在今年的柘城县政府工作报告中，柘城县又制定了打造 500 亿级金刚石超硬材料产业集群的新目标。

# "三化"融合挺进价值链中高端

2021年9月24日上午9点25分，深交所一声悠长的钟鸣，力量钻石宣告上市。随后，惠丰钻石上市，由此，柘城创造了一年上市两家培育钻石概念公司的行业佳话。

这背后，转型升级是最有力的推手。

柘城县支持企业实施"生产换线""机器换人""设备换芯"等三大改造，加快新技术、新工艺、新设备推广应用，再造产业新优势。走进柘城县国家超硬材料及制品高新技术产业化基地，一幅数字化、绿色化、高端化的"三化"融合新图景展现眼前。

这是2023年8月24日拍摄的惠丰钻石股份有限公司智能工厂生产车间。

数字化成为企业转型升级的重要标志。在惠丰钻石智能工厂，一座标准化车间内300台微粉自动分选机和30多台高速冷冻离心机正满负荷运转，但见机器不见人。

据记者了解，惠丰钻石在采购、生产、仓储、销售、发货、结算等环节构建了全链条的数字化系统，多种数据集合到这个"智慧大脑"。车间生产设备也接入了该系统，实现金刚石微粉的分选分级参数的实时传输，对产品质量进行全流程监控预警。

"与老厂区相比，新厂区的微粉分选设备更加智能，之前是人工分选金刚石微粉，现在是自动化分选，质量和效率都大幅提高。得益于新设备、新技术更新迭代，公司已实现50纳米金刚石微粉的工业化批量生产，并破解了20纳米级微粉量产技术难题，有效实现了国产替代。"惠丰钻石相关负责人说。

绿色化理念深植企业生产全过程。在力量钻石的生产车间，一排排六面顶压机正安静运行，而其内部温度高达1400℃—1500℃，犹如一座座小火山，放置其间的石墨柱在历经两到三周的高温高压后，可"孕育"出10到20克拉的人工培育钻石原石。

力量钻石相关负责人介绍，公司拥有1600台六面顶压机，其中1400台是800毫米缸径的大型六面顶压机。与传统小型六面顶压机相比，人员投入和原材料消耗基本持平，尽管能耗提高了1.2倍，但产能却提高了2倍到2.5倍，平均单位能耗降低了一半左右。此外，经过近10年坚持不懈的技术攻关，公司把高耗能的金刚石提纯电解周期先从14天压减到10天，又压减到7天，更加节能环保。

考虑到金刚石生产高耗能特点，力量钻石在新厂房的顶部全部安装了新能源光伏板，践行绿色发展理念。"目前，公司新能源光伏的总装机容量已达6兆瓦，初步测算，年发电量720万度左右。后续新建厂区也将全部安装太阳能光伏板，充分利用绿色电能，在大幅降低能耗的同时，有效节约生产成本。"力量钻石相关负责人说。

高端化成产品新特点。记者采访发现，在柘城金刚石产业转型升级过程中，部分新产品填补国内空白，保持着较高的市场占有率。柘城县高新区管委会主任孙若梅介绍，在金刚石微粉方面，柘城县年产量和出口量分别占全国的70%和50%，其中纳米级金刚石微粉在国内精密仪器打磨抛光市场，保持着较高市场占有率。

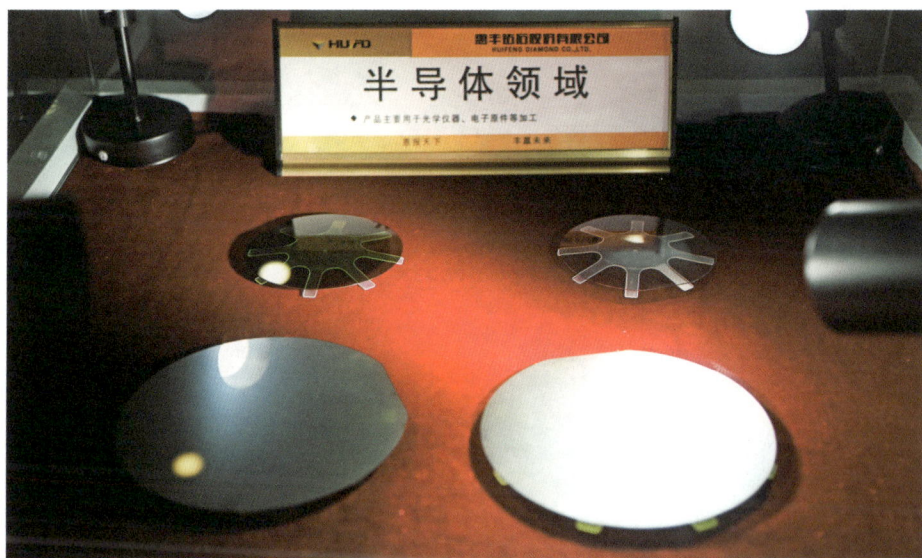

这是 2023 年 8 月 24 日拍摄的惠丰钻石股份有限公司展厅展示的应用于半导体领域的产品。

惠丰钻石研发生产的人造单晶金刚石微粉广泛应用于航空航天、装备制造、光学仪器、精密陶瓷、医疗器械等领域，于 2021 年 12 月被工信部认定为第六批制造业单项冠军产品。

在金刚石单晶方面，力量钻石研发生产的 IC 芯片超精加工用特种异型八面体金刚石，拥有自主知识产权，打破了国外垄断，填补了多项国内技术空白。该公司生产的线锯用金刚石微粉，处于行业领先地位。

孙若梅介绍，目前，柘城金刚石产业拥有省级专精特新中小企业 15 家、国家级专精特新"小巨人"企业 2 家。未来，柘城将力争用 1—2 年时间，把培育钻石生产企业的六面顶压机总量发展到 5000 台，做到全国第一。同时，柘城县还将往下游发力，重点发展培育钻石、金刚石制品，支持企业革新技术，开发新产品，推动金刚石从传统磨削锯钻等工具向半导体、尖端医疗、航空航天等功能性用途拓展，使柘城超硬材料产业挺进中高端。

这是 2023 年 8 月 24 日拍摄的河南省力量钻石股份有限公司展厅的钻石饰品。

## 加速创新瞄准功能金刚石新赛道

今年 6 月，在美国拉斯维加斯举办的珠宝博览会上，力量钻石展出一粒 50 克拉的产品，吸引了与会厂商的目光。这是柘城县金刚石产业自主创新、技术突破的一张闪亮名片。

"目前，公司已实现 1 到 30 克拉培育钻石的批量化生产。近年来，基于 30 克拉培育钻石的技术积累，公司强化技术创新，在实验室条件下，培育出了 50 克拉的钻石。这对公司来讲是一个里程碑，未来将持续投入研发，加快技术攻关，主动竞逐功能性钻石新赛道。"力量钻石相关负责人说。

"过去，金刚石多用作磨料磨具生产，属于传统工业，随着近年来宝石级大单晶的市场开拓，行业孕育出了新的市场空间。一些企业正瞄准第四代半导体、高性能散热材料、光学窗口材料等开展技术攻关，进军新赛道。"孙若梅说。

惠丰钻石也在原有的金刚石微粉基础上延伸产业链，加快打造培育钻石规模化生产能力，其 CVD 培育钻石业务已初具规模。

"CVD 法合成的金刚石，具有尺寸大、低杂质浓度、高结晶质量等优点，在航空航天、新一代半导体、超大功率器件等尖端科技领域具有较大的应用潜力。"惠丰钻石相关负责人说。

余化敏表示，当前，柘城县金刚石产业正从"跟"到"创"迈进，大力推进自主创新，着力攻克前沿技术，推动金刚石产业从机械用金刚石向功能用金刚石转型。

"政府搭台、企业唱戏，政府服务、企业发展，政府主导、企业主体"——在超硬材料发展中，柘城县探索出一条产、学、研紧密结合的校企合作新路，在科技攻关、成果转化、科技咨询、人才引进、人才培训及项目推荐落户等方面，与 16 家国内大学和科研院校开展合作，并每年举办一次全国性产业论坛。

为推进规模以上工业企业研发活动全覆盖，柘城县鼓励企业建立自主研发创新中心，为此设立了 3000 万元科技创新基金，支持重点企业建设企业技术中心、工程技术中心、重点工程实验室、院士工作站等研发平台，鼓励企业引进新技术、加强科技研发、改进生产工艺，提高产品档次和附加值。

截至目前，柘城县培育超硬材料高新技术企业 32 家，建成省级工程技术研究中心 16 家，建成河南省人造金刚石质量监督检验中心以及微纳米金刚石粉体材料院士工作站 1 处、博士后研发基地 2 处。

"钻石恒久远，一颗永流传。"戴比尔斯公司通过广告，将钻石与爱情、承诺和珍贵联系在一起，创造了钻石饰品销售神话。如今，柘城通过产业化，将培育钻石与新技术、新产业和新业态相结合，正开创功能性钻石产业应用的新图景。

（《新华每日电讯》2023 年 9 月 15 日 新华社记者王丞志、孙清清 牛少杰、张浩然）

# 四方达："超硬实力"磨出"真功夫"

2023 年 9 月 8 日，国内复合超硬材料领域首家上市公司、制造业单项冠军——河南四方达超硬材料股份有限公司（以下简称"四方达"）筹备多年的"年产 70 万克拉功能性金刚石产业化项目"在郑州经开区综合保税区 B 区开工建设。

据了解，该项目总投资 7 亿元，预计 2024 年投产，第一阶段达产后预计产值超 10 亿元，主要产品为培育钻石、超精密刀具单晶金刚石、光学级金刚石、半导体散热用金刚石等；第二阶段将根据市场需求优化产品结构，有望实现年产值 15 亿元以上。

作为郑州经开区土生土长起来的企业，一步一步成长为中国超硬复合材料行业翘楚、全球超硬复合材料行业领军者，谈及如今取得的成就，四方达董事长方海江不禁感慨万千："既离不开政府与企业双方的持续沟通，也离不开深耕市场、技术创新等多方面的努力。既水到渠成，又来之不易。"

## "硬实力"撑腰

企业实力有多"硬"，数据是最有利的证明。

在复合超硬材料细分领域，四方达产品连年稳居全国销量第一，国内市场占有率超 30%，并远销欧洲、东南亚等 40 多个国家和地区，连续三年出口量业内第一，占全国同类产品出口额的 30% 以上。2022 年，四方达超硬复合材料销售量达 301.70 万个（粒），下游需求旺盛，营业收入 5.14 亿元，同比增长 23.24%……

从 1997 年首创钴基聚晶金刚石拉丝模坯"起家"，四方达深耕超硬材料行业，已经实现资源开采及工程施工类产品、精密加工类产品与 CVD 金刚石"齐头并进",逐步发展壮大为国内规模最大的复合超硬材料生产厂商,集国家高新技术企业、国家制造业单项冠军示范企业、国家级专精特新"小巨人"企业、海关高级认证企业(AEO)、河南省创新龙头企业、河南省技术创新示范企业、河南省高成长民营企业、河南省知识产权优势企业、河南省质量标杆示范企业、河南省智能制造车间试点企业以及安全生产标准化三级企业、郑州市十大"三高"企业、国家级绿色工厂等荣誉于一身。

从当年筚路蓝缕创业艰辛,到如今成长为中国超硬复合材料行业翘楚,全球超硬复合材料行业领军者,26年风雨历程,四方达始终秉承着"扩四方者,达兼天下"的理念,苦干实干,紧盯世界地图匠心做实业,以科技自立自强助推"河南制造"达四方。

## 专啃"硬骨头"

四方达董事长方海江告诉记者,创业初期步履维艰,不仅资金紧张,而且要面临找准定位、开拓市场等多重挑战。"通过市场调查,我们发现生产拉丝模坯的企业规模都不大,市场竞争较小,技术含量很高。此外拉丝模坯的产品附加值高,回款也非常及时,所以我们选择了这个非常小的市场来做突破点。"

科班出身的方海江,很快就研制出带硬质合金支撑的聚晶金刚石拉丝模坯,并大量推向市场,结束了我国不能生产大直径带硬质合金支撑的聚晶金刚石拉丝模坯历史。

然而,方海江并不满足于此:"四方达要想完成全球超硬材料一流品牌的目标,需要将目光放得更长远。"

随后,方海江便与其科研团队聚焦石油钻探及矿山开采、汽车零部件、装备制造、航空航天等先进制造领域,攻关"卡脖子"技术,不断提升创新效能,相继推出石油钻头用聚晶金刚石复合片,煤田/矿山用聚晶金刚石复片,切削刀具用聚晶金刚石/聚晶立方氮化硼复合片。其高端产品质量指标已接近国际著名企业产品,同时逐步实现高端产品在市场上与国际著名企业竞争,持续向更难、更深处掘进。

"硬核"产品的诞生，以品质和信誉赢得了市场的赞誉和知名度，不仅国内市场获得广泛认可，同时还出口到欧洲、亚洲等 40 多个国家和地区，逐步成为国内复合超硬材料行业内优质产品的代表。

科技创新、技术创新、设计创新是企业的生命线，也是四方达多年来高速高质量发展的原动力。目前公司技术中心被认定为"国家企业技术中心""河南省复合超硬材料工程技术研究中心"，申请专利技术 200 余项，发明专利 12 项。参与 6 项行业标准的修定，承担国家省市级科研项目 9 项，获得 2 项河南省科技成果鉴定并获得科技进步奖，4 项技术填补国内空白。公司与中南大学、郑州大学等知名高校进行产学研合作，并于 2014 年年底获批博士后科研工作分站，培养研究类科研人才，深化产学研合作，推动产业链补链、延链。

"四方达不断地加大技术研发力度，最近三年，企业的研发投入占营收占比平均为 11.55%，持续增加研发人员和设备的投入，形成了自己的独特优势，在综合实力、创新力和竞争力迈上新台阶。"方海江告诉记者。

公司坚持科技创新，业绩快速增长。2016 年至 2019 年公司营业收入年复合增长率达到 44%。公司 2022 年营业收入为 5.14 亿元，同比增长 23.24%；归属上市公司股东利润 1.54 亿元，同比增长 68.55%；扣非净利润为 1.18 亿元，同比增长 78.79%。2023 年上半年营业收入 2.77 亿元，同比上年同期增长 5.65%。

经行业协会统计，四方达聚晶金刚石产品在国内的市场占有率排名第一，占比为 37%；在国际的市场占有率排名第二，占比为 14%。创新开发了系列填补国内空白、打破国外技术封锁的高性能聚晶金刚石超硬产品：石油开采用异型金刚石复合片打破国际垄断，达到国际领先水平；74MM 超大直径聚晶金刚石刀片，国内最大，全球前三；40MM 拉丝模产品解决大直径线材拉拔的行业难题，全球第二。

## 聚势"达四方"

26 年来聚焦超硬材料领域，打造自主品牌。

2011 年，四方达成功在深圳证券交易所上市，成为复合超硬材料行业内首家上市公司，立志于推动和引导复合超硬材料进口替代和硬质合金替代，做复合超硬材料的"领航者"和"开拓者"。

2013 年，在做大做强复合超硬材料的基础上，收购郑州华源超硬材料工具有限公司，产业链向下游复合超硬材料制品行业逐步延伸，迈出行业垂直整合的第一步，成为国际一流的复合超硬材料及制品制造商。

2021 年 4 月，四方达与郑州大学签署技术转让协议，受让其部分 CVD 金刚石制备技术及功能性应用技术，并委托郑州大学进行金刚石光电功能器件的研究与开发。同年 10 月成立天璇半导体，正式进军 MPCVD 合成金刚石领域。

2022 年，四方达增资控股河南天璇半导体科技有限责任公司，并与海南珠宝签署了《战略合作框架协议》，结成战略合作伙伴关系，加快布局培育钻石终端零售业务。

2023 年，"年产 70 万克拉功能性金刚石产业化项目"在郑州经开区综合保税区 B 区开工建设。

方海江告诉记者，按照"1+N 行业格局"战略核心，即"以四方达的复合超硬材料为 1 个主体，结合超硬材料在不同领域的应用形成上下游联动的策略"，短期内以油气开采类产品"进口替代 + 大客户战略"为重点，中期推进精密加工"进口替代 + 合金替代"，远期培育金刚石其他应用市场，以半导体电子级工业金刚石为方向，CVD 培育钻石为业绩新增长点，提升未来核心竞争能力。

展望未来，方海江表示，一方面，随着制造业高端化、智能化、绿色化发展，超硬材料及其制品将成为高速高效高精密和绿色加工等先进制造技术的重要组成部分。另一方面，金刚石半导体器件不断取得新进展、培育钻石渗透率逐渐增长，产品品级和附加值不断提升，产品应用领域不断扩展。"未来，超硬材料在精密加工、珠宝首饰、功能器件领域都将大放异彩，市场规模有望进一步扩大，将进一步加大研发投入，提高创新能力，助力河南省由超硬材料大省向超硬材料强省跨越。"

（王译博、董茜）

# 超硬材料的"许昌旋风"

"全球超硬材料看中国，中国超硬材料看河南。"那么，河南超硬材料看哪里？

许昌，不遑多让。

超硬材料被誉为"材料之王""终极半导体"，也是河南省为数不多的全国领先、全球独具优势的产业，已成为一张闪亮的产业名片。金刚石就是超硬材料的中坚力量。

在中国超硬材料的军团中，位于长葛市的上市企业河南黄河旋风股份有限公司（以下简称"黄河旋风"）便是佼佼者——

作为全国最早的金刚石行业上市公司，黄河旋风已成为全球唯一可以同时在全产业链上进行规模化生产的企业，"旋风"牌人造金刚石在全球市场的占有率稳居前三位。

在"链主"企业黄河旋风的带动下，许昌金刚石制造及制品加工相关企业已达 30 余家，2022 年主营业务收入超 200 亿元，是我国及亚洲重要的人造金刚石及制品生产基地。

那么，许昌这股超硬材料"旋风"因何而起，又将刮往何处？

## 金刚石"厉害"在哪儿

金刚石是一种由碳元素组成的矿物，硬度高、耐磨性好、防腐效果好，也是钻石的原身。

人造金刚石则具有与天然金刚石相同的优良性能，适用于"切、磨、钻、抛"等领域，有"工业牙齿"的美称，在诸多领域有广泛应用——

海上风电的风叶，把金刚石磨成粉做成涂料涂在上面，可以极大避免海水海风的侵蚀；

大连打渔的渔网，用的高弹性的纤维，如果加上金刚石防腐，就不用再"三天打鱼、两天晒网"；

汽车上的耐磨涂层，漆里如果添加金刚石粉，一般的剐蹭根本影响不到汽车的表面涂层；

机场跑道，添加金刚石这种超硬材料，可以让跑道"固若金汤"；

还有做美容的手术刀，用上它可以实现真的无痛切缝……

在珠宝领域，近年来随着市场接受程度的提升，培育钻石作为天然钻石的补充及替代产品，市场规模迅速扩大。在全球范围内，天然钻石生产商、培育钻石生产商、时尚珠宝品牌都在积极进行培育钻石零售端的布局。

中国金刚石行业起步较晚，但行业发展速度较快，经过 60 年发展，产量已位居全球首位，工业金刚石年产量占世界总产量的 95% 以上，培育钻石年产量占世界总产量的 80% 以上，具备了全球最完整的产业链，其相关制品是国防军工、航空航天、芯片产业、基础建设等重要领域实现精密、超精密加工的关键必备工具。

河南省是我国超硬材料研发和生产基地，工业金刚石、培育钻石产量均占全国的 80%。在河南超硬材料军团中，年销售收入 1 亿元以上的企业有 30 家，主要分布在郑州、许昌、南阳、商丘四地。

## 许昌"厉害"在哪儿

在 2 台金刚石压机、10 余名员工的基础上起步，黄河旋风公司已成长为国内品种最齐全、产业链最完整的超硬材料供应商。

7 月 24 日，在黄河旋风智能化车间，上百台"体形"巨大的六面顶压机高效工作，柔软的石墨在 1300 摄氏度的高温中被"千锤百炼"，"脱胎换骨"为世界上硬度最高的物质——金刚石。

"我们打造了全国超硬材料行业首个'5G+智慧工厂'项目，实现了全公司生产过程数字化、信息数据化，使企业生产成本降低了 18%，生产效率提升了 20% 以上。"黄河旋风董事长庞文龙说。

创办时只有 5 个人、3000 元启动资金，如今，黄河旋风已是总产值逾 200 亿元的大型上市公司，"旋风"牌人造金刚石在全球市场的占有率稳居前三位。黄河旋风还是超硬材料行业唯一的全产业链企业，在上游、中游和下游的所有四个环节——原辅材料、超硬材料、超硬材料中间制品及超硬材料终端制品，形成了市场及产业优势。

凭借自主创新，40 多年来，黄河旋风先后攻克了聚晶金刚石复合片、40 毫米大直径聚晶复合片、金刚石线锯等技术难关，完成省级以上研发项目 173 项，拥有专利技术近千项，有 56 项成果位居国内领先水平。其研发的金刚石工具，用预合金粉产品解决了关键原材料依赖进口的"卡脖子"难题，2021 年进入国家第六批制造业单项冠军产品名单。

在黄河旋风带动下，许昌的金刚石制造及制品加工相关企业已超过 30 家，2022 年主营业务收入超过 200 亿元，成为我国及亚洲重要的人造金刚石及制品生产基地。

这些金刚石企业主要集中在长葛市、禹州市、建安区，重点企业包括七方超硬、恒达超硬等公司，已形成年产人造金刚石 50 亿克拉的生产能力，金刚石线锯装备制造具有自主知识产权，填补国内空白。

## "一把手"链长

超硬材料产业进入黄金发展期，谁行动更快、力度更大，谁就能抢占先机。

基于此，河南省委书记楼阳生、许昌市委书记史根治领衔超硬材料产业发展，分别担任省、市产业链"链长"。

从河南来看——

河南已明确七大产业集群、28 条产业链，省委书记楼阳生担任的正是全省超硬材料产业链链长，期望产业"再造新优势、领跑新赛道"。

《河南省加快材料产业优势再造换道领跑行动计划（2022—2025 年）》

提出，到 2025 年，要形成包括超硬材料在内的 6 条千亿级支柱产业链，以郑州、许昌、商丘、漯河、南阳、信阳为支点打造全球最大超硬材料研发生产基地。

对黄河旋风，省主要领导非常重视：

2021 年 11 月 16 日，省委书记楼阳生到黄河旋风调研时，期望公司"在超硬材料领域再刮一轮新'旋风'"。

2022 年 12 月 5 日，省长王凯到黄河旋风调研时，勉励企业继续加大科研投入力度，进入产业链中高端，成为价值链关键环。

从许昌来看——

参照省里模式，许昌确定了 10 个产业集群、16 个产业链作为发展重点。《许昌市先进制造业集群培育行动方案（2022—2025 年）》提出："打造超硬材料产业链，巩固人造金刚石优势……"

2023 年 5 月 31 日，许昌市印发的《十大产业集群培育计划》提出，许昌已成为全球最大的人造金刚石生产基地，力争"十四五"末培育形成超硬材料等 5 个 500 亿级产业集群。

6 月 9 日召开的市委常委会会议，审议通过了《许昌市加快构建现代化产业体系着力培育重点产业链工作推进方案（2023—2025 年）》，明确史根治担任全市超硬材料产业链"链长"。

史根治作为许昌超硬材料产业发展的第一分包人，曾多次走进企业、化解难题，并且在上任"链长"的第二天即赴黄河旋风调研，认为超硬材料产业前景广阔、大有可为，强调要坚定信心、抢抓机遇，更好地发挥链主企业的引领带动作用，共同做大做强超硬材料产业。

500 亿元，正是许昌对超硬材料产业的信心与期许。

## 下一个关口

从无到有、从小到大，超硬材料产业又到了新的发展关口。

我国虽然是超硬材料及制品大国，但还不是强国。许昌也在"闯关"，需要攻难"大而不精"的问题。

"大而不精"易产生两个隐患：其一，上游原材料产品居多，高端制品及功能化应用产品较少；其二，中高档产品竞争力弱，产品专用化程度和精细化程度不够，部分中低端产品产能过剩。

此外，业内人士指出，在应用销售方面依赖传统模式、高端人才不足等问题，也是制约超硬材料行业发展的因素。

爬坡过坎，"下一站"，超硬材料产业要完成由大向强的转变。

何法？唯有创新！创新，是产业做大做强的灵魂。

对于未来发展，黄河旋风人信心满满。庞文龙说："我们正在实施的培育钻石产业化项目，总投资 26.7 亿元，采用国际一流的超高压合成装备及大单晶合成制造工艺技术，助力产业跨进千亿级发展主航道……"

许昌市工信局有关负责人则表示："我们将助力企业持续提升创新能力，进一步补链延链强链，提升产业链现代化水平，推动更多产品进入中高端、成为关键环，实现优势再造、换道领跑，努力打造超硬材料产业新高地。"

（高伟山）

## 第六章

# 立足"中原粮仓"
# 扩容食品生态圈

# 一座"中国食品名城"的舌尖变革

作为被中国食品工业协会授予的全国首个"中国食品名城",河南省漯河市近年来不断推进高质量发展,以创新发展、集群发展、融合发展,构建食品业新生态,诸多知名食品品牌在漯河崛起,食品产业不断壮大,这座城市越发有"色"有"味"。

河南省漯河市一景(无人机资料照片)。(新华社发)

## 创新驱动 挺进价值链高端

走进河南中大恒源生物科技股份有限公司的展厅,映入眼帘的是装着各种植物提取色素的玻璃瓶,仿佛进入了五彩斑斓的童话世界。

"我们从辣椒、栀子、姜黄、西红柿等农产品中,研发提取天然食用色素、天然功能性原料、天然抗氧化剂、保健品。目前,公司生产有35种天然色素品种,涵盖天然色素的全色系产品,是国内外上百家知名企业的优

河南中大恒源生物科技股份有限公司研发人员进行天然色素产品的质量实验（资料照片）。（新华社发）

选供应商。"该公司研发人员李宏龙说。

作为国内最早从事植物提取天然色素企业之一，中大恒源与知名院校合作，建有国家级企业技术中心，拥有60多项自主核心发明专利。栀子黄、姜黄产销量全国第一，并出口欧美日韩等国家。

"我们不仅为生活添彩，更是添'绿'。"李宏龙说，栀子黄除了可给食品着色外，还富含藏红花素，具有抗炎、抗氧化等功能；公司所产代糖产品，拥有白糖70%的甜度，只有白糖0.3%的热量。

在漯河，像中大恒源这样的专精特新企业并不少见。在创新驱动下，漯河食品业正进军农产品精深加工的高技术、高附加值领域。

漯河市科技局局长效国强介绍，全市实施了规模以上工业企业研发活动全覆盖行动，国家级、省级食品类研发平台已达84家，食品企业每年研发新产品300个以上。为推进食品产业高质量发展，漯河正高标准筹建"河南省食品实验室"，构建全链条科研成果转化体系。

绿色发展，安全生产。漯河建立了覆盖全市的食品安全追溯体系。在肉菜商品流通领域建立信息查询追溯平台，销售出去的肉类可以追溯到养殖场，蔬菜可以追溯到批发调拨，实现生产记录信息化、生产行为透明化、终端查询便捷化。

## 强牌提质　推动产业转型发展

从卫龙辣条到打出健康标签的网红食品魔芋爽，卫龙食品公司在诞生后的10余年里，不断刷新自己的"颜值"。2021年通过港交所聆讯，冲刺"辣条第一股"。

卫龙辣条是许多年轻人的童年记忆。从设备简陋的小厂起步，也曾贴着"五毛食品"的标签。如今，卫龙已成为国家"智能制造优秀场景"企业。

"凭借封闭化、自动化生产，卫龙能生产出最干净的辣条。"卫龙研发运营部总监杨梅说，伴随人们对健康的追求，卫龙在食品上减糖减油，推出魔芋爽等低热量、口感好的产品，受到年轻人的喜爱。

新兴企业创新不止，老牌名企也在自我革新。双汇正从传统肉制品加

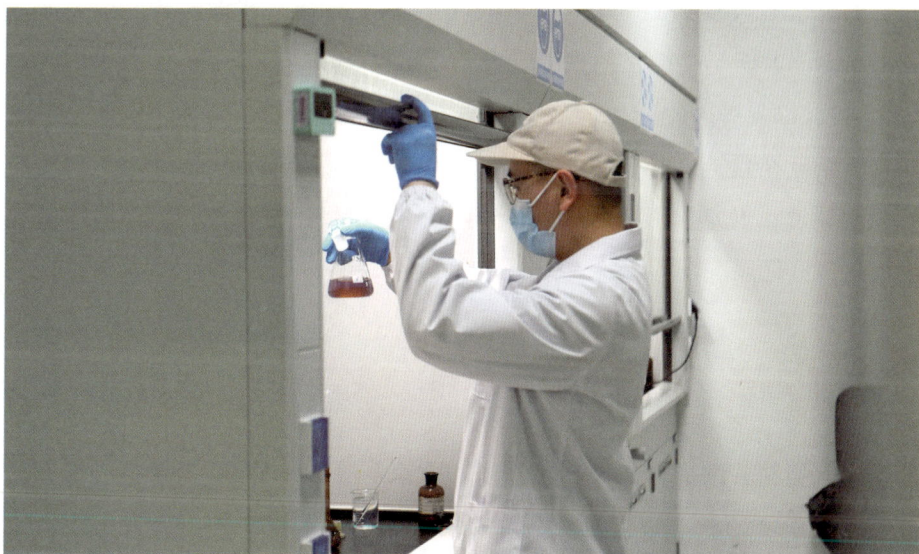

2022年3月15日，卫龙研发实验室工作人员进行食品检测。（新华社记者郝源摄）

2022 年 3 月 15 日在双汇工业园展厅拍摄的双汇系列产品。（新华社记者郝源 摄）

工巨头向消费品企业转变。"目前，双汇已经开发出 1000 多种肉食制品，满足不同消费者的需求。"双汇集团副总裁周霄说。

双汇产品中，既有各种口味的香肠，也有不同类型的卤制肉；既有休闲食品，也有肉食预制套餐……2015 年，双汇高标准建设西式工厂，消费者不出国门就能享受纯正的火腿、香肠、培根。

"我们以强牌、提质、增量为抓手，推动食品产业链延伸，双汇、卫龙等龙头企业在延链、补链中不断提升品质，开发新产品。"漯河市工信局局长卢丽琴说，卫龙投资 30 亿元的产业园三期项目正在建设，投产后产销规模可达 200 亿元。

## 产业融合　扩容食品生态圈

漯河临颍县南街村集团，创造了"北京"牌方便面 30 多年销售常青的传奇。如今，这块"面"的上下游已集聚成链，汇聚了种子研发、粮食生产、仓储、精深加工等产业。

"我们一年使用面粉 9 万多吨，由上游种粮大户、合作社、种子公司、

2022年3月15日，在双汇工业园生产车间，工人在流水线上作业。（新华社记者 郝源 摄）

南街村面粉厂组成的联合体特供，确保面粉和下游方便面品质。"南街村集团方便面厂厂长张太宇说。

得益于产业链、供应链、价值链"三链"融合，南街村构建了从田间到餐桌的逐级订单供应链，还形成了功能完善的电商和物流配送体系，成为漯河扩容食品生态圈的一个缩影。

立足"中原粮仓"的资源禀赋，漯河作为"全国主食产业化工程示范市"，已成为全国重要的食品研发基地和食品加工业集聚地，食品产业规模达2000亿元，年产销肉制品680万吨，日产休闲面制品3500吨，麻辣面制品、肉制品、冷鲜肉单品产量等均居全国第一。

"漯河已形成了从源头到终端，从生产到研发、检测、包装、物流、电商、会展的全食品产业链条，成为河南超万亿食品产业集群的重要支撑。"漯河市市长秦保强说，"在'十四五'时期，漯河将坚持'产、城、链、园、人、文'一体推进，聚焦'食品城''食品+''食品云''食品安'同步发力，全面构建完善的食品产业生态，打造全国一流、世界有影响力的现代化食品名城。"

（新华社郑州2022年4月1日电　新华社记者王丁、王圣志、孙清清）

# 金丹科技：打造国际领先的
# 生物新材料产业链

周口市郸城县相传是老子汲洺河之水、取河畔之薪炼丹"丹成"之地。1984 年，郸城县一家企业在这里以玉米为原料萃取出乳酸，也炼成了光彩夺目的"金丹"。这家企业便是我国最大的乳酸行业龙头企业，生产规模亚洲第一、世界第二的河南金丹乳酸科技股份有限公司。

## 玉米中萃取"金丹"改善人们生产生活

"你看，餐饮业所用的碗、盘、勺、叉、吸管，还有医用的骨钉、缝合线……不管是透明的还是不透明的，软料的还是硬料的，都能用改性全降解材料做成。"在金丹科技展厅，总经理石从亮向来访者详细介绍这项未来产业的新成果。

郸城县耕地面积有 163 万亩，以种植小麦、玉米为主。金丹科技是当地玉米精深加工行业的典型代表，公司是以玉米为原料，采用微生物发酵技术生产乳酸的高新技术企业。多年来，在各级党委、政府的帮扶支持下，金丹科技坚持走解放思想、改革创新之路，通过进一步加大人力、物力投入，升级企业自动化、智能化水平等方式，战胜了资金极度紧缺、设备工艺落后、人才匮乏、环保制约因素。经过近 30 年的发展，目前金丹科技已成为全世界玉米精深加工产业链条最长、产品种类最多的乳酸、聚乳酸生产企业，实现了农产品的数十倍增值。目前金丹科技拥有乳酸及乳酸系列产品生产线，供热中心、欧洲金丹、金丹生物新材料、河南金丹环保新材料、河南金丹现代农业开发有限公司、河南省聚乳酸可降解材料产业研院有限公司五个子公司。2020年4月22日，金丹科技在深交所成功上市，成为国内同行业首家上市企业。

## 坚持创新、勇争一流

从1984年的小乳酸厂发展到今天的深交所创业板A股上市企业，董事长张鹏深知，企业要想走得更稳更远，必须依靠科技创新。多年来，金丹科技专注研发与生产，设立了国家企业技术中心、乳酸技术工程技术研究中心、国家博士后科研工作站、国家和地方联合共建工程实验室、河南省乳酸生物新材料院士工作站。形成了院士、博导、博士、硕士、学士五位一体的科技创新和管理团队，团队中享有国务院津贴5人、河南省学术带头人3人、省管优秀专家4人，2016年金丹科技与南京大学、南京工业大学建立了战略合作联盟，先后与国内多家大专院校、科研单位建立了科研生产联合体，承担并完成国家863计划等50多个技术项目，8项核心技术达到国际先进或领先水平、3项技术填补了世界空白，取得了52项国家专利。值得一提的是，金丹科技自主研发的L-乳酸产业化关键技术，打破了国外技术及市场垄断，获得国家科技进步二等奖、河南省科技进步一等奖。

如今，金丹科技已有食品级、医药级、耐热级、可聚合级等60多个乳酸品种，广泛应用于食品、医药、化工、轻工、环保、新材料等众多重要产业领域，国内市场占有率达60%以上，拥有双汇、金锣、蒙牛、伊利、海正、娃哈哈、康师傅、喜之郎、青岛啤酒、哈药集团、中国烟草、大庆油田、KERRY、DANNISCO等800多家客户。

## 可降解新材料迎来发展契机

近年来，我国全面贯彻落实习近平生态文明思想，全国上下"限塑""禁塑"力度不断加大，生物可降解新材料产业发展方兴未艾。在这种大形势下，河南省委、省政府把发展生物新材料产业列入河南省"十四五"规划重点发展的十大产业之一。2022 年 3 月 22 日，河南省政府批准成立以河南金丹乳酸科技股份有限公司为牵头单位的河南省聚乳酸可降解材料产业研究院。同年 4 月 8 日，周口市委书记张建慧、副市长梁建松和金丹科技董事长张鹏一起为河南省聚乳酸可降解材料产业研究院揭牌。这标志着金丹科技用 38 年时间把玉米加工成淀粉、葡萄糖、乳酸、丙交脂之后，又迈出新的一步，做成了聚乳酸。简而言之，这种晶莹剔透的小颗粒，经过改性加工可变成各种生活用具，最关键的是可降解成水和二氧化碳，形成循环产业链。

据了解，河南省聚乳酸可降解材料产业研究院计划建设聚乳酸和生物基降解材料、石油基降解材料、淀粉基新材料及改性材料、菌种发酵、乳酸分离技术、产品应用技术、资源综合利用 7 个研究室，检测分析、技术信息 2 个中心和 1 个多功能中试基地，同时联合清华大学、南京大学、郑州大学、河南农业大学、天津科技大学、河南省科学院化学所、河南省科学院生物研究所、河南省食品工业科学研究所、邓州市金碧生物材料科技有限公司、河南正通食品科技有限公司、河南省银丰塑料有限公司等单位，采用"研究院 + 创新平台 + 合作项目"运行模式，面向世界引进高层次领军型人才，帮助金丹科技瞄准乳酸、聚乳酸可降解材料全产业链世界前沿技术难题，以体系化、任务型、开放式的模式，打造世界一流降解材料最权威的开放共享平台，抢占全球生物可降解新材料领域制高点。

"聚乳酸应用范围不光是生活用品，还有人体可吸收的手术缝合线、骨钉、医用膜等产品，原材料全是聚乳酸改性生产，具有完全可降解吸收、无污染的显著特性。"说起生物可降解新材料应用的广阔前景，金丹科技董事长张鹏信心满满，"我们将打通产学研用通道，瞄准乳酸、聚乳酸降解材料全产业链世界前沿技术难题，重点开展发酵菌株性能提升、非钙盐法生产乳酸、丙交酯产业化关键技术优化、高分子量聚乳酸产业化、聚乳酸加工改性及聚乳酸制品生产等关键核心技术联合攻关，形成具有自主知识产权的创新联合体，打造国际领先的生物新材料产业链。"

（李岩）

# 一颗红枣与一个上市公司

打开微信输入"好想你"三个字的对话框，朵朵鲜花从屏幕上方飘落，天空雨花的效果，无意中为好想你品牌做了又一次推介。

不仅是红豆，红枣也代表着相思。好想你围绕红枣，发展成一家上市公司，最高年收入达 60 亿元。从 1992 年至今，数十年成长，让红枣成为家喻户晓的健康食品标志。旗下红枣、冻干产品、坚果、果干等一系列健康食品，也让好想你成为人们表达思念感激的常备礼品。

## 一颗红枣的衍生

在新郑市中华路一侧，好想你健康食品产业园，智能化生产车间正有序生产，一颗颗红枣在流水线上翻滚、筛选、清洗、去核、加工、包装，自动化智能化的生产线，让一颗颗红枣源源不断进入一个个家庭，成为健康时尚的轻食产品。

车间旁边的红枣博物馆，又名枣立方，是好想你投资亿元，打造的全国首个红枣博物馆。几层展厅展示了红枣的方方面面，成为省会郑州周边独具特色的专业博物馆。

拧开瓶盖，注入温水，只需几秒，就是一杯香浓豆花；枣泥塑型、切割、包装，就是一块香甜的红枣派；银耳、枸杞、红枣同在一碗，开水泡开就是营养粥……好想你产品创新从未停步。2022 年收入 14 亿元，2023 年1—8 月产值 3.28 亿元。

一颗红枣，何以衍生 230 种产品。好想你的答案，是一二三产融合，利用创新与资本市场，将红枣的价值深挖到极致。在好想你集团，种植、工业、文旅产业链条一脉相承，红枣第一股、红枣期货、红枣产业学院、红枣博物馆，一系列围绕红枣的大手笔运作接连不断。

作为农业产业化国家重点龙头企业，好想你拥有红枣行业唯一的国家级企业技术中心，取得商标注册证 1044 件（含域外注册 34 件）、专利 47 件、著作权登记证 14 件，通过河南省科技成果鉴定 12 项。

"好想你"商标荣获国家工商总局"商标运用奖"，是河南省唯一荣获中国商标金奖的企业，并入围首批"CCTV 中国品牌榜"，彰显国民品牌力量，树立行业典范。

## 创业之初满艰辛

千里之行，始于足下。好想你的成长同样如此，回顾创业之初，无数艰苦曲折，让创业者刻骨铭心。

新郑是红枣之乡。在位于新郑市新村镇的裴李岗遗址，考古工作人员发现了 8000 年前的碳化枣核。在新郑孟庄镇，至今仍有大量数百年的枣树，甚至有的树龄超过千年。

"黄色和红色是中华文明的主要元素，而新郑，正是这两种颜色的综合体，一个是黄帝，一个是红枣。"好想你的缔造者石聚彬，是全国红枣产业的引领者。

20 世纪 80 年代，红枣是石聚彬所在的村庄仅有的收入来源，勤劳聪明的石聚彬，以自己天生的闯劲儿，只身到广东卖枣，赚来人生第一个一万元。很快，万元户的称号远近闻名，村民们盼望他继续到南方，把家里的红枣卖个好价格，让生活越来越富裕。

于是，石聚彬信心满怀，带着附近村庄收来的几大车红枣南下，决心为大伙儿带来富裕。可没想到，天公不作美。当年的道路交通还很落后，运输便捷程度远远不比如今，由于暴雨不断，交通受阻，红枣烂在车里，不仅没赚钱，还赔了好几万。

对于一个农民，那个年代的几万元如同天文数字。为了还债，石聚彬背井离乡，到外地打工赚钱。经过几年辛苦奔波，伴随着改革开放的市场繁荣，石聚彬逐渐还清欠款，开始谋划再一次创业。

## 围绕红枣不放松

或许是骨子里对于红枣的深情，石聚彬再次起步，依然选择红枣为创收来源。"南方人喜欢吃红枣，但觉得吐枣核的动作不够优雅。"石聚彬凭借天生的观察力，又一次找到新的商机——去核红枣。

这一次，他更加稳健，没有急于大批收购。他首先生产一批产品，在广交会上展出，被一家新加坡客商看中，首先定了两吨产品。随着首批货款交付，石聚彬创业的底气逐渐恢复，开发出红枣去核机。数千年来作为农产品售卖的红枣，第一次有了工业化加工的痕迹。去核枣很快畅销南方，数百家经销商纷至沓来。

短暂的火热过后，创业再次遇挫。去核红枣技术含量不高，很容易被人模仿。一时间，各地出现大量去核枣，石聚彬的枣销量越来越少，渐渐失去了市场竞争优势。

不仅敢闯，更能经受挫折，饱尝人生冷暖的石聚彬开始谋划开发新产品。他根据人们吃口香糖的爱好，制作出同样包装的枣片，用烟盒形式包装，独特的设计灵感，让新产品一炮打响。与此同时，改变以往经销模式，采取专卖店经营，防止其他商人模仿，并将自己的专卖店起名"好想你"。2000 年，好想你专卖店首次面世，最多时期全国发展到上千家，成为国内各大城市街头一道新的风景。

## 好想你一路攀升

或许是名字带来的好运，好想你此后一路顺风顺水，不断壮大。在新疆开辟千万亩红枣种植基地，让新郑灰枣成为新疆枣农的摇钱树。好想你派出专家远赴新疆，将新郑先进的红枣种植经验传授给当地枣农。尤其是在新疆建设兵团，新郑专家打破了红枣在戈壁滩不能成活的历史，引种枣树成活率超过 75%，彻底改变了那里的种植结构。5 年来，好想你共培训新疆枣农达 30 万人次，举办各类技术培训讲座百余场次。

2011 年，好想你登陆深圳证券交易所，成为中国红枣第一股；推动红枣期货在郑州商品交易所上市；成功收购并卖出百草味，一进一出净赚40 个亿。

20 多年来，好想你把红枣带入到品牌时代。"目前市场上的苹果、葡萄干、纸皮核桃等农产品大多数都以区域命名，或者以品类命名，没有专属品牌。但一提起红枣品类，大家都能想到好想你，提到好想你都知道这是做红枣的。"公司第二代管理者石训说，不仅品牌，好想你还改变了中国红枣的品质，把原产地新郑的灰枣品种，嫁接到新疆，借用新疆优越的天然条件，生产出更高品质的红枣。更改变了消费者吃枣的方法，原来大多数人只是用红枣煲汤或者熬粥使用，现在可以把枣当零食。

不仅如此，好想你还牵头制定了三个关于红枣的国家标准。《免洗红枣》（GB/T26150–2019）、《骏枣》（GB/T40492–2021）、《灰枣》（GB/T40634–2021）三个标准，针对免洗红枣、骏枣、灰枣的术语和定义、分类、质量要求、检测方法、检验规则、判定规则、标签、标识和包装、运输、贮存等内容做出明确界定，让消费者在购买红枣时终于有了一杆"秤"。

2023 年 9 月，位于新郑市孟庄镇的好想你万棵古枣园正式向游客开发。不远处的好想你公司总部，副总经理石训走进直播间开始常态化直播带货。

## 新业态火热出圈

为了让红枣产业链条进一步延伸，文旅产业成为好想你又一个投资着力点。而正是这一次次延伸，让好想你火出圈。

一年一度的红枣文化节，在新郑已连续举办十几届。在新郑，黄帝故里拜祖大典和中华枣乡风情游被列为全年的两项重大节庆活动。每年市政府都会召开中华枣乡风情游筹备会，举办新闻发布会、现场协调会。

活动期间，游客都可以到好想你红枣工业园、科技示范园、红枣博览园和金鹭鸵鸟园尽情体验枣乡风情，感悟红枣文化，尽享丰收喜悦。同时，好想你坚持创新精神，建成红枣博物馆，红色文化展览馆。红枣文化节已累计接待游客约90万人次，每年红枣节期间仅好想你各园区就接待游客十万人次。

与文旅产业同步延伸的，还有教育培训产业。近年来，好想你先后创办好想你教育咨询有限公司、好想你乡村振兴学院、好想你党建学院、郑州好想你经济管理中等专业学校、郑州食品工程职业学院。

几年时间，好想你创办的教育产业，已经从培训班到中专再到大专。2023年9月，好想你创办的郑州食品工程职业学院再一次扩大招生规模，好想你总部一度车水马龙，前来报到的学生络绎不绝。

信仰感恩、崇尚科学、良心工程、道德产业是好想你的企业价值观。当前，好想你正瞄准食品行业百年老店这一目标，在坚守中创新，在感恩中前行，让红枣之路越走越宽，越走越长。

（张立）

# 三全食品：一颗小汤圆，滚出大产业

山明水净夜来霜，数树深红出浅黄。

三全食品的展厅内，静静地摆放着一件足以载入三全史册的小物件，一件可以载入中国速冻食品行业史册的标志性物品，它就是一台小石磨，三全食品创始人陈泽民从重庆老家带来的小石磨。

别看这台小石磨貌不惊人，却见证了三全食品的发展历史。1990 年，中国第一颗速冻汤圆，通过小石磨的运转，在陈泽民手中诞生。

三全食品从中国第一颗速冻汤圆和第一个速冻粽子起步，成长为全国最大的速冻食品企业、中国速冻食品行业首家 A 股上市公司，市场占有率常年保持在 30% 左右，连续多年位居行业第一。目前，郑州已发展成为速冻食品的发源地和全国闻名的"速冻食品之都"，河南占据着全国速冻食品60% 以上的市场份额。

2008 年，三全食品在深交所上市时，一年的产能为 10 万余吨，现在一年可以达到 70 多万吨。三全食品从手工制作向自动化、智能化转型的脚步从未止步。

将公司和产品命名为"三全"源于陈泽民和创业团队感恩和纪念党的十一届三中全会确定实行改革开放这一富民强国好政策。如今，三全食品正朝着成为餐桌美食供应商领导者的目标大步前行。

## 科技创新催生发展动能

创新是引领发展的第一动力。

近年来，三全食品加快转型升级步伐，核心竞争力不断提升，走上了创新驱动、内生增长的高质量发展之路，带动销售收入与净利润等各项业务指标逐年稳定增长。2022 年实现营收 74.34 亿元，净利润 8.01 亿元。2023 年上半年三全食品实现营业收入 38.55 亿元，净利润 4.37 亿元。

这一成绩的取得，得益于三全食品坚持科技创新战略，持续加大科研投入，通过科技创新催生企业新发展动能。

数据是最有力的证明——

三全食品设有行业首家"国家认定企业技术中心""博士后科研工作站"和"国家速冻食品标准化专业委员会秘书处"，与江南大学、郑州轻工业大学、河南农业大学、河南工业大学、中国农业大学等长期进行技术合作。

近几年，三全食品承担国家各类科技攻关项目 30 余项，主持 12 项；解决速冻行业关键技术问题 6 项，获得省部级及以上新产品奖、科技成果奖等奖项 16 个；参与制定国际标准 3 项、国家和行业标准 24 项，拥有各类专利 236 个。

在管理和智能制造转型上，三全食品综合应用物联网、云技术、移动互联、工业大数据分析等技术手段，促进了管理与制造、销售的一体化和实时化，实现 ERP/MES 的集成，实现 MES 与 WMS、DMS、TPM、EKP 的集成，有效地推动了企业管理效能再升级；对生产、包装、堆码、储藏等关键环节进行智能化改造升级，自动化水饺机和汤圆机、自动化立体冷库、二维码追溯系统等都是行业首家应用，在自动化设备与数字化管理推动下，有效提高了企业发展的动能和竞争力。

目前，三全食品正在大力推进食品工业互联网应用及 5G 创新应用示范建设，争取在智能化生产、个性化定制、服务化延伸、数字化管理等方面形成完整的生产系统和管理流程应用。

## 食品创新开创无限可能

以汤圆、水饺起家的三全食品牢牢占据着我国速冻米面赛道的头部位置，并凭借创新不断开创着速冻食品行业的无限可能。

近年来，三全食品根据市场需求的快速变化，不断推出符合消费需求、适应不同消费场景的新产品，加强 TOC 和 TOB 渠道场景化产品研发，率先提出了涮烤场景、早餐场景等消费场景，手抓饼、茴香小油条、脆皮香蕉等都获得了市场的充分认可。

扩展产品线实现全温域覆盖，既有存量优势的 –18℃ 冷冻产品，又有针对便利店和生鲜渠道的 0—10℃ 鲜食产品，还有常温系列产品。并在原有的汤圆、水饺、粽子、面点、馄饨五大类里进行升级创新，"生"系列等新产品的推出，极大地引领了消费者需求。

2023 年 7 月，三全食品举办羊肉调理产品品鉴会，积极开拓米面传统优势之外的第二增长曲线——牛羊肉调理产品。

借助成熟的销售网络和渠道体系，三全食品的羊肉调理产品快速覆盖全国市场——

与 JBS、美利华等全球肉企巨头建立合作，三全食品在确保能拿到全球最好的牛羊肉原料的同时，获得最具性价比的采购优势；借助全国化的产能布局，三全食品实现"一个核心 + 多地辅助"的生产方式，解决肉卷类产品物流成本高，辐射半径小等问题；组建独立的研发、生产、采购团队，同时组建 100 多人的销售队伍，协助经销商开拓市场，全方位助力客户增长。

2022 年，三全的肉卷类产品销量突破 1 亿元，这无疑坚定了三全发力牛羊肉产品的信心。同时，伴随着第二增长曲线的开启，也将给三全食品今后发展带来更大的成长空间。

当前，三全食品正发力预制菜市场，近期推出了"菜饭一体"的微波炒饭、微波水饺、微波烤肠等新产品。重点通过差异化、有特色的大单品切入市场，开发一个新的赛道，把预制菜打造成为公司新的业绩增长点。

## 质量创新塑造知名品牌

发起和参与起草制定 CAC 国际标准《速冻饺子》和《粽子》2 项；参与起草制定 ISO 国际标准 1 项；主持制修订国家、行业标准 24 项⋯⋯

近年来，三全食品用标准的"硬约束"作用来推动行业整体质量水平的提升和产品服务质量的持续提高，荣获了河南省省长质量奖和郑州市市长质量奖。

质量提升无止境。三全食品不断完善质量控制体系和机制，打造从农田到餐桌的新型食品安全供应链，充分保证从原料种植养殖、生产加工、储存、运输到终端销售整个供应链产品的品质和安全。

严把原料质量关。从严考察、评审供应商，从严监督检测各种原料，考察评审和检测通过后，原料企业才能纳入准入供应商名单，原料进厂时进行抽检验收，合格后才能准收入库。

严把过程控制关。原料进入生产环节后，层层严把质量关，上一工序是下一工序的质检员，把不合格的原料或者半成品拦截在工序之外。生产过程全面实施 ISO9001：2015 体系、ISO22000 体系和 HACCP 体系管理，车间品保专员对半成品、不合格品"一票否决"，并严格实施 GMP/SSOP 操作规范，制定了严格的清洁卫生控制、虫害防治控制、金属异物控制等制度。每袋包装产品都必须经过金属探测仪的检测后，才能装箱、入库。

严把产品出厂关。每批产品出厂时都有严格检测，三全食品先后投资 4000 多万元购进了大型进口精密分析仪器，用于食品安全的检测和验证。所有成品经检测合格后方可进入流通环节。

严把流通关。在产品运输、流通环节，三全食品建立了完善的冷链管理体系，产品在暂存冷库、商场销售岛柜的贮存温度和暂存时间都有严格要求，一旦发现异常及时纠正或召回。

建立质量联盟。三全食品在行业中率先打造三全产业伙伴卓越质量联盟，上线供应链金融、搭建标准质量体系，在信息共享、技术交流培训、金融支持、联合采购等方面进行紧密合作。通过延伸产业链，打造产业伙伴卓越质量联盟，进行上下游投资和服务，有效地带动了产业的发展和供应链中小企业的共同成长。

正是由于对消费者需求变化的深刻洞察和过硬的产品质量，消费者在消费的过程获得了良好的感知体验，形成了对三全品牌的接受和认同。基于消费者的信任信赖，三全商标在行业内最早被认定为"中国驰名商标"，三全品牌连续多年入围"BRANDZ 最具价值中国品牌 100 强"和"中国最具价值品牌 500 强"，"龙舟""果然爱""状元"等被认定为河南省著名商标。三全还是速冻食品类中"无提示第一提及率"的企业。

（徐刚领、杨丽萍）

# 华英：大别山革命老区
# 飞出的"金凤凰"

说起"华英鸭"，很多人都认为是鸭行业首屈一指的金字招牌，信阳乃至河南一张响亮的名片："世界鸭王"、中国鸭业第一股、国家农业产业化重点龙头企业、河南上市国有控股农业企业、信阳两家本土上市公司之一……

1991年，在原农业部和河南省政府的帮助支持下，中英合作项目樱桃谷鸭落地潢川，华英公司由此成立，拉开了潢川鸭产业发展的大幕。自此，华英以潢川为基地、以中国为基础，把世界作舞台，在大别山革命老区、豫南农区，从小到大、从弱到强，撑起了一个致富产业，树立了一个金字

华英办公大楼。

招牌，打造了一个"世界鸭王"，锤炼出了一个上市企业，开启了大别山革命老区现代农业发展的新篇章。

华英农业自成立以来，始终专注肉鸭产业，对带动中国肉鸭产业发展作出了重要贡献，也形成了独具特色的竞争优势，比如全产业链优势、品牌优势、质量和食品安全优势、销售网络优势、出口内销互补优势、技术优势、区位优势、人才优势及产业优势，尤其是在行业引领、食品安全、平抑产业链周期风险等方面具有明显的比较优势。近年来，华英羽绒、熟食、鸭血、预制菜及特色麻鸭等产业在国内和国际市场发展迅猛，奠定了华英在行业内的龙头地位，也成为了华英未来发展的支柱产业。

## 龙头带动舞出新天地

一只鸭子，构建起一个产业的全链条。一头连着市场，一头连着农户，汇聚万千宠爱于一身的"华英鸭"，在全国率先探索出"公司＋基地＋农户"的农业产业化模式并被推广到全国，成为全国各地发展县域经济的好模式。30余年，"要想富，华英来帮助；要想发，养洋鸭"成为豫东南妇孺皆知的口头禅，华英鸭产业也成为当地知名的富民产业、支柱产业。华英坚持走农业产业化路子，将企业实现的利润最大限度地回馈给广大农民，让农户真正养上放心鸭、实惠鸭。

经过30多年的发展，华英农业从一家普通的农业企业，成长为以肉鸭加工为主，集种鸭养殖孵化、商品鸭养殖、屠宰冷冻加工、熟食加工、饲料生产、羽绒及羽绒制品加工销售于一体，一、二、三产业深度融合的全产业链的高端食品加工企业和以出口为主的外向型企业，国内首家鸭行业上市企业、"世界鸭王"，扛起了富民强县的重任。30多年来，华英农业在产业带动、解决就业、贡献税收、助力乡村振兴方面也作出了突出贡献，华英不仅解决了近万人的稳定就业问题，还先后带动潢川、周边县区及多个省份地区3万多农户、10多万人，参与到当地养殖、加工、运输等产业中来，不仅增加了收入，而且也有效促进了一二三产业的发展，取得了明显的社会综合效益。特别是近年来，华英积极响应国家脱贫攻坚及乡村振兴号召，以产业为纽带，帮助广大农户实现了脱贫致富奔小康。

## 全产业链铸就好品质

因为专注，所以专业。在激烈的市场竞争中，华英始终以鸭为主业，围绕鸭产业进行了延链、补链、强链，形成了产业链最为完整、集中度最高、关联度最紧密、价值链最优的产业发展格局。在中国食品行业，华英的全产业链特色是开创性的，围绕鸭的所有环节，都独立完成，从农田到餐桌，建立了一条安全快捷的绿色通道。

秉承工匠精神，铸就中国名牌。安全与品质是华英人对产品质量的无限敬畏和对食品安全的极致追求。注重源头建设，推行备案制度，完善追溯过程，成功构建了疫病控制、残留控制和卫生控制三大质量保证体系，华英拥有的国家水禽产业技术体系信阳试验站、企业技术中心和国家认可实验室，也为华英的流程控制提供着强大的技术支撑，确保了华英产品始

| 父母代种鸭养殖孵化 | 商品鸭养殖 | 饲料加工 | 屠宰加工 | 熟食深加工 | 羽绒及羽绒制品加工 | 物流配送 |

安全放心的全产业链模式。

终处于受控状态。以一流质量问鼎市场，靠规范管理与国际接轨，对"同线同标同质"的高度认同，使华英在激烈的市场竞争中脱颖而出。华英鸭产品不仅安全、质量有保障，还具有很强的互补性，可以满足国内外不同地区、不同消费群体的需求。华英不仅在食品端发展良好，华英的羽绒产业也是行业翘楚，位居国内第二，产品几乎占据国内羽绒市场的半壁江山，羽绒在蓬松度和充绒量这两个最重要的指标上做到了国内最好、行业最优。

## 华英产品享誉海内外

2023年7月27日上午，潢川县委副书记、县长余华在华英厂区宣布："华英对加拿大、日本、韩国首批预制菜出口现在出发。"随后，7辆满载华英预制菜产品的集装箱货柜车同时发动引擎，徐徐驶出厂区。此次预制菜出口到加拿大、日本及韩国，首开河南预制菜出口的先河，也为河南预制菜发展写下浓墨重彩的一笔。

不经一番寒彻骨，怎得梅花扑鼻香。多年以来，华英始终把对外贸易和经贸合作工作放在企业重要位置上，并用开放的战略思维和国际化的经

2023年7月27日，潢川县举办预制菜出口加拿大、日本、韩国出发仪式。

营理念,积极响应国家提出的"一带一路"倡议,不断拓展国际空间,打造了具有中国特色的世界级禽业领导品牌,推动了企业高质量发展,带动了地方三农经济转型升级发展。目前,华英高品质鸭肉产品主要出口到日本、韩国、加拿大、澳大利亚、中东、中亚、欧盟等50多个国家和地区,多年保持全国同行业第一。此外,华英羽绒及羽绒制品也深受国外消费者青睐。在鸭肉及羽绒出口方面,华英产品代表着全国鸭行业出口的最高水平。

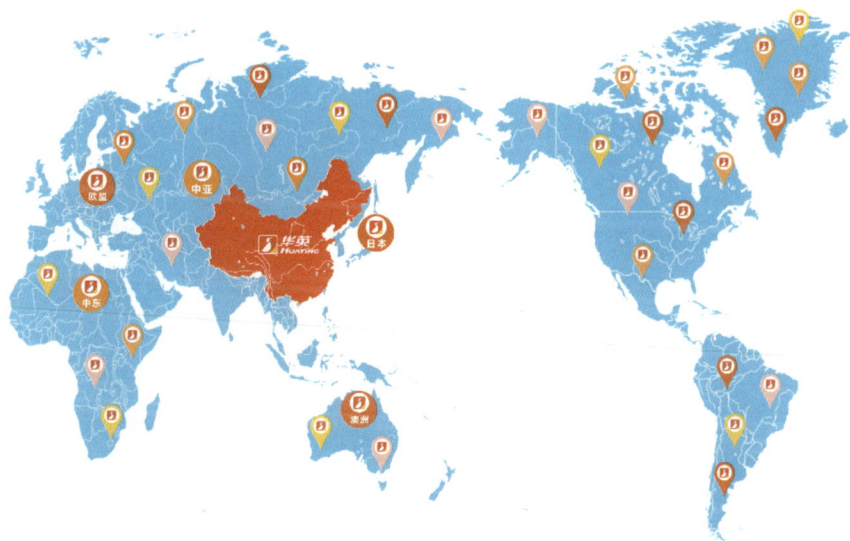

华英产品市场分布图。

## 身陷困境浴火重生

天有不测风云,人有旦夕祸福。企业的发展也并非都是一帆风顺,当不可抗争的风暴袭来,华英同样要接受生死存亡的洗礼和考验。2018年年初,信阳遭受1951年有气象记录以来最大暴雪袭击,华英遭受重大损失,出现严重的流动性困难。一波未平一波又起,2020年年初,流动性危机尚未化解,疫情突然来袭,华英再遭重创。资金链断裂,产业链断层,大多数工厂停滞,企业生产经营日趋困难。2021年6月23日,面对疫情对经济的猛烈冲击，河南省委、省政府作出在全省开展"万人助万企"活动的重要工作决策，广大干部躬身入局，助企纾困解难。号令一发，万人齐心，万企受益，也让华英看到了希望，省市县各级党委、政府，都对华英伸出了援手。

省委、省政府多次研究华英纾困问题，为华英进行司法重整指明了方向，提振了信心。相关领导多次深入企业把脉问诊，并在重整关键时期带队赴中国证监会、深交所等单位汇报沟通，寻求政策支持和业务指导，使华英重整得以顺利审批进入快车道。信阳市委、市政府成立了由市委书记担任组长的信阳华英重整工作专班，全面协调推进华英农业司法重整工作。潢川县全力以赴，成立纾困领导小组，书记、县长任双组长，派驻华英纾困专班，聘请专业的法律团队和财务团队，为企业提供"一对一"专项服务，并在政策、资金、人员等方面给予全方位的支持帮助。

在省市县党委政府的高度重视和金融机构、金融管理部门、各级法院等的大力支持下，在全体华英人的共同努力下，积极引入战略投资者，最终使华英农业在 2022 年 4 月完成重整工作，企业实现浴火重生。

## "双王"宏图百年长青

忽如一夜春风来，千树万树梨花开。重整成功后的华英，内部管理更趋规范，经营持续向好，盈利能力持续增强，员工稳定，企业呈现一派欣欣向荣的景象，并已步入良性发展轨道，正式拉开了华英二次发展的大幕。

未来的华英将继续发挥农业产业化、重点龙头企业的引领带动作用和食品工业的优势，认真贯彻新发展理念，聚焦鸭产业，发展绿色食品，汇集"人才、管理、资本、科技"四大要素，推进"战略组织化、组织数字化、资源能力化、能力平台化"四大工程，强化供应链、产业链、价值链、生态链的高效融合，着力推进食品和羽绒两大全产业链条高质量发展，致力打造成为中国领先、世界一流、百年长青的"世界鸭王"和"世界羽王"。

（王志刚、张刚）

# A

第七章

## 持续转型升级
## 争做行业龙头

# 艰苦奋斗再"修渠"，
# 安彩高科再战玻璃江湖！

红旗渠，是党和群众用十年春秋书写的不朽史诗，而对于企业家而言，创立一家企业，也是在建设他们心中的"红旗渠"，他们也曾经历艰难险阻，经历重重危机，并靠初心和信念跋涉至今。

在他们中，有的靠吃苦耐劳、艰苦奋斗撑起了当地一方产业，带动经济发展，有的通过创新实践突破某项技术难题，为行业发展作出突出贡献。

20世纪60年代，林县人民向"旱魔"宣战，靠着一锤一铲一双手，凿山通渠，架设渡槽，发誓要把"林县河山重安排"。

安彩高科股份有限公司一瞥。

2007 年，"玻屏巨人"安彩集团风光不再，留下虚弱的"遗脉"——安彩高科，独自飘零商海，一度保壳重组、百废待兴，安彩人上下求索，探寻出路。

站在而今回头望，林县人早已愿望成真，红旗渠水长流，福泽一方百姓。安彩高科也欣欣向荣，靠着艰苦奋斗闯出天地，修出属于他们的"红旗渠"。

## 昔日"玻壳巨人"转战光伏玻璃赛道

2007 年，安彩集团宣布破产，这家曾经号称"亚洲最大"、突破日本技术封锁的电视机玻壳（CRT）生产商在一片唏嘘中轰然倒下。破产计划中，旗下已上市的子公司河南安彩高科股份有限公司（简称"安彩高科"）被保留，由河南省投资集团有限公司（原河南省建设投资总公司）入股重组。

尽管有国资入股，但对于安彩人来说，只能称得上"百废待兴"。事实上，从 2005 年开始，安彩高科玻壳业务就已经开始陷入困境。破产重组，人员安置、资金技术都是棘手又亟需解决的问题。

玻壳被时代淘汰，液晶领域也已经厮杀声一片，安彩高科接下来的路该往哪儿走？

2008 年，安彩高科领导班子四处考察调研，在上海举办的某个行业展会论坛上，他们盯上了太阳能光伏电池盖板玻璃。

彼时"绿色能源"的概念刚刚兴起，"光伏教父"施正荣带着中国的光伏产业一路飞驰，当时全球光伏产能大概一年 10GW，有一半的产能在中国，欧洲市场需求量非常大，产业发展方兴未艾。

安彩高科注意到用于连接光伏电池的盖板玻璃，国内几乎还是空白，需要大量依靠进口，当时省内也有企业在生产，但规模都很小。

安彩集团曾靠着技术创新确立了其在玻璃行业的江湖地位，不仅有国家级玻璃研发中心，还有一支强大的人才队伍，公司设有博士后工作站，有一批非常成熟的产业工人。

盛时，安彩曾出资建设西气东输工程豫北支线，这给安彩高科留下了生产玻璃的优质燃料资源，加上背靠太行山，离石英砂资源丰富的林县距离不远，生产玻璃的原料问题也得到解决。

评估再三，安彩高科觉得这条赛道可以一搏。

## 自力更生！砸开市场的"铜墙铁壁"

理想往往丰满，现实却很骨感。

2009 年 10 月，池炉就位，安彩高科团队辗转德国、西班牙等地购进的生产设备也准备就绪，但他们的产线却迟迟无法实现良品的稳定生产。

为保证太阳能电池高效吸收阳光，光伏玻璃必须具有超高透过率，且要求轻薄化，戈壁滩、高原地区等应用场景又要求玻璃必须坚固耐用，既抗腐蚀，又耐风沙磨损，生产技术难度很大。

技术团队咬紧牙关拧成一股绳，夜以继日，全部扑在了技术攻关上。

安彩光伏玻璃生产线上智能机器人精细化作业。

当时玻璃水出水口需要用到一种名为"唇砖"的耐火材料，温差控制不好，导致唇砖放上去就炸。这种砖需要从意大利进口，海运速度赶不上炸的速度，只能急忙找飞机专门去运输。后来，在安彩高科团队的努力下，这种砖实现了国产化。

半年后，他们的艰苦奋斗有了回报，2010 年 4 月，安彩高科终于可以稳定产出优质产品。

安彩高科团队又马不停蹄地投入了市场开拓的工作中，而他们开拓市场的唯一信条是：用产品质量说话。

安彩高科面向全厂公开竞聘，选出 10 名销售人员各个击破下游厂商。

南方市场，安彩高科拿下的第一站，是宁波的一家厂商，面对对方质疑玻璃强度，安彩高科团队从产品里随机抽出 100 片，用钢球一片一片使劲砸。故事的结局是，砸到 70 多片时，安彩高科的产品没有一片碎掉，后来，这家厂商成了安彩高科的客户，一直稳定合作到现在。

## 艰苦奋斗！安彩高科退城入园"二次创业"

"红旗渠"所代表的精神贯穿企业发展始终，才能鼓舞企业不断向前。

2012 年以后，光伏玻璃产业有越来越多企业入局，光伏新增装机量不断攀升，市场起起伏伏，安彩高科一直凭借这股精神勇立潮头。

2017 年，安彩高科迎来了第二次转型，环保政策收紧，安彩高科响应号召"退城入园"，在安阳产业集聚区打造"三新产业园"。

"退城入园"并不仅仅意味着物理空间的转移，借此契机，安彩高科将原有的设备和产线进行换代升级，开启"二次创业"。

从粉尘治污，到扩充光伏玻璃全规格产线，从智能制造转型升级，到绿色环保 A 级企业认定，安彩高科实现了真正意义上的脱胎换骨。

也是通过这次退城入园，安彩高科引进激光打孔技术，开发出更加轻薄化且适用于更高发电效率的双玻组件的玻璃。

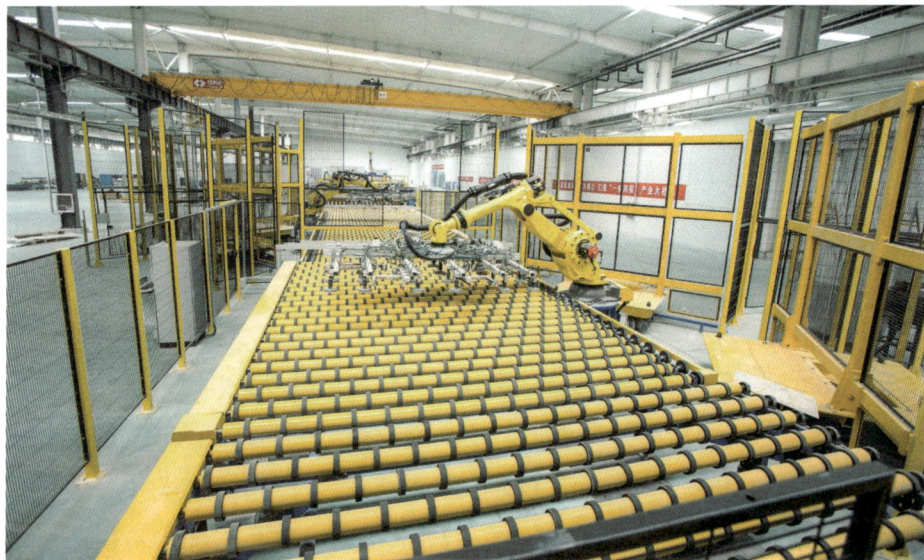

安彩光热玻璃生产线。

如今，安彩高科已经在业内站稳脚跟，产品顺利进入国际巨头的供货体系，强势杀入国际市场，远销欧美日韩等海外国家和地区。行业数据显示，安彩高科光伏玻璃出口量稳居全国前三。

2021 年年报显示，安彩高科实现营收 33.39 亿元，净利润 2.10 亿元，至暗时刻的阴霾褪去，安彩高科迎来了属于它的光明未来。

## 涅槃重生！安彩高科要把玻璃做到极致

在光伏产业上，为了避免 CRT 局面的出现，安彩高科在业务布局上做了两手准备。

光伏电池有两条技术路线，一是晶硅电池，另一种是薄膜电池，二者各有优劣，但在后来的市场发展中，晶硅电池占据主流，因此安彩高科将供此使用的光伏玻璃发展为公司主营业务。

2011 年，安彩高科针对薄膜电池领域，组建 TCO（一种透明导电薄膜）

玻璃产线，并实现技术突破，而这些技术，正是如今和光伏发电协同互补的产业发展新趋势——光热发电所需要的。

2018 年，安彩光伏新材料项目开工建设，2019 年 9 月建成投产，安彩光伏玻璃日产能 2700 吨，生产多厚度（1.6—4mm）、多尺寸、全品种的太阳能光伏玻璃。安彩光伏玻璃市场占有率省内排名第一，产品远销亚洲和欧洲等十几个国家和地区。

2020 年 3 月，安彩光热科技项目开工建设。目前，该项目建成超白浮法产能 600 吨 / 天，成为全球第二家具备光热玻璃生产能力的企业。

2022 年，安彩高科自筹资金启动中硼硅药用玻璃项目，项目占地 186 亩，项目一期总投资 4.8 亿元。目前，安彩药玻具备年生产能力 1 万吨，产品管径规格为 5—30mm，壁厚为 0.5—2mm，管长 1500—2000mm 的药用玻管，填补了省内中硼硅药用玻璃的空白。

曾经和安彩集团同台竞技的企业，兜兜转转，再度成为安彩高科的对手。安彩高科正一步步壮大，期待重回巅峰，将玻璃行业做到极致，努力打造成为新能源材料、高端电子玻璃领域"核心竞争力强、品牌优势突出"的综合型、科技型、创新型世界一流玻璃制造企业。

（郝瑞铃）

# 百川畅银：致力低碳发展，
# 争做细分行业龙头

翻看百川畅银成长路径，一直立足河南，面向全国，连通世界。

作为河南本土上市企业，河南百川畅银环保能源股份有限公司以"改善人类生存环境为己任，减少温室气体排放，倡导低碳经济，贡献清洁能源"的企业使命，致力于成为全球最大的沼气发电项目投资运营商，卓越的环保能源、移动储能（热）领域内解决方案供应商、垃圾填埋气收集及发电技术领域内领袖企业，将绿色发展作为企业高质量发展的底色和亮色，走出了一条绿色、清洁、低碳、可持续发展的绿色高效发展之路。

## 致力低碳沼气发电行业当"龙头"

在实现碳达峰和碳中和（"双碳"）目标下，加快规划建设新型能源体系是协同推进降碳、减污、扩绿、增长的必然选择。

百川畅银专注于沼气综合利用和碳减排事业十余年，作为国内最早从事垃圾填埋气发电的企业之一，优势明显。"沼气的主要成分是甲烷，甲烷的全球变暖潜势值是二氧化碳的 29 倍，百川畅银深耕沼气发电行业十余年，经过多年的经验积累与总结，形成了一系列的气体收集核心技术，研发了一套适用于诸如东北严寒冰雪气候、西北低温干燥气候以及南方高温多雨气候等不同场景下的气体收集方案，可为产生沼气的客户提供沼气综合处置的服务，实现资源再生利用，为客户解决环境问题，实现低碳减排。"百川畅银董事、常务副总、财务总监韩旭介绍说。

目前，百川畅银深度布局沼气发电市场，国内已运营各类沼气发电项目 100 多个，装机近 200MW，遍布全国超 24 个省级行政区，投产运营项目数量位于行业前列。近年来，百川畅银积极向国外推广新能源发电项目，目前主要在东南亚、南美、北美、非洲开拓市场。百川畅银自 2009 年成立以来，通过回收沼气发电已向国家电网输送清洁能源超 65 亿度，减排二氧化碳约 4000 万吨。

青岛沼气发电项目。

沼气收集井。

## 发展新业务积极拥抱新能源

基于公司大力发展新能源业务的战略要求，在做大、做强垃圾填埋领域的同时，百川畅银一直在积极寻找新的业务增长点。

2023 年 2 月，百川畅银宣布拟在三年内投资约 1.24 亿元，购置 270 辆移动储能车，推动"移动储能供热"业务发展。百川移动储能供热是一种新型的余热利用与集约化供热模式，打破了管道供热模式，是热量输送技术的一次革命性突破，这项新业务刚好为垃圾焚烧发电厂的余热利用提供了一个经济可行性较高的解决方案。

如今，百川畅银部分运行的"移动储能供热"项目包括：平顶山中电环保项目、济宁瀚蓝项目、柘城光大项目、宁国海创项目、郓城圣元项目、平邑天楹项目、郑州东兴环保项目、南阳光大项目、珠海康恒项目等。截至 2023 年 9 月底，百川畅银已投入 100 多辆移动储能车，为 30 多家用户企业实现供热服务，目前仍有多家项目在建。移动储能车供热安全稳定、有效降低了企业用热成本，取得了明显的经济效益和环境效益，同时也为面临垃圾短缺问题的垃圾焚烧发电厂找到了一条新的营收渠道。

*移动储能车运营现场。*

2023 年 8 月 28 日，百川畅银发布公告，公司拟与湖州莫干山高新技术产业开发区管理委员会签署《高效异质结电池项目合作协议》，建设 8 条高效异质结电池生产线，固定资产投资约 14 亿元。

该项目建成达产后，项目子公司将具备年产 4GW 高效异质结电池的生产能力，项目分两期建设，一期建设 2GW，投资金额约 8 亿元，公司在湖州莫干山高新技术产业开发区设立的全资子公司——浙江百川畅银新能源有限公司为此次项目的投资主体。

## 协同发展打造低碳能源供应综合体

一路走来，百川畅银与国家发展同频，与低碳环保产业发展共生。

2007 年，上海百川畅银实业有限公司成立；2008 年，公司第一个垃圾填埋气发电项目（南阳）并网发电；2009 年，河南百川畅银环保能源股份有限公司注册成立。

2010 年，百川畅银累计签约 11 个垃圾填埋气发电项目，被美国环保署确定为垃圾填埋场填埋气推广项目行业合作伙伴；2011 年，获得国家知识产权局批准的六项垃圾填埋气应用方面的技术专利；2012 年，获得力鼎资本三支基金投资，郑州市生物质能工程研究中心在公司成立；2013 年，公司并网发电项目累计 15 个，第一个 GS VER 项目（信阳）注册成功；2014 年，正式收购深圳信能环保科技有限公司，完成第二轮股权融资，引入上海诚鼎基金，开启海外市场的马来西亚项目；2015 年，累计输送清洁能源突破 5 亿 kWh；2016 年，公司完成股份制改造，引入熔拓资本和光大汇益基金；2017 年，红杉资本入股百川畅银；2019 年，IPO 申报材料被证监会受理，全力布局海外市场。

2021 年，深交所创业板上市成功，完成威立雅环境服务中国有限公司下属三家的股权收购；2022 年，移动储能业务向商业模式启航，储能车正式投运；2023 年，布局分布式能源。

百川畅银作为最早从事垃圾填埋气发电的企业之一，公司理论及实践经验丰富，拥有各项专利50多项技：

2017年，自主研发生产了气体预处理净化设备并形成产业；进一步优化了膜下采气与雨污分流相结合的采气技术。2018年，公司自主研发生产了针对气体发电机组的脱硫脱硝设备并形成产业，优化填埋场低浓度沼气发电技术及机组余热利用的技术。2020年，研发移动储能车实现能源移动；2021年，推行无人值守、智慧化、智能化的平台，实现大数据管理。2022年，公司研发出综合废弃物处置解决方案，完成储能车的技术升级。2023年，研发出光热发电技术解决方案。

对于下一步发展，百川畅银将紧跟国家"双碳"的发展目标，继续秉承"倡导低碳经济、贡献清洁能源"的企业宗旨，坚持"创新、协调、绿色、开放、共享"的发展理念，致力于低碳减排事业。未来，百川畅银将不再局限于单一的沼气发电业务，而是将依托人工智能和全球化布局两大助推器，形成百川畅银大能源业务版图，计划围绕低碳能源供给、低碳能源分布式能源服务，打造沼气发电、碳减排、移动储能、光伏、光热等解决方案的创新与整合。在各个环节融入人工智能技术，为全球客户提供先进的清洁能源和技术解决方案。

（覃岩峰、裴其娟）

# 安图生物的落"郑""生"花之路

从十几人的创业团队，发展成为目前拥有 5000 多名员工。

从代理产品起步，到有了自己的 GMP 生产车间，进入试剂规模化生产阶段。

2007 年，安图第一台自主研发生产的发光仪 Lumo 面市。

2012 年初，位于经开区第十五大街的安图生物体外诊断产业园项目顺利动工。

2016 年 9 月，安图生物成功登陆资本市场，成为国内第一家在上交所主板上市的体外诊断研发制造企业。

随着安图生物体外诊断产业园建设的推进，2018 年，产业园 2 期和 3 期相继开工建设。

2023 年 1 月，新发突发重大传染病检测国家工程研究中心在安图生物揭牌。

2023 年 10 月，安图生物体外诊断仪器产业园正式启用，园区内建有国内单体面积达 15 万平方米的体外诊断仪器研发与生产基地。

……

回望郑州安图生物工程股份有限公司（以下简称"安图生物"）扎根郑州经开区 25 年的发展历程，从自主创业进军尚处于起步阶段的体外诊断领域，到如今成为国内体外诊断龙头企业，安图生物始终秉持初心，通过坚韧的创新与积累，不断取得发展的新进步、实现发展的新飞跃，以自己独特的方式持续为郑州经济高质量发展增添新动能。

## 盘家底

创立于 1998 年的安图生物，是专注于体外诊断试剂和仪器的研发、制造、整合及服务的高新技术企业，产品涵盖免疫、微生物、生化、分子、凝血等检测领域，并已在测序、质谱等精准检测领域进行布局，能够为医学实验室提供全面的产品解决方案和整体服务。

安图生物在创立之初便确立了"致力于医学实验室技术的普及和提高，为人类健康服务"的企业使命。当时，我国体外诊断产业远远落后于欧美发达国家，国内市场基本被国际巨头垄断。

二十多年来，在省市区各级党委、政府的关怀和支持下，通过持续的创新与积累，安图生物从最初十几人的创业团队发展成为拥有5000余名员工，集研发、制造、整合、服务于一体的本土化体外诊断领军企业，综合实力居国内同行业前列，也是国内第一家在上海证券交易所主板上市的体外诊断研发制造型企业；被评为"国家技术创新示范企业""河南省创新龙头企业""河南省优秀民营企业""河南省制造业头雁企业""河南省博士后创新实践基地"；获"全国科技系统抗击新冠肺炎疫情先进集体""河南省省长质量奖""河南民营企业100强""主板上市公司价值100强"等荣誉。

"目前，公司产品已进入14000余家医疗机构，其中三级医院覆盖率约60%。在国际营销方面，产品出口80多个国家和地区。"郑州安图生物工程股份有限公司副总经理张瑞峰告诉记者。

营收稳健增长，盈利能力显著提升。2022年，安图生物实现营收44.42亿元，同比增长17.94%；归母净利润11.67亿元，同比增长19.9%；研发投入5.72亿元，占当年营收的12.87%；纳税总额5.13亿元。

## 谈创新

作为行业"优等生"，安图生物是如何在不断发展中延续优势的？

张瑞峰用一句话道出背后的"密钥"：一个企业要实现高质量发展，关键在于创新，秘诀就是科技力量。由此可知：创新是安图生物的立命之本。

安图生物拥有产品注册证688项，专利1344项，是国内体外诊断领域产品线最全、种类最为丰富的企业之一；实现了免疫诊断产品核心原材料的自研、自产、自给；在本土第一家推出医学实验室磁悬浮流水线；推出的全自动核酸提纯及实时荧光 PCR 分析系统，是全球首款实现单个样本随来随检及提取扩增完全自动化的分子检测产品；推出自主新一代实验室流水线 Autolas X-1 系列产品，实现了实验室流水线领域从本土品牌到本土研发、制造的跨越；此外，安图生物还推出国内第一款全自动临床微生物质谱检测系统，构建的微生物蛋白指纹图谱库，数据量居全球首位……作为国内第一家在上海证券交易所的体外诊断研发和制造型企业，安图生物这些成绩的取得与较高的研发投入密切相关。

数据显示，2011 年，安图生物的研发投入为 0.21 亿元，此后逐年增长，2016 年研发费用超过亿元。张瑞峰表示，公司每年都拿出超 11% 的营收资金投入研发，2021 年的营收资金投入比例更是提高到了 12.9%，研发费用为 4.86 亿元。2022 年研发投入为 5.72 亿元，占营业收入的 12.87%；2023 年上半年，研发投入为 3.11 亿元，占营业收入的 14.75%。

持续的高比例研发投入为安图生物的高质量发展注入了源源不断的活力。在创新平台建设方面，安图生物现已获得国家发改委批准，牵头组建新发突发重大传染病检测国家工程研究中心，此外还建有国家企业技术中心、免疫检测自动化国家地方联合工程实验室、河南省免疫诊断试剂工程技术研究中心、河南省质谱技术创新中心、河南省体外诊断产品中试基地等创新平台。

目前，安图生物拥有超过 1800 人的研发队伍，研发人员约占员工总数的三分之一，建立了以郑州为中心，北京、上海、深圳、苏州为支撑的技术研发体系，是业内研发人员较多、产品线较全、产品种类较为丰富的企业之一。

安图生物用一项项技术创新和产品创新走出了一条民营企业的高质量发展之路。

张瑞峰介绍说，2023 年 10 月底，安图生物体外诊断仪器产业园正式启用，该产业园不仅建有国内单体面积达 15 万平方米的体外诊断仪器研发与生产基地，产业园设计还遵循绿色环保理念，使园林式景观与厂区建筑实现了完美融合，打造了中国第一座检验医学博物馆，成为河南省重要的医学科普教育基地。

据了解，安图生物体外诊断产业园项目是省重点建设项目，总占地面积251亩，建筑总面积72万平方米，总投资约60亿元。产业园分三期建设，主要有体外诊断试剂和仪器研发中心、现代化制造中心、大型立体冷藏成品库及中国第一座检验医学博物馆等。项目建成后将具备100—150亿元年产能规模，成为国内最大的体外诊断产业基地之一，可较大程度改善高端体外诊断仪器依赖进口的局面。此举不仅会提升我国体外诊断产业的整体竞争力，同时也将成为河南省重点培育的生物医药产业链的重要支撑。

## 看未来

体外诊断产业作为医疗健康领域的细分行业，是我国重要的战略性新兴产业，在服务临床、提升诊疗水平、保障人民健康等方面发挥着越来越重要的作用。作为中国体外诊断行业的领军企业，安图生物拥有长期的、积极的战略方向和目标，紧紧抓住时代发展机遇，持续在研发创新、先进制造、战略整合、高端服务等方面脚踏实地，锐意进取，不断向着更高的目标迈进。

面向未来，张瑞峰表示，安图生物将继续秉持"致力于医学实验室技术的普及和提高及为人类健康服务"的宗旨，以创新驱动企业高质量发展，实现三个升级：从传染病、肿瘤等传统检测项目，向自身免疫、过敏原等新兴、领先项目升级；从传统诊断领域向精准诊断领域升级；从单纯的先进制造迈向先进制造与高端服务深度融合的体外诊断企业。为河南省生物医药产业高质量发展增砖添瓦，为我国健康产业的发展贡献力量。

（王译博、董茜）

# 捷安高科：VR 赋能教育实训，
# 虚实结合妙趣横生

如何让普通人体验到高铁驾驶的神秘感？如何在陆地也能找到驾船出海的体验？在郑州高新区，有这么一家企业，利用虚拟现实、系统仿真、人工智能等技术，实现轨道交通等真实世界与虚拟世界的交互体验，它就是郑州捷安高科股份有限公司（以下简称"捷安高科"）。

## 一款产品改变轨道交通仿真驾驶行业

受益于中国轨道交通行业的高速发展，中国轨道交通职业教育无论在广度还是深度层面均在国际上处于领先地位，并处于职业教育最好的发展阶段。捷安高科的创始源头正是轨道交通职业教育。

2008 年初，中国铁道博物馆为提升展品的科技属性和可体验性，决定采购一套动车组模拟驾驶系统，这套系统以中国第一条高速铁路动车组为原型，让普通游客可以切身体验驾驶高铁带来的独特体验，迎接即将到来的高铁时代。

作为一家成立于 2002 年的年轻企业，当时捷安高科在计算机模拟领域的创新力已蜚声国内模拟仿真驾驶行业。捷安高科成功交付一套以时尚动车组为原型的虚拟仿真实训系统，该系统后来成为中国铁道博物馆最受欢迎的可交互体验展品之一。

这套全新的、革命性的系统对公司和行业都产生了巨大的影响，奠定了公司在仿真驾驶产品领域的领先地位，由其带来的革命性产品理念，则被更多行业友商所借鉴、推广。企业发展也正是从这个时候开始驶向"快车道"。

2011 年，为进一步激发团队动力，实现长久发展，捷安高科实施了股份制改革，将公司更名为"郑州捷安高科股份有限公司"，为今后的持续发展打下坚实基础。

2014 年，捷安高科在新三板成功挂牌，首次为资本市场所认知，成功进行 5 次定增。2017 年，捷安高科被交通运输部认定为"城市轨道交通运营安全管理技术及装备行业"研发中心，成为交通部认定的第一批行业研发中心。

2019 年，捷安高科自主研发的复兴号模拟驾驶器亮相全国科普日北京主场，给参观者带来了真实的操作和感官体验。

2020 年 7 月，捷安高科在深圳证券交易所创业板上市，正式登陆资本市场，掀开公司发展的新篇章。2021 年，捷安高科亮相2021年全国"双创"周郑州主会场，在核心展区——"众智汇豫"进行项目展示。以科技感、互动性为特色的虚拟灭火综合仿真考培系统和心肺复苏操作体验系统，让与会人员近距离感受科技力量，学会安全技能，弘扬安全文化。

发展至今，捷安高科在轨道交通领域已开发出涵盖铁路和城市轨道交通车务（客运、货运）、机务、供电、电务、工务、车辆系统的专用实训系统 500 余套。

坚持"同心多元"的发展战略，捷安高科在深耕轨道交通的同时，将业务扩展至航空运输、应急安全、航海舰船等大交通、大安全领域，以独特的虚拟仿真、情景实训技术特色打造新经济、轻资产、环保型的高新技术企业，在垂直行业保持全国领军地位。

## 沉浸式体验安全教育新理念

小到一颗螺丝钉，大到整个系统设备的维修，城市轨道交通检修工是地铁安全运营不可或缺的"后勤"保障力量，这就要求相关从业人员不仅要有扎实的理论基础，更要熟练地进行岗位操作，能够按照标准流程规范作业。

面对新要求、新形势，如何借助科技手段帮助地铁公司和职业院校培育贴近真实工作环境、满足岗位需求的机电检修技能人才？

捷安高科依托技术优势把生产现场搬入课堂，研发的城市轨道交通机电综合维检修仿真实训系统，针对机电检修工实训过程中存在的教学生产不一致、缺少规范实训、实训设备功能单一等问题，借助真实的地铁设备、仿真设备、虚拟仿真软件，还原地铁车站机电岗位作业环境，该系统可以满足职业院校机电技术相关专业教学实训要求，同时对于地铁公司来说可以大大提高机电检修岗位人员的培训质量和效率。

这是捷安高科利用虚拟现实技术，打破时空障碍，提高应急安全教育的创新成果。捷安高科从专业化、网络化、大数据、人工智能、资源共享五个维度出发，凭借多年的实践与专家论证，为应急管理体系打造出一套符合标准、系统规范、严谨高效的专业化特种作业从业人员安全培训和上岗考核的整体服务解决方案，针对公共安全领域难题，推出以"大安全 大应急"为核心，以体验式实操为建设宗旨的"深度安全教育中心"。

捷安高科致力于通过生动的场景模拟、互动体验、新媒体技术和活动训练场所等新型技术，以寓教于乐的方式向大众传达安全生产、安防教育的重要性，做到一次实操，一次体验，一生受益。

2021年，捷安高科体验式安全教育中心基于郑州捷安高科国家级行业研发中心建设而成，并免费面向公众开放：针对生产生活中的衣、食、住、行可能存在的安全隐患及安全事件，设置了涵盖消防、居家、交通、气象等多个特色体验项目，以实践学习的方式提升观展者的应急处置能力和科普知识学习。同年，捷安高科体验式安全教育中心获批成为郑州市第四批社会科学普及基地，获得郑州市委宣传部、社科联联合授牌。

## 以赛促培推动行业标准化建设

职业技能竞赛是弘扬工匠精神、选拔并培养高技能人才的重要举措。作为专业的系统虚拟仿真培训解决方案服务商，捷安高科始终坚持探索"岗课赛证"综合育人，不仅参与标准制定，携手职业院校进行课程资源开发，建设实训基地，还使赛事保障贯通"世赛"—"国赛"—"行业赛"—"省、市、校级赛"，赛事转化成果显著。

自 2015 年以来，捷安高科积极参与多方共赢的职业技能大赛，期望借助大赛机会加强交流，以赛促培，推动行业标准化建设。目前，"捷安杯"轨道交通技能大赛已成为行业知名品牌，在历届"捷安杯"优胜选手当中，有 100 名被授予"全国交通技术能手"、25 名被授予"全国技术能手"、14 名被授予"全国青年岗位能手"、1 名被授予"全国五一劳动奖章"。

2023 年 9 月 26 日，交通运输部职业资格中心公示了第十四届全国交通运输行业职业技能大赛支持单位的遴选结果，捷安高科独家冠名支持第十四届全国交通运输行业"捷安杯"城市轨道交通行车调度员（学生组）职业技能大赛，将为赛事提供从设备到人员、从赛前到赛后的全方位全流程支持与保障。

2020 年，捷安高科入选河南省首批产教融合型企业名单，"姜大源教育名家工作室"也落户捷安高科，"城市轨道交通车辆维护和保养"入选教育部第四批职业教育培训评价组织及职业技能等级证书名单，证书各项考核工作后续圆满进行。

同年，捷安高科联合中国中车成功申报第 46 届世界技能大赛——轨道车辆技术项目，此赛项是中国首次推出的三个国际赛项之一。2021 年，捷安高科全程协办 2021 一带一路暨金砖国家技能发展与技术创新大赛城市轨道交通服务员技能赛项，旨在通过该赛项促进交通教育国际化，助力技能人才走出国门。

竞赛之外，捷安高科的实训产品对标实际工作岗位能力要求，能同时满足运营公司和职业院校人才培养、技能实训、技能鉴定等多重需要。

雄关漫道真如铁，而今迈步从头越。捷安高科将继续秉承艰苦奋斗、生命不息、创业不止的理念，不断以技术创新和产品创新推动行业长远发展，与众多上市公司一同为河南发展和中国经济贡献力量，助推中国市场的持续发展与壮大。

（李颖、刘地）

# 明泰铝业：从"拼凑"到排名"第一"

机会总是垂青有心人。

马廷义自己也不会想到，只因当年多看了几眼坏掉的空调窗机，竟为一个国内最大的民营铝板带箔上市企业种下了希望的种子……

## 拼凑起来的轧机

马廷义，明泰铝业创始人。20 世纪 80 年代，他已是巩义当地小有名气的企业家了。当时已在商界摸爬滚打了十几年的马廷义依然对机械有着浓厚的兴趣。

一次偶然的机会，他发现一台坏了的空调窗机里面有着大量的铝箔，这一发现让他兴奋不已。

于是，他把这些废旧空调买了回来。随着空调被不断拆解，一个大胆的想法在马廷义脑海中闪现：深加工铝制品！

据马廷义调查，河南，特别是巩义、上街，有着丰富的铝矿资源，电解铝企业众多，但都是将矿石冶炼为铝锭的最初级产业，背靠如此丰富的资源，铝的精深加工定是一项具有前景的产业。

然而，当时具有铝精深加工能力的企业，全部都是国企，民营企业要想进军这一行业，门槛高得吓人，仅一套动辄几千万元的轧机设备就把众多有此想法的民企挡在了门外。

面对如此大的困难，马廷义选择了闯关。

在随后的几个月里，他跑遍全国的铝板带箔生产企业，一次次请教行业专家，将生产流程和设备熟记于心。

1997 年，马廷义与几位合伙人共同出资，买回了一台国企淘汰的轧机的框架，已经对各环节了如指掌的马廷义开始七拼八凑地填充各项功能。最终，经过不懈的努力，第一台轧机具备了生产产品的能力，明泰铝箔也由此诞生。

跨过了最艰难的门槛，随后的发展可谓一帆风顺。通过引进技术和人才，不断的探索创新，明泰铝业积累了丰富的铝板带箔生产经验，迅速掌握了包括合金熔铸配比、坯料铸轧、板型控制、表面处理等铝板带箔生产的关键技术。

当时产品有印刷铝版基（CTP 版基、PS 版基）、合金板类、复合铝板带箔（钎焊料）、电子箔、包装箔及其他铝板带箔材，广泛应用于印刷制版、电子家电、电力设施、建筑装饰、交通运输、食品和医药包装、汽车制造等领域。

明泰铝制品迅速打开了销路，占领了市场，产销规模不断提高，到2000 年产量达到 2.8 万吨，销售收入达到 3.3 亿元，成为当地铝加工行业的领军企业。

## 跨越生死的抉择

由于铝板带箔产品供不应求，下游企业长期派驻人员现场催货，铝加工行业出现了严重的产能不足，企业面临着一个巨大的发展机遇，如果能迅速提高产能，企业将实现跨越式发展。

然而，要想实现这一目标，引进当时国际先进的（1+4）热连轧生产线几乎是唯一途径，可 10 亿元的资金门槛成了一道难以逾越的鸿沟。

从不认输的马廷义当时就面临着这样的抉择：要么维持现状，要么跨越至下一个平台。马廷义毫不犹豫地选择了后者。

（1+4）热连轧生产线主要部件工作辊与支承辊重量大、硬度高、价格昂贵，市场价格在 3 万元 / 吨以上。当时因钢铁行业装备的整体升级，中国首钢集团将自美国引进的（1+3）轧钢生产线更新升级为（1+5）生产线，从而使（1+3）轧钢生产线闲置。马廷义为节约建设成本，通过设备调剂公司以 2700 元 / 吨的价格购进了该生产线部分支承辊和工作辊，并通过公司技术人员对购买的工作辊与支承辊进行了开创性的技术改造，提高了轧辊表面光洁度、抗磨损、抗剥落能力，使得闲置的轧钢设备完全满足了（1+4）热连轧生产线对支承辊和工作辊的需要。最终以较低的成本建成了国内第一条具有自主知识产权的（1+4）热连轧生产线。

"现在说起来很多人觉得很容易，可当时明泰面临的是生死抉择，生产线成功了就能跨越发展，一旦失败就面临着一败涂地。"明泰铝业政务部主任李志阳这样形容当时的这场生死抉择。

2002 年 7 月（1+4）热连轧生产线建成投产后，明泰铝业从 2002 年的 3.8 万吨产量逐步增长到 2010 年的 28 万吨，营业收入保持 32% 的年均复合增长率。该生产线产能已经从建成时的 15 万吨 / 年，增加到目前的 65 万吨 / 年，是目前全球产能利用率最大的（1+4）热连轧生产线。

## 跨入上市发展快车道

2007 年，迅猛发展的明泰铝业开始筹划上市，然而，另外一场巨大的危机正在悄悄地降临。

2008 年，一场席卷全球的金融危机突然出现，铝价格疯狂下跌，这场危机让一帆风顺的明泰铝业感到了巨大的生存压力。

船小好调头，可面对这场已经具有相当规模的金融危机，正在筹划上市的明泰铝业还来不及思考，就已经陷入了巨大的沼泽之中。

"挺住，一定要挺住！"这是马廷义当时对明泰管理层说的最多的一句话。

为了应对这一危机，明泰铝业选择了推迟上市，开源节流，渡过难关，专门出台了一系列措施，艰难地维持着生存。

终于，在经历了 3 年的市场低迷后，明泰铝业再次迎来了春天。

随着市场经济的恢复，明泰铝业于 2011 年 9 月在上海证券交易所主板成功上市，股票代码 601677。

成功上市为企业增添了巨大的能量，以往无法实现的项目也随之连续投建：

2014 年，公司投资 6.5 亿元，建设高精度交通用铝板带项目，年产 20 万吨商用车铝合金板；

2015 年，公司投资 8.3 亿元，建设年产 2 万吨交通用铝型材项目，年产铝合金轨道车体 400 节；

2017 年，公司投资 12 亿元，建设年产 12.5 万吨乘用车用铝合金板项目；

2018 年，使用自有资金投资设立境外子公司韩国光阳铝业，规划新增产能约 12 万吨；

2019 年，成立明晟新材提前布局超硬 3C 材料（电子产品、5G 通讯、航空航天用高端材料）。

明泰铝业产销规模由上市初的 30 万吨，增长至 2022 年的约 117 万吨，产销量持续增长，市占率稳步提升。当前，公司全资子公司明晟新材在建 50 万吨项目，全资子公司义瑞新材在建 70 万吨再生铝及高性能铝材项目，预计 2025 年产能将突破 200 万吨，公司龙头地位及行业影响力将得到进一步凸显。

## 绿色低碳的高质量发展

作为铝加工龙头企业，越来越规范的明泰铝业致力于绿色发展，持续做好节能减排。

自 2017 年被评为河南省节能减排科技创新示范企业以来，明泰铝业超前谋划，紧抓产业发展命脉，全面构建了新型铝产业循环生态圈，除率先应用余热回收技术和创新改造铝加工重点用能系统外，提前筹备和建设铝的循环利用和铝灰渣资源化综合利用项目，使传统产业焕然一新，成为业界低碳节能的代表。

再生铝综合围绕项目“减量、提质、延链”的总体发展要求，充分利用废铝资源，采用高效破碎分选技术，经无害化脱漆、熔炼铸造成高性能铝合金坯料，实现铝合金材料的保级利用。

凭借丰厚的技术经验、先进的机器设备、领先的工艺技术，明泰铝业现拥有再生铝保级应用产能 100 万吨，成为国内目前唯一一家在变形铝保级利用领域年处理量在 10 万吨以上的企业，规模和工艺遥遥领先于同行，达到国际先进水平。

明泰铝业先后对国内外多个铝灰利用项目进行实地考察，结合国内铝加工行业铝灰渣的性质进行吸收消化，并通过自主研发和个性化定制，建立了国内第一条铝渣转化盐渣绿色生态资源化利用生产线，实现了生产环节产生的铝渣、铝屑等资源无害化、高值化、生态化循环利用，且全过程无废水、废气和固体废物产生，明泰铝业目前铝灰渣处理产能 12 万吨/年。

在绿色节能发展中，明泰铝业一直标新立异，子公司明晟新材、明泰科技、明泰交通新材料、义瑞新材等新建项目陆续在厂房屋顶架设光伏板，计划铺设面积达 39 万平方米，综合利用太阳能，为企业绿色低碳发展带来效益。

通过自主创新，持续积累，明泰铝业在不断突破自我的过程中实现螺旋式上升。长期坚持成本控制，不断加大研发投入，成为了具备"成本领先＋研发优势"的行业冠军。

（陈思、谢庆）

# 致欧科技：做家居跨境电商领跑者

　　产品遍布全球 68 个国家，2022 年营业收入 54.55 亿元，过去五年欧洲、美国营收占比分别达 56%、41%……作为郑州市首批"中国独角兽企业"、2023 年河南省首家上市企业，致欧家居科技股份有限公司（以下简称"致欧科技"）聚焦家居品类十余年，以"全球互联网家居领先品牌"为长期发展战略定位，产品不断向系列化、风格化、全生活场景的方向拓展，已建立起一套适合线上销售的前端产品研发和信息系统开发体系。2022 年，致欧科技荣膺亚马逊全球开店颁发的"2021 年度'赢之以恒'年度卖家"称号。

## 深耕家居品类"出海"品牌龙头

　　"我们的业务以经营 SONGMICS、VASAGLE、FEANDREA 三大自有品牌家居产品的研发、设计和销售为主，按顺序分别对应家居类、家具类、宠物家居类以及庭院系列等。"致欧科技负责人宋川介绍，公司产品涵盖了客厅、卧室、厨房、门厅、庭院、户外等不同场景，已逐渐形成不同风格或材质互相组合设计的小件家居用品、大件室内家具和庭院户外家具等多系列产品矩阵，从而满足客户在多场景下的消费需求。

　　经过十几年的深耕，致欧科技不仅将 ZIELHOME 作为母品牌，旗下还有三个子产品品牌。其中，SONGMICS 主营家居庭院产品，VASAGLE 主营家具，FEANDREA 则主营宠物用品。

　　值得一提的是，面对近几年严峻复杂的国内外形势，致欧科技逆势而上，保持年均 50% 以上的增长速度。2022 年，企业实现营业收入 54.55 亿元，荣获郑州市首批"中国独角兽企业"，且是全市跨境电商类唯一获此殊荣的企业。

2023 年 6 月，致欧科技在深圳证券交易所敲钟上市，代表着河南首家互联网家居上市公司正式诞生。

在当天的敲钟仪式上，宋川表示，"致欧科技创立以来专注于自主品牌家居及家具产品的研发、设计和销售，现如今，我们已经成为欧美市场备受认可的互联网家居品牌商，践行了中国制造向品牌出海转型升级之路。今天致欧科技正式踏上资本市场新征程，我们将进一步完善公司治理结构，提升管理水平，秉持诚信经营原则，不断创新与深耕，以提供更优质的产品和服务回报客户，以优异的业绩回报广大投资者，回报社会。"

在谈到公司一路走来时，宋川颇为动情。他说，河南这块土地，够厚重、够深沉，能帮助企业扎根更深，看得更远，行得更稳。

"伴随着全球化的互联网经济蓬勃发展，以 Amazon 为代表的全球化电商平台给了中国品牌得以触达全球消费者的良机，我们这一代外贸人才有机会为传统的中国制造插上品牌的翅膀。既然赶上了这个时代，我们就要不辱使命。"宋川表示。

## "线上宜家"致力打造一站式购物体验

致欧科技总部位于郑州市二七区，是国内首批从事 B2C 外贸业务开发的电子商务企业之一，先后在中国香港、德国雷姆沙伊德、美国洛杉矶、日本大阪、中国深圳和东莞设立分子公司，现有员工 1200 余人。

一直以来，致欧科技的发展战略很明确："为消费者提供全场景化一站式购物体验。"也正因为此，致欧科技被业内称为"线上宜家"。

经过十几年深耕平板化、可拆装的家具家居赛道，致欧科技品类矩阵逐步完善，产品覆盖客厅、卧室、门厅和餐厅等主要使用场景，形成了田园风、工业风和轻奢风等不同风格系列。

除了丰富的产品矩阵之外，在解决家居产品大件运输难题方面，致欧科技构建的海外"自营仓＋平台仓＋三方合作仓"的仓储布局，也成为其在供应链整合方面的核心优势。

资料显示，截至 2022 年 12 月 31 日，致欧科技境内外自营仓面积合计超过 28 万平方米，并在尾程派送环节与 DPD、UPS 等当地知名物流公司建立了稳定的合作关系，形成了高效稳定的尾程派送能力，其中欧洲地区自发配送时效实现 2—3 天达。公司出色的海外自营仓管理能力不仅可满足自身业务需要，还可赋能其他中国跨境电商。

## 十余年壮大发展　足迹遍及全球

致欧科技的创业史，最早可以追溯到 2007 年前后。彼时，正在留学的宋川注意到国内如火如荼的外贸大潮，还在德国汉堡的他毅然决定依靠留学积累的资源在网上做外贸。创业之初，公司从 eBay 等平台做起，业务范围从德国市场开始，后来逐渐拓展到欧洲、美国、日本。"后续我们的节奏和亚马逊的发展路径基本一致，比如东欧、北欧、荷兰等，跟着亚马逊的开拓步骤走。"宋川说。

近年来，致力于打造全球互联网家居品牌，致欧科技在 Amazon、Cdiscount、ManoMano、eBay 等第三方电子商务交易平台上持有自主品牌，经营家居、家具、庭院和宠物用品四大系列产品，业务遍及欧美 60 多个国家和地区。

经过多年发展，致欧科技的产品及自有品牌在海外市场已广有美誉，跻身亚马逊欧美市场备受消费者欢迎的家居品牌之列。亚马逊家居品类中品牌影响力位列欧洲市场第一、美国市场第三，自然流量带来的营业收入占比高达 70% 左右。公司先后进驻英国、法国、意大利、西班牙、美国、加拿大、日本等国家，设立共计 28 余万平方米的海外仓储物流中心，实现本地销售、本地发货，形成国际化的产业布局。旗下 SONGMICS、VASAGLE 和 FEANDREA 品牌，已成为欧美最受欢迎的家居、户外类品牌之一。

公司先后荣获 2017 年"亚马逊全能卖家"，2019 年"亚马逊年度最受欢迎品牌卖家"等称号，此外在 2019 年，SONGMICS 和 VASAGLE 两大品牌同时入选"亚马逊全球开店中国出口跨境品牌百强"。

## 优化营商环境　企业腾飞装上"加速器"

致欧科技作为郑州本土培育的重点企业、中国独角兽企业，是郑州市外循环产业的优秀代表。企业的快速成长与当地政府长期以来的大力扶持密不可分。

近年来，郑州市围绕"当好国家队、提升国际化、引领现代化河南建设"，全面开展"三标"活动，深入推进"十大战略"行动，加快"四高地、一枢纽、一重地、一中心"和郑州都市圈建设，奋力谱写中原更加出彩的郑州篇章。

致欧科技所在的二七区，以科学规划"三轴"空间功能分区为抓手，重点打造嵩山路科创产业发展轴、大学路健康服务及消费提质发展轴、京广路总部经济及特色商业发展轴，谋划项目 69 个、总投资 1104.2 亿元。

致欧科技作为嵩山路科创产业发展轴上培育的重点项目成功挂牌上市，正是二七区突出企业创新主体地位、加快培育创新生态链、汇集改革动力、激发人才活力的实践成果。

（刘伟平）

# 解码中原传媒成长 DNA

第九次入选"全国文化企业 30 强",精品图书接连荣登"中国好书"榜单,"中原数字创意谷"文化产业创新联合体备受关注,河南省版权登记平台上线运营……

2023 年,"河南文化产业第一股"中原传媒屡创佳绩。许多人好奇,中原出版传媒集团(以下简称"中原传媒")究竟激活了怎样的成长基因,频频强势出圈?

打开中原传媒的发展图卷,能看到清晰的索引:打造优质内容,提升服务能力,强化科技赋能,夯实产业基础。

这也正是河南省委、省政府对河南文化产业龙头企业的殷殷厚望。

就在 2023 年 3 月,河南省委书记楼阳生视察中原出版传媒集团。听取汇报后,楼阳生指出,书籍是智慧的结晶、是进步的阶梯,既要坚守初心,

鸟瞰河南出版产业园。

推出更多优质图书，构建覆盖广泛、方便快捷的服务网络，让全民阅读触手可及、融入生活，又要与时俱进，用好现代信息技术，创新经营模式、出版方式、服务手段，更好满足多样化、差异化、个性化市场需求，推动出版产业转型升级。

谆谆嘱托，催人奋进。

迈步新征程，鲜明的出版人基因催生澎湃动能，推动中原传媒不断攀登，在新时代谱写浓墨重彩的新篇章。

## 内容为王，筑牢发展根基

发展的动能一旦激活，浪潮般的气势便会澎湃而至。

2023 年 9 月，好消息再度传来：大象出版社《将军和他的树》入选 8 月"中国好书"。

此前，《自我突围》《清华教授的思维训练课：创造力培养》《我的阿角朋》《蚂蚁的森林》均在"中国好书"的月度榜单上，中原传媒已经连续四个月榜上有名。

精品出版的成绩单上，它们并非最耀目的一笔。

2023 年以来，《至味中国：饮食文化记忆》《秘境回声》2 种图书入选 2022 年度"中国好书"；《全宋笔记（102 册）》《三十六声枪响》等 5 个项目荣获第八届中华优秀出版物奖；《中国近现代手工业史》等 13 种项目入选年度国家出版基金项目，居全国出版集团第四位，为集团公司历年来最好成绩；《强国记——中国知识产权的力量》等 10 个项目增补入选"十四五"国家重点出版物出版规划，入选数量达到 37 个；40 种图书入选首批"十四五"职业教育国家规划教材。

"中原传媒牢牢把握'内容一定为王'这个基本判断，坚持把打造优质内容作为立身之本。"中原出版传媒集团党委书记、董事长王庆介绍，2023 年，中原传媒大刀阔斧推进精品发展战略，修订优秀出版物相关人员和单位奖励资助办法，扩大范围，提升额度，细分层级，突出时效性，其中，中宣部"五个一工程"奖的奖金额度从 20 万元提到 100 万元。

中原出版传媒集团党委书记、董事长王庆。

这是鼓励，更是信号，鞭策着中原出版人奏响"高质量发展"最强音。

2023 年上半年，《寻夏记：二里头考古揭秘最早中国》等 8 种"中华文脉"新书问世，"中华文脉"丛书矩阵效应逐步彰显；"中原文库"正式列入《2023 年度书香河南建设工程实施方案》；在第 29 届北京国际图书博览会上，中原传媒达成版权输出意向 87 种，签订版权输出及合作出版 33 种，是近年来参展的最好成绩，在泰国曼谷书展、马来西亚吉隆坡书展上，"我的国家公园丛书""中国创造故事丛书"等达成多语种输出协议，探索出讲好中国故事的有效路径。

源浚者流长，根深者叶茂。

一本本获奖图书、一个个资助项目，无不源于"以文化人"的情怀。

流淌于中华文明长河中的文化基因，至今依然深沉地镌刻于当代出版人的心灵深处，内化成"为人民立心、为文化举旗、为产业领航"的初心使命，在砥砺前行中不断擦亮中原传媒的品牌。

## 全媒传播，服务书香河南

2023 年的国庆假期，郑州紫荆山公园成了新的"网红打卡地"。

由河南省新华书店主办的"橙黄橘绿时"迎双节创意主题书展暨书香河南公共文化平台推广活动在这里盛大开幕。开封、洛阳、许昌等地多点联动，开启城市与阅读的双向奔赴。

围绕"书香河南"建设，中原传媒不断创新书店线上线下联动方式，让全民阅读更加接地气、有特色，实现"书香河南"的可感可触，"最美读书声"IP 正在成为文化新顶流。

作为书香河南的主渠道、主阵地、主力军，全省新华书店加快业态设施、场景体验、服务体系升级。2022 年、2023 年，郑州购书中心、开封书城先后荣获中国"年度最美书店"称号。2023 年上半年，河南省省直书店、洛阳购书中心等 6 处门店完成升级改造，完成从传统书店到"美好生活入口"和"第三空间"的蝶变转型。

"新华书店自诞生之日起，就有鲜明的'红色基因'。"王庆说，中原传媒始终牢记自己"主流意识形态建设主力军"的角色定位，积极应对传播方式、媒体格局、舆论生态发生的深刻变化，以互联网思维推动线上线下深度融合，着力提升主流文化传播阵地影响力。

围绕新春双节、最美四月天、消夏阅读总动员、橙黄橘绿时四大阅读季，中原传媒在新浪微博上策划发起 #2023 年的第一份书单 #、# 河南新华书店有多硬核 #、# 开封市店获最美书店 #、#2023 最美四月天阅读季 #、# 最美读书声 #、# 花开时节读书吧 #、# 河南也有阅读市集啦 # 等话题，8 次登上微博热搜，全网传播超 5 亿次，累计互动人数达 10 万人次。

2023 年上半年，全省新华书店累计发行主题教育学习读物 188 万册，其中《习近平著作选读》第一卷、第二卷 102.3 万册，《习近平新时代中国特色社会主义思想学习纲要（2023 年版）》55.4 万册，《习近平新时代中国特色社会主义思想专题摘编》13 万册。

为了助力主流意识形态建设，中原传媒织"网"聚"云"，加大直播、短视频、社区营销等方式的创新应用，以"云书网"和"百姓文化云平台"为基础，建立"总部＋区域"直播账号体系，目前，全省有 129 家门店已经成立新媒体直播团队，107 家门店能够常态化开展抖音直播。

## 科技赋能，推动转型升级

2023 年 5 月 22 日，金水东路 39 号，大咖云集。

"中原数字创意谷"文化产业创新联合体战略合作企业签约仪式隆重举行。中原出版传媒集团与华为、阿里云、腾讯云、作业帮、大丰实业、金东数创 6 家头部企业现场签约。

"中原数字创意谷"文化产业创新联合体战略合作企业签约仪式现场。

"我们深刻把握数字化时代文化产业的新机遇与新挑战，将推动业态创新作为发展的着力点，加快推进'四横七纵多生态'产业发展布局，统筹构建价值共生的产业生态系统。"王庆介绍，2023 年上半年，"中原数字创意谷"文化产业创新联合体已与外部 58 家协作单位达成合作意向，其中企业 50 家，高校、科研机构 8 家。

助力河南文化产业开辟新战场，打造产业转型升级发展新增长极，中原传媒矢志不渝。

2023 年 7 月，中原出版传媒产业研究院成功入选国家新闻出版署 2023 年度出版智库高质量建设计划，是 27 家入选机构名单中的 4 家出版集团之一。

瞄准立体化、数字化产品体系，中原传媒以大象出版社的"课堂融媒教育出版云平台"、电子音像出版社的"中教通智慧课堂"、豫教音像出版社的"数字教育云平台"等为核心支撑，打造国家级项目标杆。

2023 年上半年，"课堂融媒教育出版云平台"中的"大象课堂"完成考试测评服务 96 场，服务学校 415 所，新媒体传播矩阵总用户量突破 440 万。"数字教育云平台"上线自主研发覆盖 140 多册教材的数字教参资源和智能备授课系统，截至 2023 年 8 月，注册用户总数近 178 万，成为河南省教育数字化的标杆项目。

在创新发展的新逻辑下，老业态焕发青春活力，新业态更是峥嵘初现。

2023 年 4 月 18 日，河南省版权登记平台上线运营，这标志着河南版权登记工作实现了"网上办""便民化"的历史性跨越，将推动河南版权资源大省的作品登记质量和数量双提升，促进中原优秀传统文化的传承和创新发展。上线 4 个月，用户注册账号总数已达 730 个，平台受理作品登记业务 16500 件。

在林州红旗渠精神营地，立足"五育并举"，坚持内容为王，创新表达方式的研学文旅新模式已初步成型。围绕课后延时服务、研学实践、劳动教育三大产品体系，构筑起研学课程生态矩阵，全力塑造全国首个"元宇宙研学中心"。

## 资本运营，夯实产业基础

"我们紧盯国际国内金融走势，强化资本运营效能，圆满完成集团可交换公司债券换股和赎回工作，共实现换股 5.9 亿元，共赎回 0.3 亿元。"王庆表示，2023 年上半年，中原传媒在强化资本运营上又出重大举措，显著优化了股权结构、拓宽了融资渠道、盘活了中原传媒股票存量资产，降低融资成本9000多万元，节约税金近1800万元。

据介绍，2014年，"河南文化产业第一股"完成全产业链上市，同步募集资金9.8亿元，公司产业基础得以全面提升。上市以来，中原传媒通过完善公司治理结构，规范公司运作，为发展赋能、为资产加量、为现金增流、为创新助力。

为提升经营创新能力，中原传媒深入推进"对表对标、晋档升位"行动，充分借鉴并吸收同行业、企业的好做法、好经验；为提升在行业分析、优质项目资源储备、合作投资等方面的层次和水平，中原传媒深化与同行企业在资本层面的信息互通、互鉴、互学、互助，积极与券商、信托、资管等专业机构合作。

同时，中原传媒高度关注文化数字化、人工智能、区块链、云计算、大数据、新能源以及元宇宙题材的投资机会。

"现代化河南'奋勇争先、更加出彩'其风已至，其势已起，我们更要一步一个脚印，努力在新征程上创新路、开新局、出新绩。"王庆介绍说，截至2023年6月底，中原传媒总资产达159.71亿元，中原传媒2023年半年度业绩快报显示，公司总营收43.23亿元，归母净利润4.72亿元，到2023年末，预计中原传媒全年总营收将突破100亿元，利润总额达到11亿元。

于高山之巅，方见大河奔涌；于群峰之上，更觉长风浩荡。

以科技为文化赋能，让文化与科技双向奔赴，构建文化数字化生态良性发展，中原传媒正在努力构建张力充沛、韧性强劲的产业发展新生态，为全力奏响"奋勇争先、更加出彩"的河南强音提供更加有力的文化支撑。

（赵颖　魏文杰／文　赵墨波／图）

# 新乡化纤："中国丝"扮靓
# 世界"美丽经济"

因具备天然真丝的色泽亮丽、亲肤柔软等特性，新乡化纤股份有限公司（以下简称"新乡化纤"）生产的再生纤维素长丝作为重要纺织原料，近年来远销"一带一路"共建国家土耳其，为欧洲时尚服饰增添舒适美感。

"土耳其是欧洲最大的纺织品服装供应国，我们的产品在土耳其纺织成布后，主要用于 Zara、Mango 等国际知名快时尚品牌服饰的加工。目前产品供应稳定，已占到土耳其 70% 的市场份额。"全国人大代表、新乡化纤股份有限公司董事长邵长金说。

新乡化纤是我国大型纺织原料生产企业，其主导产品"白鹭"牌再生纤维素长丝、氨纶两大系列已出口世界 40 多个国家和地区。再生纤维素纤维全年出口量占总产量的 50% 以上，占行业出口总量的 40% 左右。随着共建"一带一路"倡议的提出，越来越多的沿线市场成为新乡化纤日益重要的合作伙伴。

40 多年来，邵长金亲历新乡化纤国际贸易从无到有、从有到强的过程。

1982 年，邵长金毕业就被分配到新乡化纤股份有限公司的前身国营新乡化纤厂，他从车间技术员做起，先后获得国家发明专利十余项。2012 年，邵长金担任新乡化纤股份有限公司党委书记、董事长。

"'一带一路'倡议，为企业走出去提供了更广阔的舞台。我们积极参加国内外纺织行业展会，让更多国家了解并认识中国制造。在与国际市场打交道的过程中，企业的国际化视野和全球化经营能力得到提升，可以更好地培育发展优势、构建产业格局。"邵长金说。

2018 年，邵长金当选为全国人大代表，五年来围绕优化市场发展环境、传统制造业转型升级、废旧纺织品循环利用等方面提出近 20 项建议，助推纺织行业高质量发展。

邵长金的建议来源于也服务于一线生动实践。作为首批加入中国废旧纺织品循环再利用产业联盟的企业，新乡化纤已全面推进废旧纺织品循环再利用的研发工作，对酒店用品回收进行纺丝试验。

在新乡化纤的生产车间，5G+AGV 搬运机器人、自动分拣升级版设备等有条不紊地运转，氨纶生产在纺织机吐丝成筒后的落丝、运输、分拣、装箱、进库等整个生产过程无须人工操作。

"纺织行业已由传统劳动密集型向信息化、自动化、智能化、生态化不断迈进，自主创新能力是企业的核心竞争力。"邵长金介绍，新乡化纤技术改造和项目研发支出额占主营业务收入比重逐年增长。2022 年，公司开展研发项目 50 个，研发费用投入达 4.6 亿元。

高水平开放为互利共赢提供新机遇。区域全面经济伙伴关系协定（RCEP）生效实施后，新乡化纤进口的生产原料大部分都在 RCEP 协定优惠降税目录内。邵长金表示，新乡化纤是河南首家 RCEP 经核准出口商，RCEP 的生效实施将进一步加强新乡化纤与相关国家的贸易合作关系。

十年来，新乡化纤工业生产总值增长 204%；资产总额突破 130 亿元，增长 149%。公司已拥有行业领先的连续纺长丝生产线和连续聚合干法纺丝氨纶生产线，其研发的再生纤维素长丝生产能力更是居世界前列。

"好的产品质量是走出去的根基。"邵长金表示，新乡化纤将持续通过加强纺织产业链上、下游协同创新，增强行业韧性，乘着"一带一路"倡议的东风，持续扮靓世界"美丽经济"。

（《新华每日电讯》2023 年 3 月 9 日　新华社记者李文哲）

# 从"草根"到"顶流"：
# 翔宇医疗的发展密码

现代医学不断发展，治疗技术突飞猛进，但"治疗"并非终点，患者能否最大限度地回归家庭，重回社会，临床康复介入尤为重要。

"临床康复的目标就是让患者从'活下来'一步步走向'活得好'，让患者回归正常生活，让人有尊严、有质量的活着！"翔宇医疗负责人的一段话，凸显了企业一直以来秉持的"以人为本"经营理念。

据了解，河南翔宇医疗设备股份有限公司成立于2002年，作为中国康复医疗器械行业内的龙头企业，于2021年3月在科创板上市。经过21年的发展，翔宇医疗从小县城走出，一步一个台阶，不断获得国家级荣誉，还参与了29项行业标准制定或国家重点专项，实现从"草根"到"顶流"的蜕变，并致力成为康复设备中国第一品牌。

安阳市内黄县是一片康复沃土，康复产业正在蓬勃发展。

在国家推动康复产业发展的大背景下，安阳市高度重视康复产业的发展，被授予"中国康复设备之都"的称号，并成功创建了国家康复辅助器具产业综合创新试点城市。2022年，内黄县康复设备产业园被工信部、民政部、国家卫健委认定为首批国家智慧健康养老示范园区，这标志着安阳市康复产业在规模体量、创新能力、智慧康养等方面具备了良好发展基础。

在加快推进安阳"中国康复设备之都"建设进程中，安阳市内黄县充分发挥资源优势，在做好培育壮大本土康复设备企业的同时，强力推进康复设备产业园建设，努力打造百亿级医疗康复设备产业集群，持续擦亮康复设备产业"金字招牌"，打造特色康复科技产业园区。

"我们对党的二十大报告描绘的全民健康事业蓝图倍感振奋。落实二十大精神，把保障人民健康放在优先发展的战略位置，加快康复设备产业发展步伐，支持专精特新企业发展，康复医疗服务领域不断拓展，使人民群众享有全方位全周期的康复医疗服务。"内黄县先进制造业开发区党工委副书记、管委会主任牛国莉表示。

## 一艘全方位护航的"康复方舟"

走进翔宇医疗，广阔整洁的厂区和充满科技感的生产车间彰显了企业的活力与朝气。经过严格的组装测试后，一批批康复医疗设备有序装箱，从这里运往全国各地的医疗机构，带去患者康复的希望。

翔宇医疗项目副总监刘刚说，"作为全国规模较大的康复设备研发引领型企业，翔宇医疗的产品已完全覆盖康复领域 5 大门类、20 多个系列、近 600 个品种，研发人员在集团人数占比超过 20%，目前已获得各项专利1400 余项。我们将继续发扬研发引领、设备智造的宗旨，为各级医疗机构提供更好的装备、更专业的整体解决方案，为满足老龄化时代康复医疗需求作出更大贡献。"

翔宇医疗生产园区。

翔宇医疗致力于打造"全科、全院、全域"网格帮扶模式，为群众提供精准康复服务，为医护提供技术支持，为行业提供"六全"康复模式，既是整体康复解决方案的制造商，也是综合服务提供商。

作为深耕康复行业 20 余年的康复医疗企业，翔宇医疗已经建立了较为成熟的发展模式，拥有完善的研发体系、丰富的生产组织经验和较强的质量控制能力。公司已建立了覆盖全国的销售渠道网络布局，随着产品终端覆盖面的不断扩大，能够准确把握康复临床治疗需求、康复技术发展方向及市场需求动向。与此同时，致力于为客户打造智慧、生态的康复医疗空间，研发的康复装备可独立上网且软件互联互通，利用前沿科学技术，实现康复装备、硬件、医疗空间装饰装修的协调统一，实现空间装备一体化。

翔宇医疗综合解决方案部分展示。

为打造康复产业链的发展战略，打造康养全生态产业链，贯穿上中下游，共建康养产业创新联盟，翔宇医疗依托强大的学术推广平台，与国家级学（协）会建立紧密联系，邀请专家团队来实地考察洽谈，了解当地康复产业、企业技术需求，推进研产用多方对接合作。同时助力医院特色技术推广，打造医院优势学科品牌，确立区域技术龙头地位，深化"1+N"医康养护服务能力。

近年来，河南省市县各级政府都将康复医疗产业作为重要新兴战略产业进行打造。安阳市、内黄县成立了高规格的领导小组和产业专班，加速推进内黄县康复设备产业园项目建设，紧紧围绕促进安阳市康复产业高质量发展，制定多项支持政策，持续提升园区内企业创新能力，做大做强康复设备产业，满足人民群众对健康养老的产品及服务需求。

内黄县全力以赴推进产业转型升级，聚力新兴产业提速增效，加快建设康复设备产业园项目，联合高校、科研院所、企业、新型研发机构、行业协会等积极搭建产学研用协同创新平台，依托河南省智慧康养设备产业技术研究院和河南省智能康复设备创新中心，着重在科技创新、龙头带动、产业集聚、产学研用等方面持续发力，吸引培育更多优质配套企业落户入驻，建设全国知名康复产业孵化器、科技成果转化示范园区、康复产业科技创新高地，着力打造康复设备"百亿级产业集群"。

## 科研创新缔造竞争优势

翔宇医疗经过 20 余年的探索和实践，从雏形走向成熟，走出了一条具有科学性、长期性、系统性、战略性的产学研合作模式，更是趟出一条多方主体协同合作、创新管理建设和产业转型升级的新路子。

翔宇医疗董事长何永正说："作为国家首批专精特新'小巨人'企业，翔宇医疗将持续加大科技创新平台建设、科技研发攻关投入，把科技创新置于发展全局的核心位置，砥砺奋进，为全民大健康事业作出翔宇的贡献。"

翔宇医疗注重研发，2022 年研发费用 9240 万元人民币，同比增长

34.70%。研发人员近 500 人，占总人数 25.48%。截至目前，翔宇已累积获得 1400 余项专利，获得 290 余个医疗器械注册证 / 备案凭证。仅在 2022 年一年中就完成了 43 项产学研成果转化，其产学研合作数量、高校受让专利数量、专利转让次数等数据远远高于行业均值。这也意味着，翔宇医疗通过科技创新筑起的"护城河"在不断拓宽，科技创新也带动着公司稳健成长。

翔宇医疗纳入研发规划的、已产业化的合作项目涵盖冲击波技术、磁刺激多维度控制技术、高能激光技术等领域，致力于高品质、效果明显的康复产品、设备研发，促进康复成果产业化，助推进口设备的国产替代，造福广大人民群众。

针对自身发展方向提出突破性技术需求，以及产业关键领域技术瓶颈，翔宇医疗集聚中国科学院、高校院所等科研单位研发力量，合力攻关突破产业共性痛点、行业技术难点，解决从无到有（0—1）的问题，再从 1 向 N 拓展，有利于打破国际核心技术垄断，促进高端产业提质增效。

国务院在《健康中国 2030 规划纲要》中指出，建立完善的医疗卫生服务体系，加强康复、老年病、长期护理、慢性病管理、安宁疗护等接续性医疗机构建设，健全治疗 - 康复—长期护理服务链。

翔宇医疗将把握国家大力发展康复产业的历史机遇，利用康复产业的优势基础，增强全康复产业链稳固性和竞争力，拓展产业延伸功能，打造具有鲜明特色的康复科技产业园区，为我国康复医疗事业的发展贡献更多力量。

（高晓雪）

# A

第八章

# "中原创业者"
# 引领国内产业升级

# 一场由内至外的转型变革

## —— 访中原银行行长刘凯

2022年，中原银行成功吸收合并洛阳银行、平顶山银行、焦作中旅银行，一跃成为全国第八大城商行，资产规模超过1.3万亿元。合并一年多之后，中原银行发展现状如何，内部整合工作成效几何？新的中原银行又将如何进一步转型发展？带着这样的问题，记者近日对中原银行行长刘凯进行了专访。

## 改革、发展两主线协同并进，万亿"新中原"稳步向前

中原银行是河南省唯一一家省属城市商业银行，2014年由河南省13家市级城市商业银行新设合并而来。从重组诞生到香港上市，再到吸收合并，中原银行的成长始终与河南金融改革同频共振，进而实现跨越式发展。特别是2022年5月，中原银行仅用8个月就完成对三家银行的吸收合并，为业内罕见。

"这是一个可以载入河南金融发展史的开创之举。"中原银行行长刘凯表示，这标志着河南省地方金融业改革发展又迈出了一大步，为河南省金融改革发展提供重要借鉴。

完成吸收合并后，中原银行下辖18家分行，700余家营业网点，近2万名员工以及17家附属机构，总资产规模突破1.3万亿元，在全国城商行的排名由第12跃升至第8。

"合并的效果是很明显的。"刘凯认为，中原银行的综合实力跨越了一个大台阶，得到业界认可，行业排名大幅上升，在2023年度"全球银行

1000 强"排名中，中原银行综合排名跃升至第 145，较 2022 年提升了 35 个位次。

谈及合并后的工作，刘凯表示，"当前工作主要有两条大的主线，一条是抓改革后半篇文章，一条是抓发展"。中原银行的合并顺利完成了，但改革还在继续，融合也还在继续。刘凯坦言，银行合并涉及的工作量大，文化、队伍、机制、系统以及业务的融合都需要协调稳妥地推进，"吸收合并后，需要有一个消化融合的过程"。

"今明两年中原银行业绩将稳步增长，资产规模增长目标为 6%—7%，超过 1.4 万亿元。"刘凯认为，相对数量上的变化，"更重要的是质量的变化"，中原银行将通过高质量的融合、改革实现更高质量的发展。

中原银行的改革和发展得到河南省的大力支持。记者获悉，日前，河南省委、省政府印发支持中原银行高质量发展打造一流城市商业银行的指导意见。省委、省政府专门针对一家银行下发支持指导意见，这在全国来说也是比较少见的。

回看合并后的一年光景，面对需求放缓等外部宏观压力以及合并后内部整合的考验，中原银行展现出足够的发展韧性，经营业绩表现稳健亦不乏亮点。

"通过统筹推动深化改革、业务经营和风险防范等各项工作，中原银行业务经营保持良好的发展态势，主要经营指标持续稳步增长，业务结构不断优化，服务实体经济的力度也在持续加大。"刘凯表示。

财报显示，2023 年上半年，中原银行资产规模较上年末增长了 2.70%，达到 1.36 万亿元；营业收入 135.51 亿元，同比增长 30.21%；净利润 20.62 亿元，出现小幅下滑，主要是其进一步加大拨备计提力度以提高风险抵补能力，使得上半年减值损失同比增长 38.3%，其拨备前利润同比增长 27.69%。此外，其收入结构、资产负债结构得到持续改善，因此资产质量总体可控。

值得注意的是，上半年该行各级资本充足率均实现提升。8 月 15 日，中原银行成功发行 100 亿元永续债，意味着二次新生的中原银行得到市场更大的认可，此次永续债的发行将进一步提升中原银行的资本实力。

# "六个服务"融入产业链条，支持地方经济一马当先

从"13合1"到"1+3>4"，近十年来中原银行始终对标一流城市商业银行，专注主责主业，锚定"中原人民自己的银行"的使命定位，持续扎根中原、深耕中原、依靠中原、服务中原。

在服务实体、服务地方的目标指引下，中原银行全面融入区域重大发展战略，持续加大对河南省经济建设的金融支持力度。截至2023年6月末，中原银行已服务对公客户42.01万户，对公贷款余额达4068.06亿元，较2022年末增长342.30亿元，余额全省排名第2。

"省内需重点支持的重大项目，中原银行第一时间响应对接。"刘凯表示，特别是一些处在初期阶段的项目，中原银行凭借敏锐的嗅觉和对地方政策、企业的深刻了解，往往能做到一马当先，这是地方法人银行的责任担当与独特优势。

紧紧围绕河南省委省政府"十大战略"部署要求，中原银行躬身入局，精准施策，竭尽全力支持河南省先进制造、现代农业、文化旅游、商贸物流等领域高质量发展。截至2023年6月末，其向"十大战略"领域投放贷款1575亿元；支持重大项目建设356个，投放贷款455亿元。

"金融只有深度融入实体经济，融入产业链条，两者才能同频共振，共同发展。"刘凯介绍，围绕河南现代产业体系建设，中原银行聚焦7大产业集群、28条产业链，打造特色服务品牌，提供精准金融服务。2023年上半年，该行专精特新贷款投放户数与金额双双位居全省第一，科技贷投放位居全省第二。

为支持河南产业结构升级，中原银行围绕重点项目、重点产业链龙头企业、重点科研平台、产业人才、招商引资、重点园区等方面着力打造"六个服务"深度融入产业链条，有力提升了服务效能。

此外，中原银行厚植为民情怀，拓宽金融服务覆盖面，积极深耕普惠金融、涉农金融、绿色金融业务，努力做好民营经济、乡村振兴等薄弱领域的金融服务。

# 锚定大零售、数字化转型方向，塑造"面向未来的能力"

"商业银行的本质还是企业，未来的发展一定是遵循市场化的规律。"在刘凯看来，中原银行虽然地处中部地区，但市场化程度和开放程度较高，体制机制在业内并不落后，也有不少前瞻性的规划。

遵循市场规律、坚定战略转型，中原银行重整上阵，努力塑造"面向未来的能力"。在2022年之前，中原银行的零售转型已然开始，零售业务版图显著扩张，已成为拉动其收入增长的重要引擎。资料显示，2021年，其零售业务营收一度达到66.93亿元，占比从2017年的24.7%升至34.7%。此外，零售贷款占比也在这一年达到47.43%，较2017年提升了10.26个百分点。

截至2023年6月末，中原银行零售存款、贷款规模分别达到5247.20亿元、2566.19亿元，全行AUM余额增至6006.43亿元。同时客户规模持续增长，个人客户数达到3293.99万户。此外，该行加大财富管理领域布局，理财产品规模余额达到658.14亿元，河南省也正推动中原银行等地方金融机构发起设立银行理财子公司。

背靠河南大市场，零售业务势必是中原银行未来要重点提升的方向。刘凯表示，中原银行将坚定向零售转型，向轻资产转型，全面优化资产结构、负债结构、客户结构和收入结构，全面提升中收支撑贡献，提高整体盈利水平。

数字化转型是中原银行的前瞻性布局之一。2018年，中原银行在银行业同业中较早地启动了数字化转型，树立了打造敏捷银行、科技银行的目标。经过多年实践探索，中原银行科技和数据能力建设已取得明显成效，金融科技应用能力达到国内城商行领先水平。

"中原银行对金融科技的重视和投入是前所未有的。"刘凯称，"我们每年的科技投入占营收的比例与同业相比是比较高的，特别是科技人才队伍建设。"

实践证明，在营销获客、产品创新、智能风控以及内部敏捷等方面，数字化转型对中原银行的业务助推作用明显。中原银行手机 App 用户规模超 1500 万，月活用户规模接近 400 万，两项数据在全国城商行均排名靠前。同时，在数字化发卡系统的助力下，该行信用卡发卡量也已超 390 万张。

2022 年，中原银行正式升级数字化转型战略，成立数智转型工作领导小组，确立了以"一点通、智相随"为核心的"1234+N"的数智转型战略框架，明确了之后三年的数智转型实施路径。

"将冰冷的金融科技铸熔成饱含温度的金融体验，不断探索金融数智化的'诗与远方'。"刘凯在中原银行 2022 年度报告的行长致辞中这样提到。在数字经济发展方兴未艾的当下，科技与金融的结合将会更加深入。

中原银行的成长和发展具有特殊性，但也是我国地方金融改革蝶变的生动写照，对中小银行的未来之路具有借鉴意义。全新起航，中原银行正在通过一场由内至外的转型变革，夯实发展根基，重塑发展之道，向着打造一流城市商业银行目标不断迈进。

（新华财经郑州 2023 年 10 月 7 日电　新华社记者张威、吴丛司、李文哲，参与调研：屈亚、张家兴）

# 如何既穿越周期又扎根实体？

## —— 访郑州银行董事长赵飞

商业银行作为传统的顺周期行业，其经营与经济周期波动基本一致。同时，银行也是服务实体经济的主力军。面对当前经济内生动力不强、信贷需求不足，如何既穿越周期又扎根服务实体经济是摆在银行家们面前的一大课题。

在郑州银行党委书记、董事长赵飞看来，零售业务具有轻资本、风险分散等特点，是银行实现经济周期弱敏感的"主战场"；对公业务是银行的"压舱石"，更是金融赋能实体经济的重要抓手。

"我行始终锚定'两个确保'，深入落实'十大战略'，开展'三标'行动，坚持党建引领，全面贯彻新发展理念，以服务地方经济、中小企业、城乡居民为己任，全力落实'打造定位明确、治理完善、资本充足、机制顺畅的现代化一流城商行'的要求。"赵飞接受记者专访时表示。

### 稳步推进零售业务创新转型 与周期共舞

面对银行业日新月异的变化以及不断加剧的市场竞争压力，越来越多的银行强调"穿越周期"的重要性。

所谓穿越周期，就是从一轮又一轮的周期穿过去，而非寄希望于躲避或者绕过这些周期。每一家银行都身处周期当中，比如政策周期、资本周期、产业周期等，只有直面周期、增强韧性，才能与周期共舞。

在赵飞看来，零售、小贷、涉农等小额分散的资产属于经济周期弱敏感资产。2023年以来，郑州银行贯彻落实高质量发展战略，稳步推进零售业务转型。

赵飞介绍，郑州银行"市民金融"聚焦落实省市扩大消费若干政策，围绕市民衣食住行，打造自营拳头产品，优化线上线下消费贷体验，深化与互联网、消费金融公司业务合作，不断丰富和升级综合金融服务。聚焦新市民、乡村和中高端目标客群金融需求，以数字金融创新为引领，加强优质场景搭建，持续深化客群建设和经营，2023 年上半年实现新增优质及以上客户超 3 万户，服务乡村居民和个体工商户 19 万户。

此外，郑州银行还从居民日常生活中的本质需求出发，围绕衣、食、住、行、娱等各个领域，构建与客户生产生活密切连接的金融场景。以收单业务为抓手，通过收单结算、便捷交易、价值提升、产品迭代等方式提升服务质效；盘活社保客群，持续配置社保卡客户专属权益、专属理财存款等产品，与市民卡公司合作开展郑开同城生活节、部分景区门票 5 折、超市购物满减等活动。截至 2023 年 6 月末，该行市民金融满减活动累计参与超过 136 万人次，带动个人金融资产新增人民币 2.78 亿元，社保卡累计发卡 31.7 万张。

赵飞进一步表示，该行不断提升小微企业金融服务质效，围绕普惠小微客群，优化产品服务。截至 2023 年上半年，该行普惠型小微企业贷款余额 467 亿元，郑州市普惠型小微企业贷款余额 396.11 亿元。积极落实惠企各项政策，持续免除 10 余项收费项目，已累计为 1593 户普惠小微企业客户办理延期还本付息，延期本金共计 65 亿元。

作为一家根植于农业大省的金融机构，郑州银行聚焦"农业、农村、农民"，在总行层面设立乡村金融部，在全省首发乡村振兴主题卡，多措并举助力乡村金融业务高质量发展。

记者了解到，该行大力开展"农村普惠金融支付服务点"建设，推动金融服务向乡村下沉；不断加大乡村振兴主题卡发卡力度，开展手机银行 App 乡村振兴版推广；持续开展"惠农站点 +"场景建设，依托服务点建设区域，打造农村居民衣食住行、医疗娱乐等非金融场景生态圈；加强新型农业经营主体金融服务，为专业大户、农民合作社、农业企业、农业社会化服务组织等各类新型农业经营主体提供融资服务。

# 对公业务与产业振兴同频共振 稳经济大盘

对公业务是商业银行发展的"压舱石"，更是金融服务实体经济的重要抓手。截至 2023 年 6 月末，郑州银行公司贷款及垫款达 2483.2 亿元，占贷款及垫款总额 70.72%；公司存款为 1568.9 亿元，占总额 44.39%。

赵飞表示，郑州银行作为一家扎根河南的地方法人银行，与河南经济发展共荣共生，紧密相连。当前，河南省正以加快推进先进制造业大省建设为重点，大力实施制造业智能化、绿色化和企业技术三大改造，推进电子信息、装备制造、汽车及零部件、食品、新材料等五大主导产业转型发展，主导产业高质量发展成效显著，全省新动能加速积蓄，结构优化升级持续推进。

"我行的信贷投放与全省产业结构调整同频共振。"赵飞进一步表示，该行还坚守特色定位，差异化经营提质增效，精细化过程管理，着力全面推进供应链金融服务体系建设提质上量。

记者了解到，郑州银行借助郑州市作为国家重要交通枢纽、国家中心城市、中原经济区核心城市和"一带一路"重要节点城市的区位优势，以交易银行业务为基础，将商流、信息流、资金流和货物流"四流合一"，打造金融型、交易型、服务型的商贸物流银行平台，推动"供应链金融＋物流金融＋商贸金融"的融合，开创商贸物流金融发展新阶段，打造平台化金融生态。

据悉，该行供应链金融服务体系以互联网平台为核心，以金融科技为辅助，围绕客户核心诉求，为产业链核心企业及其上、下游客户提供支付、结算、融资为一体的综合金融服务方案。

具体来看，截至 2023 年 6 月末，该行对公电子渠道（企业网银＋企业手机银行）已累计开通 7 万户，电子渠道交易笔数 305 万笔，交易金额人民币 0.73 万亿元，为近 400 家集团客户提供财资管理重点产品解决方案。2023 年上半年，该行创新推出外贸贷、订单融资等业务，针对教育、医疗、商贸等不同场景向客户推广"郑好付""医鼎通"等特色业务，依托云融资平台为超千户上下游客户提供融资余额人民币 220 亿元，云商平台累计支持核心企业上游供应商超 2500 户，融资余额超人民币 85 亿元，云物流 D+0 货款代付产品上半年实现代付超 162 万笔，金额达人民币 22 亿元，上线超 10 个预售房资金监管项目，落地住房租赁资金监管近 20 户，云服务场景金融累计落地项目超 380 个。

此外，作为河南省政策性科创金融业务的运营主体，郑州银行围绕"低利率、长周期、弱担保"的政策性要求，丰富服务科创企业全生命周期产品，形成了"科技人才贷""认股权贷""科技贷""郑科贷""科创 e 贷"等产品体系，为各类创新主体提供多元化金融支持。

"我行将政策性科创金融作为一号工程。"赵飞表示，2023 年又进一步明确科创金融事业部发展定位，调整内部组织架构，持续优化运营机制，聚焦政银协同推进、科创名单支持、风险分担等机制建设，着力打通科创金融生态链条，激发支持科创企业发展的内生动力。

截至 2023 年 6 月末，郑州银行政策性科创金融贷款余额 293.1 亿元，较年初新增 52.5 亿元。其中郑州市行余额 141.4 亿元，较年初增加 40.5 亿元。

"当前，企业经营发展更加深化和细分，对金融服务提出了更为明确、更为具体的要求。"赵飞表示，该行将通过科技驱动金融创新，提升金融服务效能，为实体经济和稳经济大盘注入源源不断的"金融活水"，为现代化河南建设和郑州国家中心城市现代化建设提供优质金融服务和坚实金融支撑。

（新华财经郑州 2023 年 9 月 27 日电　新华社记者吴丛司、张威、李文哲）

# 促进行业可持续发展是企业家的责任

## ——记"全国优秀党务工作者""全国最美退役军人"李世江

作为一位新材料领域的企业家，李世江致力于"氟、锂、硅"三个元素研究，成为氟资源开发及综合利用领跑者。锂电池关键原材料六氟磷酸锂、半导体关键材料电子级氢氟酸实现重大突破并实现进口替代，走出一条"技术专利化、专利标准化、标准国际化"创新发展道路，在无机盐工业产业结构优化、自主创新、绿色发展等方面作出突出贡献。2021年12月9日，在中国无机盐工业协会先进会员企业和个人颁奖仪式上，李世江被授予"中国无机盐行业终身成就奖"。

多氟多董事长李世江。

"我是一名退伍老兵，同时也是一名产业报国路上的创新新兵，我还不老，还很年轻，还没到画句号的时候。"李世江在被授予终身成就奖时表示。

## 退役不褪色，实业报党恩

1973 年，李世江从部队退役，离开部队后他从产业工人做起，成为产业报国路上的一名新兵。1994 年来到濒临倒闭的焦作冰晶石厂，面对工艺落后、车间简陋、生产瘫痪、职工思想涣散……李世江没有退缩，毅然挑起重担。

在原化工部帮助工作的经历，让李世江有幸参与起草了全国无机氟化工发展规划，洞察了氟化工行业发展的一个重大方向，即利用磷肥副产氟硅酸生产氟化工产品。于是他着手研究解决相关技术问题，并带领专家团队攻坚克难，历时三年时间，研发出氟硅酸钠法制取冰晶石联产优质白炭黑生产技术。这个项目后来成为国家高技术产业化示范项目，奠定了多氟多的创新基因。

"当产品市场占有率达到 50%，就无法再实现翻番式增长。我们的产品做得越好，用户用得就越少。电解铝工业作为高投入、高能耗、环保压力大、资源依赖性强的行业，是国家宏观调控的重要领域，氟化铝、冰晶石的产能过剩问题随之凸显。我们遇到了发展的天花板，转型的难题再一次摆到多氟多面前。我们必须寻找属于自己的'第二价值曲线'。"李世江对于多氟多的转型有着清醒的认识。

## 打破国外垄断，塑造第二曲线

2006 年，六氟磷酸锂价格高达每吨 100 多万元，且生产难度高，技术被日本企业垄断。提到六氟磷酸锂，可能很多人并不熟悉，其实电动汽车、手机所用的锂电池的关键原材料就是六氟磷酸锂。

那年夏天，李世江来到日本，希望到一家制造六氟磷酸锂的日本企业看一看。然而，已经约好的见面吃了"闭门羹"，他们告诉李世江，六氟磷酸锂技术要求特别高，不仅需要严苛的生产环境，还需要极高的人员素质，"你们中国人做不了"。

"这就像一记耳光打在我脸上。"浓厚的军人情结和不服输劲头，让李世江下定决心一定要开发出中国自己的六氟磷酸锂。回来后，李世江立即成立研制小组，查阅资料、向专家请教、摸索焊接制作……八年时间里，无数次实验，数千个日夜坚守，终于打破国外技术垄断，迈出中国晶体六氟磷酸锂的产业化步伐。

多氟多首创以无水氢氟酸、工业碳酸锂为新材料的路径，实现产品到工艺的全面自主化。从 2 克、2 公斤到 2 吨、20 吨、2000 吨，到目前多氟多已经具备了年产 6 万吨左右的产能，产品出口到日本、韩国，成为全球生产规模最大、技术含量最高的六氟磷酸锂生产商。

李世江自豪地说："全球每三到四块锂电池中就有一块用的是多氟多生产的六氟磷酸锂，可以说是多氟多开启了六氟磷酸锂的低价时代。"这项科研成果因其开创性被列入国家"863"计划和战略性新兴产业，并于2017年荣获"国家科技进步二等奖"。

氟锂结合，产生了一种神奇的力量。多氟多研发的六氟磷酸锂横空问世，开启六氟磷酸锂的低价时代，使全球六氟磷酸锂售价从 100 多万元 / 吨降至最低时不足 7 万元 / 吨。不仅结束了我国锂电池核心材料长期依赖进口的局面，产品还远销日本、韩国，保障了我国锂电池产业链安全，对新能源汽车发展起到了促进作用。

氟锂结合，叩开新能源的大门。多氟多通过掌握六氟磷酸锂技术，实现从传统氟化工向精细氟化工、电子级氟化工转型，实现中国锂电技术由"跟跑者"向"并行者""领跑者"的跃升。

## 熨平市场周期，彰显企业家精神

低碳革命开启万亿级的新能源市场，带动锂电行业进入新时代。根据EVTank预测，2025 年全球电解液需求量将达到 272.6 万吨，2030 年电解液需求量或将超过 800 万吨，六氟磷酸锂是锂离子电池电解液中最主要的电解质锂盐，专业机构百川盈孚预测，2025 年六氟磷酸锂的需求量将达到 39.82万吨。

据了解，多氟多正积极加快产能建设，满足下游需求。截至 2022 年底公司六氟磷酸锂总产能达 5.5 万吨，2023 年拟新增 1—2 万吨。"十四五"规划新增产能超 10 万吨，根据市场需求陆续释放新增产能。

当被问及大幅扩产的底气来自哪儿时，李世江表示，多氟多六氟磷酸锂的产能已被客户预订，许多客户正就三年、五年，乃至十年的合同与多氟多进行长期合作。一方面，多氟多以低于市场的价格与全球主流头部客户加强战略合作，并通过开放股权投资的形式锁定市场；另一方面，对于一些发展前景好，但自身实力尚不雄厚的客户，多氟多就以市场价卖出产品，同时以股权投资的形式扩大朋友圈。对多氟多来说，锁定的是市场，赢得的是未来。

针对资本市场上关于六氟磷酸锂产能会不会过剩的质疑，李世江回应道，"双碳革命"带来新能源赛道的确定性，多氟多在市场爆发前没有做好准备，导致六氟磷酸锂产能不足，市场供不应求，唯有拼尽全力扩大产能，给市场一个交代；但是多氟多的产能扩张计划并不是盲目的，而是基于对行业预期的准确研判，将来多氟多追求的是六氟磷酸锂市场三分天下有其一，让整体产能处于供需平衡的状态，这样既能保证行业话语权，又能促进行业健康发展。

市场供需错配，六氟磷酸锂供不应求，一吨难求，价格也一路上扬，但这并不正常。李世江表示，虚高的价格会吸引"野蛮人"入侵，只有相对合理的价格才更有利于行业健康发展。当行业都在追求利润、讲资本故事时，李世江展现出的，是中国企业家的社会责任担当。

当被问及六氟磷酸锂会不会被其他新型锂盐替代时，李世江自信地表示，即使六氟磷酸锂被替代，也是由多氟多主导来替代的。多氟多以"氟"为媒介，始终站在化学元素周期表的高度对能源体系进行系统研究。

（彭超、郭瑞宽）

# A 后记

习近平总书记强调新闻舆论工作者要做"党的政策主张的传播者、时代风云的记录者、社会进步的推动者、公平正义的守望者"。新华社河南分社和新华出版社认真落实"四者"要求，把"豫股百家"作为代表河南资本市场和上市企业的 IP 重点打造，将河南的产业发展与厚重的文化底蕴结合，传播党的政策主张，记录时代风云，让外界更多了解新时代河南新形象，从而进一步助力推进中国式现代化的河南实践。

《豫股百家》由新华出版社于 2022 年河南 A 股上市企业达百家之际策划编辑出版，书中既有对河南资本市场的整体分析解读，也有对不同行业、不同领域、不同地区上市企业的精彩展示。该书出版后取得了良好的社会反响，充分展现了河南上市企业整体风貌，"豫股百家"也成为河南上市企业群的"专有名词"。全国政协委员、中国证监会原主席肖钢，中国上市公司协会会长宋志平分别为该书作序。

2023 年是全面贯彻落实党的二十大精神的开局之年。新华社河南分社、新华出版社共同启动《豫股百家》（2023）修订编辑工作。《豫股百家》（2023）继续沿用"豫股百家"作为主书名，根据河南全省上市企业最新情况重新组稿、编辑。一方面，通过对上市企业的产业集群集纳分析和单体企业创新发展案例，充分体现河南实施"十大战略"成果；另一方面，重点突出科技创新、管理模式创新，以"点－线－面"的结构勾勒出河南上市公司产业结构整体风貌，展现河南经济高质量发展的亮点和未来产业潜力。近年来，新华社河南分社浓墨重彩聚焦河南高质量发展，一批重磅报道产生了较大反响，受到河南省委省政府主要负责同志的批示和肯定，本书特此收录了《创新驱动潮涌中原》《大河奔流，惠此中原》等部分稿件，使读者能从不同纬度更加全面感知河南的活力和魅力。我们深深感到，启动《豫股百家》（2023）修订编辑恰逢其时，通过书写河南上市企业守正出新、科学布局、奋进开拓的新风貌、新突破、新作为，可以生动反映河南省贯彻落实党的二十大精神的新成效、新亮点，描绘出中国式现代化河南实践的新图景。

经过团队的紧张拼搏，《豫股百家》（2023）即将付梓。在这里，我们想对一直以来支持和关注本书的读者们表示衷心感谢。正是因为你们的期待和肯定，才使得这本书得以顺利完成。《豫股百家》（2023）的编写，离不开河南省委宣传部以及郑州、许昌、南阳、平顶山等地宣传部门的高度重视和大力支持，离不开河南省地方金融监管局、河南省科技厅、河南省科学技术协会等相关单位的同心协力，离不开河南百余家上市公司的积极参与，在此一并致谢。

河南之于中国，恰似中国之于世界。《豫股百家》这本书的创作初衷，是为了帮助社会各界包括投资者更好地了解河南地区的上市公司，从而为投资决策提供有益的参考。在过去的一年里，我们走访了河南各地的上市公司，深入了解企业的经营状况、发展战略以及未来规划。在这个过程中，我们深刻地感受到了河南地区经济的蓬勃发展，以及上市公司在推动地区经济发展中的重要作用。豫股企业守正创新，在产业转型升级道路上走出了河南特色。众多优质的上市公司脱颖而出，犹如点点星光，散落在河南这片古老的土地上，汇聚成产业链上闪耀的明珠。站在豫股百家的新起点上，河南经济正劈波斩浪、奋勇向前，助力中华民族实现伟大复兴！

浓缩豫股百家不朽史诗，助力中部崛起辉煌篇章。尽管有风浪侵袭，有艰难险阻，但从发展大势上看，新发展理念日益融入实践，迈向高质量发展的趋势不可阻挡。面向未来，河南上市公司必将在攻坚克难中脱胎换骨，在风雨洗礼中稳健前行，以高质量发展的姿态深入践行党的二十大精神！

"只有在生活的激流中，才能写出时代的篇章"。我们将不断把握时代发展的脉动，持续打造"豫股百家"IP，见证、记录、传播和助推中原大地上一段波澜壮阔的历史。

本书编写组

2023 年 10 月 28 日